KB266704

회복으로 가는 성화의 길
2026

김여환

회복으로 가는 성화의 길

회복으로 가는

성화의 길

김여환 지음

좋은땅

들어가는 말

인간의 무의식 속에는 개인의 기억뿐 아니라 부모와 조상들의 삶의 흔적, 정서, 역사까지 깊이 스며 있다. 한 사람의 삶은 결국 그 개인만의 것이 아니라 세대를 따라 축적된 기억과 감정, 상처와 욕망의 결정체다. 무의식에 담긴 좋은 경험은 삶을 지탱하는 힘이 되지만, 억압되어 풀리지 않은 잔재는 그림자로 남아 다양한 증상과 반복되는 고통의 패턴으로 되살아난다. 이는 원죄 아래 태어난 인간의 내면과도 닮아 있는 것이다. 에덴 이후 인간은 스스로 하나님의 자리를 탐하며 죄의 늪 속에서 분리와 고통의 길을 선택했다. 그러나 하나님은 독생자 예수 그리스도를 이 땅에 보내셔서 우리가 결코 스스로 해결할 수 없는 죄의 문제를 십자가에서 대속하셨고, 부활하신 주님은 성령을 보내셔서 믿는 자들의 내면 깊은 곳에 임하시어 우리의 삶을 새롭게 이끄신다. 그럼에도 불구하고 우리는 여전히 변화를 외면한 채 살아간다. 그것은 습관화되어 익숙한 패턴을 깨지 않으려는 무의적 저항으로 하나님 보다 자기를 의지하는 죄성과 존재의 불안 때문이다. 타락한 자아의 왜곡된 욕망은 자기기만으로 가득 차 있어 혼돈 속의 자아는 헛된 수고를 반복하며 고갈되어져 간다. 이를 의식할 때 우리는 변화로 나아갈 수 있으나 욕망으로 가득한 자아가 하나님과 분리되어 있다면 변화로 가는 길은 멀기만 하다. 자아의 심리적 죽음의 길은 쉬운 것만은 아니다. 고통 속에서 인간은 변화하고 성장하며 회복으로 나아가는데 자기부인의 길은 하나님의 인도하심 없이는 불가능하다. 빛 가운데 자기 무의식을 직면하고, 상처와 욕망을 바라볼 때 가능하기 때문이다.

회복으로 가는 성화의 길은 바깥세상을 고치는 데서 시작되는 것이 아니라 자기내면을 정직한 시선으로 보고 자기 안의 죄 성과 상처를 직면하는 것으로 시작된다. 회복은 현실의 위로와 평안을 넘어 존재의 목적과 부르심을 깨닫고 응답하는 데서 시작된다. 내면의 무의식을 직면하고 상처와 욕망을 바라볼 때, 그 속에서 역사하시는 하나님의 은혜를 우리는 깊이 경험하게 될 것이다. 자기분석은 스스로는 고통스러우나 상황은 편안하게 만든다. 생각과 말과 상황은 같이 가기 때문이다. 프란시스 쉐퍼는 그리스도인을, 성경을 절대적 진리로 믿고 고백하며 하나님과 인격적 관계를 맺고 진리를 삶 속에서 실천하는 자로 성령의 능력 안에서 자아를 죽이고 사랑을 실천하며 나아가는 사람을 그리스도인이라 정의했다. 초대교회에서 그리스도인이라 불렸던 사람들은 서로를 이해하고 헌신하며 사랑을 실천하는 삶을 살아갔다. 믿음은 단순한 내적 확신에 머무르지 않고 삶의 실천으로 드러나야 한다. 우리는 은혜로 구원받았지만 그 은혜가 삶의 구조와 행동을 변화시키지 못한다면 성화의 길은 거기서 멈추게 된다. 하나님의 뜻에 반하는 욕망은 결국 무너질 바벨탑을 쌓아가기 때문이다. 인간의 왜곡된 욕망은 하나님과의 단절에서 비롯된 것으로, 타인의 시선에 얽매여 자기 정체성을 잃는 현상은 단순한 심리적 문제를 넘어 실존의 근본적 비극으로 볼 수 있다. 이러한 비극에서 벗어나 진정한 회복을 누릴 수 있는 길은 오직 하나님의 은혜 안에서만 가능하다.

현대인의 삶은 겉으로 보기에는 풍요롭고 자유로운 듯하지만, 그 내면을 들여다보면 하나님과의 단절로 인해 욕망과 의무 사이에서 끊임없이 갈등하며 살아간다. 타인의 시선에 종속된 삶은 결국 자기상실로 귀결된다. 심리학은 오랜 세월 동안 인간의 내면을 탐구해 왔다. 미드는 자아를 '객관화된 나(Me)'와 '주체적인 나(I)'로 구별하였고, 스티븐슨은 문학을 통해 선과 악이 공존하는 인간의 이중적 자아를 형상화하였다. 프로이트는 이드(Id), 자아(Ego), 초자아(Superego)의 내적 갈등 구조를 통해 인간 내면의 복잡성과 모순을 설명하였다. 이 책은 왜곡된 욕망을 의식하고 직면함으로써, 하나님의 인도하심 속에서 현재의 삶을 진단하고 변화로 나아가야 한다는 문제의식에서 출발한다. 욕망은 결핍을 채우려는 충동의 발단이 되기도 하지만, 상처와 결핍을 의미 속에 통합하고 새로운 질서로 자아를 재구성할 때 비로소 회복의 길이 열린다. 그렇다면 사람들은 왜 쉽게 변하지 않는가? 그것은 자기방어로 인한 무의식적 저항과 자기 한계 때문이다. 그러나 결핍이 은혜로 채워질 때, 인간은 비로소 조금씩 변하기 시작한다.

인간은 스스로 변할 수 없는 존재로 변화는 결심이라기보다는 은혜의 사건으로 은혜가 자아의 중심을 흔들 때 인간은 비로소 하나님 앞에서 자신을 보게 되고 회개와 성찰을 통하여 새로워지며, 사랑의 관계 속에서 닫혀 있던 마음은 열리기 시작한다. 그렇지 않으면 자신을 지켜야 한다는 방어 속에 머물며 변화를 거부하게 된다. 그런 의미에서 변화는 결국 사랑으로 시작되는 것이다. 사람은 고통보다 불안을 더 두려워한다. 스스로를 지키려다 오히려 자신을 가두어 버리기도 한다. 그러나 은혜와 사랑의 관계를 통해서만 인간은 비로소 진정한 변화를 경험하게 된다. 성화는 단순히 죄를 멀리하는 외형적 거룩이 아니라, 더 깊은 하나님의 은혜를 경험하는 여정으로 자기수용과 내면의 성숙을 이루어 가는 회복의 길이다. 회복은 상처와 결핍을 지워버리는 것이 아니라, 그것들을 품고 새롭게 내면을 재구성하는 과정이다. 성령의 인도하심으로 자기를 돌아보며, 형편없던 인생을 새롭게 이끌어 주시는 하나님의 은혜에 감사하는 깊은 자기분석의 시간들이 되었으면 좋겠다. 우리의 욕망은 무엇을 향하고 있는가? 무지의 혼돈 속에서도 은혜를 향해 나아가자. 성령의 인도하심이 우리를 회복과 성화의 길로 이끌어 갈 것이다.

차례

제2장 의식(意識): 깨닫는 은혜

제3장 변화(變化): 성장과 죽음

제1장
욕망(慾望) : 무지의 세계

살아 있는 모든 인간은 크든 작든 욕망에 헌신하며 살아간다. 이론가들은 서로 다른 언어를 사용하지만, 결국 같은 본질을 말한다. 심리학에서 욕망은 결핍을 메우려는 무의식적 동기로 보고, 철학에서는 인간 존재를 움직이는 근본적 동력으로, 신학에서는 하나님을 떠난 왜곡된 사랑으로 이해한다. 프로이트(Freud)는 욕망을 억압된 본능, 즉 성적 혹은 공격적 에너지로 변형된 충동(libido)에서 비롯된다고 보았다. 이 욕망이 방출되지 않고 무의식 속에 억눌리면, 신경증·강박·불안으로 이어질 수 있다. 라캉(Lacan)은 욕망의 본질을 결핍에서 찾으며, 인간은 항상 타자의 욕망을 욕망하고 충족은 끝없이 미뤄진다고 했다. 아우구스티누스(Augustinus)는 욕망을 하나님 사랑에서 벗어난 왜곡된 사랑으로 규정했다. 인간의 결핍을 채우려는 구조는 결코 스스로 충족될 수 없다. 아우구스티누스가 말하듯, 그 결핍은 오직 하나님 안에서 충족되고 회복된다. 인간의 욕망은 사라지지 않으며 억압하면 할수록 오히려 더 강하게 드러나고, 잘못된 방향으로 나아가 자기파괴와 현실도피로 이어진다. 무의식의 욕망이 의식되지 않으면 삶의 방향을 왜곡하고 자아를 무너뜨리게 됨으로 욕망은 반드시 정화되어 건강한 질서 안에서 자리 잡아야 한다.

1. 의식되지 않는 혼돈

무지 속에 감춰진 욕망은 자기도 모르게 행동을 지배하며, 단순한 의식적 선택을 넘어 삶 전체의 반복적 습관 구조를 형성한다. 어린 시절 결핍된 사랑에 대한 욕망은 성인이 되어 자기애 장애로 공감부족, 질투심, 대인관계 착취와 과도한 인정 욕구로 나타나고, 이는 죄로 기울어지는 인간의 본성을 드러낸다. 타락한 인간은 자신의 욕망이 죄인지조차 분별하지 못한 채 하나님의 뜻과는 다른 방향으로 나아가기도 한다. 선한 의도로 시작한 일조차 어느 순간 자기를 위한 욕망으로 변질될 수 있다. 존재론적 관점에서 무지 속의 욕망은 존재의 결핍에서 비롯된 깊은 갈망이다. 그러나 자신이 무엇을 원하는지도 모른 채 살아가며, 그 욕망은 삶의 왜곡된 반복을 낳고, 참된 자아를 가리는 베일이자 자아를 구속하는 사슬이 된다. 그러므로 잠재된 욕망은 반드시 의식화로 드러나야 하며, 회복과 성화를 향한 길에 있어서 왜곡된 욕망은 반드시 다루어져야만 한다. 무지 속의 의식되지 않는 혼돈은 무의식의 세계에 머물러 있기 때문에 그것을 의식화하는 작업이 필요하다. 욕망이 왜곡되면 '나는 잘 살고 있다'는 자기합리화로 위장되지만, 무의식 속의 혼돈은 결국 부정적 감정과 깨어진 관계, 병적인 삶의 형태로 드러난다.

프로이트는 무의식 속에 억압된 원초적 욕망이 도덕과 현실의 제약을 받아 병리적 증상으로 나타난다고 보았다. 억압된 감정은 반드시 되돌아오며, 의식되지 않은 채 반복될 경우 삶은 점점 더 어둡고 복잡해진다. 이는 마치 이스라엘 백성들이 광야에서 40년을 길에서 방황한 것처럼, 무지로 인한 혼돈이 시간만 허비하는 인생의 순환을 만든다. 의식의 빛이 없으면, 어쩌면 우리 인생은 후회할 기회조차 없이 지나간다. 잘못된 길임을 알면서도 멈추지 못하는 것, 그것이 무지가 이끄는 절망의 나락이다. 아우구스티누스는 자신의 방황을 통해, 욕망이 의식되지 않을 때 인간이 얼마나 헛된 길을 걷게 되는지를 고백했다. 그는 인간이 내면의 통일성을 상실한 채 혼돈 속에서 스스로 질서를 회복할 수 없다고 보았다. 자기중심적인 욕망은 인간을 깊은 공허로 몰아넣고, 쉽게 자기합리화와 자기기만으로 변질된다. 그러나 그는 하나님의 은혜가 인간의 혼돈 속에 개입하여 존재에 새로운 질서를 부여한다고 선언했으며 이는 곧 창조의 재구성이다. 칼 바르트 역시 혼돈을 하나님이 부재한 상태로 이해했다. 그에게 십자가는 혼돈의 절정이며, 부활은 그 혼돈을 이기신 하나님의 창조 회복의 선언이다. 타락으로 손상된 세계는 십자가와 부활을 통해 새롭게 창조되고 온전히 회복된다.

폴 틸리히는 혼돈을 "존재가 뿌리째 흔들리는 실존적 위기"로 정의했다. 인간이 자기 존재의 기반을 상실할 때 근원적인 불안이 발생하고, 그 불안은 결국 혼돈으로 이어진다. 그러나 틸리히는 이 혼돈을 이겨 낼 수 있는 유일한 해결 방법은 하나님의 은혜라고 보았다. 의식되지 않은 욕망은 겉과 속이 다른 이중적 욕망을 만들어 내어 우리를 무지의 세계에 가두고, 타인의 욕망을 모방하며 살아가게 만든다. 욕망을 직면하지 않으면, 인간은 스스로 자신의 삶을 살고 있다고 착각하면서도 끊임없이 공허와 좌절을 반복한다. 겉으로는 헌신과 희생을 말하지만, 내면은 인정받고자 하는 욕망으로 가득 차 있다. 거룩함이라는 이름으로 포장된 이중성은 결국 자기혐오와 분노를 낳는다. 억압된 욕망은 삶 전체를 혼란에 빠뜨리고, 원하는 것을 이루었음에도 만족을 주지 못한다. 그 길은 '우리'를 위한 길이 아니라 '나'를 위한 길이기 때문이다. 이처럼 의식되지 않은 욕망은 삶의 방향을 왜곡시키고, 사람을 점점 더 고립된 존재로 만든다.

칼 융은 내면의 갈등과 혼돈을 단순히 부정적으로 보지 않았다. 그는 그것을 자기 통합을 위한 여정으로 이해했다. 그가 말한 그림자(shadow)는 인간이 의식적으로 받아들이지 못하고 억압한 자아의 일부로, 무의식 속에서 강한 영향을 미친다. 그림자는 의식되기 전까지는 문제로 인식되지 않지만, 삶의 여러 측면에 계속해서 드러난다. 그러므로 그림자를 외면하거나 억압하는 것이 아니라, 마주하고 수용할 때 비로소 자아는 통합되고 회복된다. 이것이 바로 하나님 앞에서의 진정한 자기 인식이며, 성령의 조명으로만 가능하다. 하나님은 나보다 나를 더 잘 아시는 분이며, 그분의 인도하심만이 혼돈을 벗고 자유로 나아가는 길이다. 욕망을 인식하고 의식화하는 일은 매우 중요하다. 욕망을 정직하게 바라보는 것, 그것이 무지의 어둠을 걷어내는 첫걸음이다. 욕망의 실체를 마주할 때 비로소 인간은 자유로워질 수 있다. 자기 안의 왜곡된 욕망을 들여다보고, 그 욕망이 어디서 비롯됐는지를 묻는 순간, 삶은 서서히 새로운 방향을 향해 나아간다. 욕망을 억제하거나 부정하는 것이 아니라, 그것을 정화하고 바로 잡아야 한다. 하나님의 은혜 안에서 욕망은 더 이상 부정적인 에너지가 아니라, 성숙과 성장의 힘으로 바뀐다. 욕망을 인식하는 그 자리, 바로 거기서 무지는 깨어지고 진정한 자유가 시작된다.

1) 감춰진 욕망의 실체

인간의 결핍을 채우려는 갈망은 본능적이며, 삶의 모든 행동을 이끄는 근원적인 힘이다. 태어날 때부터 인간은 결핍된 존재로 살아간다. 처음에는 어머니의 젖을 통해 생존을 위한 결핍을 채우고, 이후 성장하면서 사랑, 인정, 소속, 의미 같은 더 깊은 결핍을 채우고자 갈망하게 된다. 이 갈망은 단순한 욕구 충족의 차원을 넘어, 인간 존재의 방향을 결정짓는다. 감춰진 욕망은 스스로를 속이며 살아가게 만든다. 많은 사람들은 하나님의 영광을 위해 이 길을 간다고 말하지만, 열심히 일한 만큼 인정받지 못하거나 불합리함을 느낄 때 좌절, 분노, 억울함 같은 감정이 올라온다. 그건 결국 자신도 모르게 그 영광에 참여하고 싶었던 무의식적인 욕망이 숨어 있었다는 뜻이다. 욕망 자체가 나쁜 건 아니지만, 그 욕망을 의식하지 못하면 혼란과 왜곡이 일어난다. 나는 누구인가? '나는 나를 잘 모른다'는 것은 지극히 자연스러운 일이다. 프로이트는 우리의 의식은 빙산의 일각에 불과하다고 말했다. 그만큼 인간은 무의식의 영향을 많이 받으며 살아간다. 삶 속에서 억압된 표상, 감정, 충동들이 무의식적으로 자신을 움직이고 있기 때문에, 이미 왜곡된 자아는 본래의 내가 아닌 경우가 많다.

사회적으로 볼 때, 내가 보는 '나'와 남이 보는 '나' 사이에 혼란이 생긴다. 전체를 보지 못한 채, 일부분만 보고 그것이 곧 '나'라고 단정할 수는 없다. 감당하고 있는 여러 역할 사이에서도 정체성의 혼돈은 일어난다. "너 자신을 알라." 이는 계속해서 나를 알아가야 한다는 말이다. 자신을 단번에 완전히 아는 길은 없다. 하지만 늘 질문하고 성찰하며 답을 찾아가는 습관은 필요하다. 그런 과정 속에서 조금씩 자기 자신을 인식하게 된다. 그러나 사람들이 자신을 제대로 알지 못하기 때문에, 자신이 진짜 원하는 걸 선택하기보다, 자기를 지배하고 있는 무언가를 선택하게 되는 것이다. 무의식에서 올라오는 감정들, 대인관계에서의 반응들 속에는 숨겨진 욕망이 있다. 예를 들어, 사랑받고 싶은 욕망이 있는 사람이 거절을 당하면 의식적으로는 '내가 잘하면 사람들이 날 좋아하겠지'라고 생각하지만, 무의식 안에는 버려질지 모른다는 공포와 불안이 있는 것이다. 그래서 과도하게 순응하거나, 감정을 억누르며 인정중독에 빠지기도 한다. 이런 삶은 스스로를 지치게 만든다. 이 욕망이 무의식 안에 깊숙이 자리하고 있다면, 건강한 대상관계 방향은 어긋날 수 있다.

하나님을 사랑하고 하나님의 뜻을 이루겠다는 목표는 성공과 성과만으로 설명할 수는 없다. 만약 자기 성취만을 원한다면, 그건 결국 자신의 욕망을 따르는 길이고, 그 욕망은 혼돈으로 빠질 수밖에 없다. 겉으로는 하나님을 위한 일처럼 보이지만, 실상은 자기사랑에서 나온 것일 수 있다. 그래서 하나님의 뜻과 일치한 순수한 욕망을 의식해야 한다. 예수님을 따르며 주와 함께 죽겠다고 했던 베드로는, 위협이 닥치자 예수를 세 번이나 부인한다. "베드로가 이르되 내가 주와 함께 죽을지언정 주를 부인하지 않겠나이다."(마태복음 26:35) 그는 수제자로서의 충성심을 증명하고 싶었던 욕망의 표현이었다. 사울은 "하나님께 제사 드리기 위해 양과 소를 남겼다."(사무엘상 15:15)고 말하지만, 실제로는 자신의 의로움을 보이고 사람들의 인정을 받고 싶었던 그는 리더로서의 체면과 권위가 더 중요했던 것이다. 요나는 하나님의 자비를 알고 있었지만 그는 니느웨의 멸망을 바라며 하나님의 뜻보다 자기 정의가 앞섰다. 마르다의 섬김 뒤에도 인정받고 싶은 욕망이 숨어 있었다. 일하고 있는 자신을 알아봐 주길 바랐던 마음이 있었던 것이다. 이렇게 자기 무의식을 의식하지 못하고 하는 일들 속에는 하나님을 위한 것처럼 보이지만 실제는 자기를 위한 욕망이 크다. '나는 주를 위해 최선을 다했다', 하지만 그것이 정말 하나님을 위한 것이었는지 하나님을 이용해서 자기를 드러내고자 했던 것은 아니었는지, 무지에 가려진 자기 마음을 솔직히 바라볼 수 있어야 한다.

하나님보다 자신을 더 사랑하는 무지를 의식하는 시작은 지금부터다. 자기사랑이 건강한 자기존중이 아니라, 하나님보다 더 사랑하는 대상이 된다면, 그 모든 것은 우상숭배다. 하나님 없이 자기를 사랑하려는 시도는 인식되지 않은 자기중심적 우상일 수 있다. 아우구스티누스는 말한다. 인간의 욕망은 원래 하나님을 향한 갈망인데, 그 방향이 틀어질 때 죄가 시작된다는 것이다. 욕망은 죄는 아니지만 하나님이 주신 에너지로 왜곡되게 행할 때는 죄가 된다. 우리의 욕망을 돌아보자 왜곡된 욕망은 다시 재구조화해야 한다. 그래야 욕망은 평화를 얻고, 혼돈을 인식하게 되며, 자기를 드러내는 삶에서 주를 높이는 삶으로 나아가게 된다. 그러한 사람의 고백은 "그러나 내가 나 된 것은 하나님의 은혜로 된 것이니 내게 주신 그의 은혜가 헛되지 아니하여 내가 모든 사도보다 더 많이 수고하였으나 내가 한 것이 아니요 오직 나와 함께 하신 하나님의 은혜로라."(고린도전서 15:10) 신앙이 정말 하나님을 위한 것이라면, 그 안에는 자기를 위한 인정욕망이 숨어 있으면 안 된다. '하나님께 영광'이라는 말이, 자기의 의로움을 포장하는 말이 되어버린다면, 그건 '자기의'의 함정일 수 있다.

2) 왜곡된 자기인식의 구조

현대인들은 자신의 가치를 규정할 때, 자본주의 문화는 물질과 성취를 최고의 가치로 내세운다. 그 결과 사람들은 끊임없이 남과 비교하고, 더 많은 것을 추구하는 욕망 속에서 살아간다. 그러나 이는 참된 자아의 삶이 아니라, 거짓된 자기를 따라가는 삶임을 스스로 깨닫지 못한 채 살아가는 것이다. 타락한 인간은 스스로 선악을 분별할 수 없는 존재로, 자신의 욕망조차 제대로 보지 못한 채, 왜곡된 욕망에 끌려가는 허기로 인하여 삶의 방향을 잃게 된다. 왜곡된 시선은 진짜 봐야 할 것을 보지 못하고, 진짜 들어야 할 음성을 듣지 못한 채, 왜곡된 욕망의 목소리에 귀를 기울이며 허기진 인생길을 걷게 되는데, 내면 깊숙한 상처와 결핍은 결국 수치심과 죄책감으로 이어진다. 이로 인해 욕망은 더욱 왜곡되고, 존재 자체는 어긋난 방향으로 나아간다. 무지 속에 감춰진 욕망은 의식되지 않은 채 왜곡된 형태로 드러나며, 그 결과 왜곡된 자기인식과 인지왜곡이 형성된다. 심리학은 욕망이 억압되거나 무의식에 머물러 있을 때, 자기 자신과 세상을 왜곡된 방식으로 해석하게 된다고 말한다. 이는 단순한 정신적 병리에 그치지 않고, 존재의 왜곡과 정체성의 혼란으로까지 이어질 수 있다. 무의식에 잠재된 욕망은 자각되지 않은 채 행동, 감정, 관계 방식에 영향을 미치며, 반복적인 갈등과 고통의 근원이 되기도 한다. 억압된 욕망은 타인의 말이나 행동을 왜곡되게 해석하게 하거나, 정당한 관계 속에서도 거절당하고 있다는 느낌을 갖게 된다. 왜곡된 자기 인식의 치유는 창조의 근원되시는 하나님 앞에서 있는 그대로의 모습을 직면하는 데 있다. 회복은 상처를 덮는 것이 아니라, 자신의 욕망과 상처를 새롭게 해석하고, 그것을 통합해 가는 변화의 여정이다.

인간은 누구나 무의식적으로 사랑받고 인정받고 싶다는 욕망을 품고 있다. 이것은 죄 된 욕심이라기보다는, 하나님께서 인간에게 심어주신 존재적 갈망으로, 하나님과 교제하며 대상들과의 관계 속에서 축복의 통로로 살아가도록 창조되었다. 그러나 이 욕망을 올바로 들여다보지 못한 채 억압하거나 외면하면, 그것은 자기 이해의 왜곡으로 이어진다. 어린 시절 상처로 인한 반복된 거절의 기억은 욕망을 부정하거나 왜곡되게 해석하도록 만든다. 그 결과, 타인의 반응을 통해 '나는 사랑받을 자격이 없다. 사람들은 나를 싫어한다.'라는 피해의식과 자기비하에 빠져든다. 하지만 이는 상처가 만들어 낸 거울 속의 이미지일 뿐, 하나님의 시선으로 본 진실한 자기 인식은 아닌 것이다. 주안에서 우리는 수치스럽고 연약한 모습까지도 있는 그대로 받아들여길 수 있으며, 진리 안에서 욕망은 정화되고, 상처는 재해석되며, 자아는 새롭게 구성된다. 회복은 고통의 제거만은 아니다. 하나님 앞에서 자신을 더 깊이 알아가는 과정으로 억압된 욕망도 거룩한 동기가 될 수 있다. 가인의 이야기가 이를 잘 보여준다. 가인은 사랑받고 인정받고 싶은 간절한 욕망을 가졌지만, 왜곡된 자기인식으로 인해 하나님이 나를 미워하신다고 오해했다. 아벨의 제사가 받아들여지자 그는 분노에 사로잡혀 결국 동생을 죽였다. 그가 하나님의 변함없는 사랑을 의식했더라면, 그 결말은 달라졌을 것이다. 사울 왕 역시 마찬가지다. 이미 하나님께 선택받은 왕이었지만, 내면 깊은 곳에 리더로서 인정받고 싶어 하는 왜곡된 욕망이 자리 잡고 있었다. 블레셋과의 전쟁에서 사무엘을 기다리지 않고 번제를 드린 사건은, 하나님의 뜻보다 사람들의 시선을 더 의식한 결과였다. 사울은 버림받을까 두려워했고, 다윗과의 관계에서는 질투와 열등감이 폭발하는 파괴적 행동으로 나타났다. 그의 회복은 하나님 앞에서 자신의 두려움과 인정욕구를 의식하고, 자기중심적 자아를 내려놓아야만 했었다. 자기를 주인으로 삼으려는 태도를 내려놓고 하나님을 주인으로 인정하는 자기부인이야말로 가장 빠르고 깊은 회복의 길이다.

베드로 역시 수제자로서 의미 있는 존재가 되고 싶다는 강한 욕망을 가졌다. 나는 절대 주님을 버리지 않는다는 자기 과신은 결국 예수님을 세 번 부인하는 실패로 이어졌다. 그는 곧 '나는 쓸모없는 존재'라는 왜곡된 자기인식에 빠져 무의식이 이끈 고기잡이로 돌아간다. 그러나 부활하신 주님과의 만남을 통해 자신의 왜곡된 욕망을 마주하고, 사랑의 회복을 경험하며 새 사명을 받게 되었다. 회복은 오직 주님과의 관계에서 시작된다. 욕망 자체가 죄는 아니다. 하나님께서 인간을 창조하실 때, 인간 안에 기본적인 욕망을 심어 주셨기 때문이다. 사랑받고 싶고, 의미 있는 삶을 살고 싶고, 누군가에게 소속되고 싶은 마음은 본래 선한 것이다. 그러나 문제는 억눌린 욕망은 무의식 깊숙이 억압되어 있다가 왜곡된 형태로 드러나며, 결국 왜곡된 자기인식으로 이어진다. 그 왜곡된 자기인식은 타인에 대한 시선, 하나님에 대한 신앙, 세상에 대한 해석까지 모두 왜곡시킨다. 자기 자신을 잘못 보는 사람은 결국 하나님도 잘못 보고, 세상도 잘못 이해하며, 타인도 왜곡된 잣대로 판단하게 된다. 성경 속 인물들은 모두 이런 왜곡을 겪었다. 그러나 하나님은 그들의 삶에 개입하셔서, 그들의 숨겨진 깊은 욕망을 드러내시고 다시 새로운 길을 걷게 하셨다. 베드로의 회복 여정이 대표적인 것으로, 그는 한때 자기 과신 속에 갇혀 있었지만 그의 장담은 결국 주님을 부인하고 무너졌다. 하지만 부활하신 주님과의 만남 속에서 사랑의 회복을 경험하며 진짜 자기 자신의 모습을 보게 된다. 이제 그는 더 이상 자기 과신에 갇히지 않고, 주님의 사랑 안에서 참된 자아를 회복하게 된 것이다.

3) 죄책감과 자동화된 반응

인간은 하나님의 형상대로 창조되었고, 본래 존귀한 존재다. 인간의 마음은 본래 하나님을 향하도록 지어졌으며, 그분과의 친밀한 교제 안에서 살아갈 때 가장 온전한 삶을 누리게 된다. 하나님께서는 에덴동산을 아름답게 지으시고, 아담과 하와의 모든 필요를 채워 주셨다. 그들을 하나님의 동역자로 부르시고, 거룩하고 질서 있는 삶을 살기를 원하셨다.

그러나 타락 이후 모든 것은 무너졌다. 타락한 인간 안에는 죄의 구조가 깊이 뿌리내려, 자동 반응 시스템처럼 작동하기 시작했다. 욕구는 질서를 잃었고, 하나님 중심적인 삶은 자기중심적인 삶으로 왜곡되었다. 하나님과 단절된 영혼은 채워지지 않는 허기와 갈증에 시달리며, 왜곡된 욕망을 따라 살아가게 되었다. 인간의 욕망은 하나님께로 향할 때만 온전하게 채워질 수 있는 것이다. 그러나 하나님과 멀어질수록 욕망은 점점 더 파괴적인 형태로 변질된다. 끊임없이 무엇인가를 갈망하지만, 그 욕망이 하나님의 뜻을 향하지 않으면 결국 헛된 길을 걸을 수밖에 없다. 하나님의 나라와 그의 의를 구하는 삶은 건강하고 거룩한 욕망을 드러내지만, 자기만의 바벨탑을 쌓으려는 욕망은 반드시 무너질 수밖에 없는 것이다. 신앙은 개인의 성취나 복을 얻기 위한 수단이 아니다. 신앙은 너도 좋고 나도 좋은 세상, 곧 하나님 나라의 회복을 이루는 방향으로 나아가야 한다.

아담과 하와 이후 모든 인간은 죄의 구조 안에서 태어난다. 그 결과 하나님과 단절된 존재가 되었고, 불안을 모르던 인간은 이제 불안과 두려움 속에서 살아가게 된 것이다. 벗은 자신을 부끄러워하며 나뭇잎으로 가리는 수치심, 하와는 뱀을 탓하고, 원망하며 아담은 하와를 탓하며 책임을 전가하는 모습을 본다. 이미 서로의 신뢰는 무너지고, 동산에서 쫓겨난 인간은 수고하며 살아가야만 하는 존재가 되었다.

"네가 먹는 날에는 반드시 죽으리라."(창세기 2:17) 법을 어기는 죄는 이렇게 인간의 모든 영역을 무너뜨렸다. 영도 육도 모두 죽게 되었고, 하나님 앞에서 자유롭지 못한 수치심 속에 숨을 수밖에 없었다. 이것이 죄의 심리적 구조이며, 인간의 자동화된 반응이다. 도르트 총회(1618~1619)에서 정리된 칼빈주의 5대 교리(TULIP)는 죄의 본질과 은혜의 구속을 이렇게 요약한다. 전적 타락(Total Depravity) 무조건적 선택(Unconditional Election) 제한 속죄(Limited Atonement) 불가항력적 은혜(Irresistible Grace) 성도의 견인으로(Perseverance of the Saints) 전적으로 타락한 인간은 스스로를 구원할 수 없지만, 하나님께서는 택한 자들을 위해 예수 그리스도를 보내시고, 그 은혜로 죄를 대신 짊어지게 하셨다.

구원은 오직 은혜로만 주어지는 선물이다. 하지만 구원의 확신을 가지고 살아가는 그리스도인들조차 여전히 죄의 깊은 성향을 안고 살아간다. 자신도 모르게 반복되는 죄의 패턴, 부모로부터, 조상으로부터 이어진 반복된 상처와 문제들이 우리 안에 새겨져 있다. 나는 누구인가? 라는 질문 앞에서, 때로는 자녀의 혐오스러운 모습을 보며 자기 자신의 그림자를 발견하고, 그 모습을 미워하며 고통스러워하는 경험을 하기도 한다. 그렇게 자신의 죄악성을 인정하기 어려운 인간은 수많은 방어기제를 사용하며 자신을 숨긴다. 보이고 싶지 않은 자기 모습은 억압하고, 문제가 생기면 자신을 방어하기 위해 외부를 원망하고 탓한다. 다양한 방어기제들은 자기 보호를 위한 심리적 생존 전략이다. 하지만 이 방어기제들은 일시적인 위안일 뿐, 근본적 문제를 해결하지 못한 채 오히려 왜곡된 자기 인식과 자동화된 죄의 반응을 강화시킨다. 왜 인간은 같은 실수를 반복하는가? 그 이유는 바로 죄 때문이다. 죄는 하나님과의 단절에서 시작된다. 사랑의 근원을 상실한 인간은 깊은 결핍에 빠지고, 그 결핍을 자기 방식으로 채우려 한다. 그러나 그 방식은 죄의 자동 시스템 안에서 이루어지며, 본질적 문제를 의식하지 못한 채 왜곡된 선택을 반복하게 만든다.

욕망을 채우려는 시도는 끊임없이 반복된다. 그러나 그 욕망의 방향이 왜곡되어 있다면, 그 모든 시도는 결국 더 깊은 결핍과 허무로 이어질 수밖에 없다. 끊임없이 구하고 채우고 또 구하는 이 반복적인 순환 구조는, 에덴동산 이후 인간 내면에 자리 잡은 죄의 구조다. 더 많이 쌓고 싶고 갖고 싶어 한다. 더 많이 사랑받고 싶고 인정받고 싶다는 욕망은 '나는 거절당했다, 나는 무시당했다'는 왜곡된 해석으로 드러나며, 이는 곧 수치심, 분노, 열등감, 질투와 같은 정서적 반응으로 이어진다. 비교, 과시, 공격, 자기비하 등의 행동은 의식적인 선택이라기보다, 무의식적으로 작동하는 자동 반응으로, 사람들은 흔히 나도 모르게 그랬다라고 말하지만, 사실 그것은 내면 깊숙이 각인된 죄의 구조가 작동한 결과다. 죄는 반복된다. 죄는 자동 시스템처럼 작동하며, 그 결과 내면은 방어기제로 포장되고, 외면적으로는 생존을 위한 전략처럼 보일 수 있다. 그러나 이러한 회피가 반복될수록, 회복의 길은 점점 멀어져 간다. 진정한 회복은 하나님 앞에서 죄의 본질을 직면하고, 자동화된 반응을 인식하며, 그것으로부터 돌이키는 데서 시작된다. 하나님 앞에서 자신의 왜곡된 욕망과 반응을 정직하게 들여다보고, 진리 안에서 다시 방향을 잡을 때, 비로소 회복의 첫걸음이 시작된다.

4) 방어기제로 위장된 자아

방어기제는 인간이 고통스러운 현실을 직면하지 않기 위해 사용하는 심리적 생존 본능의 반응이다. 자아 기능을 유지하고 자존감을 지키며 충격을 완화하려는 무의식적 노력으로, 사람들은 견디기 힘든 현실에 압도당하지 않기 위해 본능적으로 방어기제를 사용한다. 이는 스스로를 보호하기 위한 심리적 전략이지만, 그 뿌리에는 두려움과 불안이 자리 잡고 있다. 방어기제는 내면 깊은 곳에 자리한 불안과 상처를 의식하지 않고 회피하거나 숨기는 데 집중한다. 불안을 정면으로 직면하는 대신, 무의식적으로 억누르거나 외면하고, 때로는 다른 사람이나 환경 탓으로 돌리기도 한다. 단기적으로는 효과적인 것처럼 보이지만, 장기적으로는 더 깊은 내면의 고통을 초래하며 관계를 무너뜨리고 자기 성장을 방해한다. 방어기제는 심리적 갈등과 스트레스로부터 자아를 보호하기 위한 무의식적 반응으로, 심리적 붕괴를 막는 역할을 한다. 그러나 그 모든 방어가 똑같은 것은 아니다. 미성숙한 방어기제는 현실을 외면하고 내면의 불안을 외부로 투사하거나 억압하는 방식이며, 성숙한 방어기제는 고통을 있는 그대로 받아들이고, 이를 창조적이고 영적으로 전환해 가는 힘을 내포하고 있다.

성경 속 인물들 역시 인간적 나약함 속에서 방어기제를 사용했으나 하나님과의 관계 안에서 방어기제를 넘어서는 성숙과 회복의 길을 걸었다. 대표적인 방어기제를 보면 부정, 투사, 억압, 합리화, 전환, 회피, 반동형성으로 부정은 불편한 현실을 무시하고 부인하며, 투사는 자신의 불안을 타인에게 전가하여 책임을 회피한다. 억압은 고통스러운 감정이나 기억을 무의식에 묻어 두며, 합리화는 불편한 감정을 논리로 포장하여 정당화한다. 전환은 불안을 신체증상이나 다른 행동으로 바꿔서 표현하며, 회피는 불안을 유발하는 상황 자체를 피하며, 반동형성은 불안을 반대 방향으로 과장하여 표현한다. 성숙한 방어기제로는 승화, 유머, 억제를 들 수 있다. 승화는 본능적 충동을 건설적인 방식으로 전환하는 것이며, 유머는 긴장된 상황을 유쾌하고 현실감 있는 농담으로 완화한다. 억제는 고통스러운 감정을 무의식적으로 억압하는 것이 아니라 의식적으로 잠시 미루어두고 나중에 다루는 방식으로 방어기제는 미성숙에서 성숙한 방식으로 자아통합의 영적 성숙과 연결된다. 회복은 하나님 앞에서 솔직하게 자신의 감정과 상처를 인정하고, 방어를 내려놓는 순간 비로소 회복의 문이 열린다. 성경 인물들 가운데, 모세, 다윗, 바울은 성숙한 방어기제를 통해 자신의 내면적 갈등을 영적 성숙으로 전환한 대표적인 인물들이다.

모세는 젊은 시절 충동적 분노로 이집트 사람을 죽인 뒤, 미디안 광야로 도망쳤다. 하지만 40년 동안의 광야 생활 속에서 내면을 성찰하며 하나님을 만났고, 마침내 하나님의 부르심을 받아 민족의 지도자로 거듭났다. 그의 분노는 하나님을 향한 순종과 인내로 승화되었다. 다윗 역시 밧세바 사건과 우리아의 죽음 이후 깊은 죄책감에 시달렸지만, 나단 선지자의 책망 앞에 억압된 감정을 솔직히 직면하며 회개했다. 그는 시편 51편에서 자신의 참회와 고통을 시로 승화하며, 영적 거장으로 다시 일어섰다. 바울은 과거 박해자로서의 폭력성과 열등감을 복음 전파의 열정으로 바꾸었다. 그는 자신의 약함을 오히려 자랑하며, 복음 안에서 자신의 과거를 승화시켰다. 그는 "약할 때 강함이라"는 역설을 통해 깊은 영적 자유를 누렸다. 하지만 반면에 사울왕은 미성숙한 방어기제인 투사에 사로잡혀 비극적인 결말을 맞았다. 그는 자신의 내면 불안을 의식하지 못한 채, 다윗을 끊임없이 위협자로 여겨 분노를 외부로 투사하며 결국 스스로 몰락의 길로 걸어가게 되었던 것이다. 요나 역시 하나님의 뜻을 회피하며 도망쳤고, 니느웨의 구원을 끝까지 받아들이지 못하며 불평 속에서 자기감정을 솔직하게 직면하지 않고 회피한 결과 그는 끝내 하나님의 은혜를 깊이 누리지 못했다.

엘리 제사장의 자식들 또한 자기 욕망과 죄악을 회피하며 살았고, 엘리 역시 그들의 죄를 바로잡지 못한 채 가문의 몰락을 자초했다. 그들의 삶은 단순한 개인의 타락이 아니라, 하나님 앞에서의 책임 회피와 자기기만의 결과였다. 이처럼 투사, 부정, 회피와 같은 미성숙한 방어기제는 일시적인 심리적 안정을 줄 수 있지만, 결국에는 관계를 파괴하고 자기 고립을 심화시킨다. 내면의 갈등을 외부로 돌리거나, 죄의 책임을 인정하지 않음으로써 우리는 하나님과의 관계, 타인과의 관계에서 점점 멀어지게 된다. 방어기제는 때로 우리를 외상과 고통에서 보호하는 심리적 장치일 수 있으나, 그것이 성숙한 자기성찰로 전환되지 않을 때, 인간은 자라지 못한다. 미성숙한 방어에 머물면 참된 성장은 지연되고, 신앙적 회복도 왜곡된 자아로 인해 제한적으로 이루어진다. 성경은 이런 영적 정체의 상태를 가감 없이 보여준다. 요나는 하나님의 명령 앞에서 도망쳤고, 결국 하나님의 긍휼이 니느웨에도 임할 수 있다는 사실에 분노했다. 그는 자신의 내면에 자리한 편협함과 상처를 직면하지 않았고, 하나님의 은혜가 자기 경계를 넘어선다는 진리를 받아들이지 못했다. 진정한 회복과 성장은 내면을 깊이 들여다보고, 자신을 보호해 온 방어기제를 직면하며, 하나님 앞에 정직하게 나아가는 데서 시작된다. 이는 존재가 다시 빚어지는 은혜의 역사이다.

2. 욕심 좇는 자아

    결핍된 인간은 단순히 존재한다는 사실만으로는 충족되지 않는 무언가를 본능적으로 갈망한다. 이는 단순한 소유나 성취의 문제가 아니라, 존재 깊은 곳에 자리한 근원적 결핍에서 비롯되며, 문제는 이러한 욕망이 대부분 의식되지 않은 채 우리 삶을 지배한다는 데 있다. 우리는 하루하루를 살며 무언가를 원하고 추구하지만, '나는 왜 이것을 원하고 있는가?', '무엇이 나를 이렇게 끌고 가는가?'라는 질문은 쉽게 지나쳐 버린다. 그 욕망이 어디서 비롯되었는지, 왜 끝없이 갈망하는지 인식하지 못한 채 살아가며, 반복되는 충족과 실망의 구조 속에 갇히게 된다. 쇼펜하우어는 '모든 욕망은 고통이다. 왜냐하면 욕망은 곧 결핍을 느끼는 것이기 때문이다'라고 말했다. 인간은 욕망을 품는 순간 이미 '갖지 못함'이라는 고통을 동반하게 된다. 라캉 역시 욕망은 구조적으로 결핍을 전제로 한다. 그는 인간이 언어와 사회의 '상징계'에 진입하면서 자신을 타자의 시선과 언어로 정체화하게 되고, 그 결과 자신이 아닌 타자의 욕망을 욕망하는 존재가 된다고 주장했듯이, 인간은 자신의 욕망조차 자율적으로 구성하지 못하고, 타인이 욕망하는 대상을 따라 욕망하며 살아간다는 것이다. 이러한 구조 속에서 무엇을 얻고 채운다 하지만 다시 결핍을 느끼며, 곧 또 다른 대상으로 욕망을 옮겨 간다. 그러므로 인간의 욕망은 본질적으로 충족되지 않는 구조 속에서 끝없는 갈증은 내적 혼란이다. 우리는 자신 안에서 일어나는 욕망을 자각하지 못한 채 살아가고, 결국 진정으로 원하는 것이 무엇인지조차 분간하지 못하게 된다. 그렇게 욕망의 실체를 외면한 삶은 공허, 피로, 정체성의 혼란으로 이어지게 된다. 이처럼 욕망은 단지 심리적 욕구가 아니라, 인간 존재의 깊은 내면에서 비롯된 존재론적 물음과 연결되어 있다. 그렇기 때문에 참된 회복은 욕망을 억누르거나 부정하는 것이 아니라, 그 욕망의 뿌리를 직면하고, 그 근원에서 하나님을 다시 찾는 여정에서 시작된다.

"내 영혼이 하나님을 갈망하나이다" 시편 기자의 고백처럼, 인간의 욕망은 궁극적으로 하나님을 향한 목마름이다. 이 욕망이 정화되고 재구조화되지 않으면, 인간은 끊임없이 대상을 바꾸며 허무 속을 떠돌 수밖에 없다. 욕망의 실체를 인식하지 못하면, 우리는 그 욕망에 끌려 다니는 인생을 살 수밖에 없다. 욕망은 또 다른 욕망을 낳고, 갈증은 또 다른 갈증을 불러오는 악순환 속에서 삶은 방향을 잃고 허덕인다. 니체는 '본능을 지배하지 못하면, 본능의 노예가 된다'고 말했다. 우리는 본능과 충동, 욕망의 지배를 받는 존재가 아니라, 그것을 성찰하고 직면할 수 있는 영적 존재다. 문제는, 욕망의 방향이 왜곡될 때 인간은 하나님을 향한 욕망하는 것을 잊어버리고 돈, 명예, 권력, 성취, 인정 등의 외적인 요소들로 자신을 채우고자 한다. 이로 인해 생기는 성취는 겉보기에 성공한 인생처럼 보일 수 있지만, 실상은 내면의 결핍이 만든 것이다. 하나님과의 관계 속에서 채워지는 존재적 사랑은 주안에서 있는 그대로 받아들여지고, 사랑받고, 귀하게 여겨진다는 무조건적인 은혜의 사랑으로 이는 하나님의 시선과 내 시선이 맞닿을 때 경험된다. 이 시선이 어긋나 있으면 인간은 왜곡된 욕망을 따르며 헛된 수고에 인생을 소모하게 된다. 성공하고 싶고, 사랑받고 싶고, 인정받고 싶고, 무엇인가를 남겨 존재를 증명하고 싶은 욕망들이 우리 안에 가득할 때, 그것이 하나님 나라를 향한 욕망인지, 자기 의와 자기 성취를 위한 욕망인지 분별해야만 한다. 욕망이 신앙의 언어로 포장될 때조차, 그 안에 숨어 있는 자기중심성을 파악하지 못한다면 하나님을 이용하여 결국 자신을 드러내는 일에 몰두하게 되기 때문인 것이다.

프로이트는 인간의 내면에는 억압된 충동과 욕망이 있으며 욕망은 억압되기도, 왜곡되기도 하며, 때로는 초자아의 강한 통제 속에서 죄책감과 위선으로 표출되는데 여기서 우리는 질문 할 수 있어야 한다. '나는 무엇을 욕망하고 있는가?' '그 욕망은 정말 하나님 나라를 향하고 있는 것인가?' '내가 하나님이 되려는 욕망은 아닌가?' 돈, 명예, 권력을 통하여 나는 무엇을 하고, 얻고자 하는가? 나도 좋고, 너도 좋고, 우리 모두가 좋은 하나님의 나라를 향한 욕망인가? 아니면 '나만' 잘되고자 하는 이기적 소유의 욕망인가? 예수님은 하나님이시면서 인간의 몸을 입고 오셨다. 그리고 십자가의 고통을 피하지 않으셨다. 그는 죽기까지 순종하셨고, 우리 대신 죽으심으로 우리를 자유롭게 하셨다. 이 자유는 더 많이 얻기 위한 자유가 아니라, 더 많이 나누기 위한 자유인 것이다. 세상은 나만을 위한 공간이 아니다. 혼자 잘 먹고 잘 살자는 태도는 통합적 관점이 결여된 왜곡이다. 우리가 하나님을 사랑한다면, 이웃에 대한 사랑으로 이어져 축복의 통로가 되어져야만 한다. 쌓아놓은 부는 하루아침에 무너질 수 있고, 명예와

권력도 순식간에 사라질 수 있다는 것을 알아야 한다. 하나님께서 주신 모든 것은 나누라고 주신다는 것을 우리는 더 크게 깨달아야 한다. 진정한 축복은 더 많은 것을 소유함에 있지 않고, 나눔 속에서 생겨나는 확장에 있기 때문이다. 하나님을 깊이 알면 알아 갈수록, 우리는 자연스럽게 나눔과 섬김, 사랑의 자리로 나아가게 된다. 그것이 진짜 성취요 진정한 회복으로 오늘도 우리는 맡겨진 삶의 자리에서, 작은 사랑을 실천하며 살아가는 것. 그것이 하늘나라의 방식으로, 작은 일에 충성하며 욕망을 성찰하는 삶은, 하나님 나라를 향해 나아가는 성화의 길이 되는 것이다.

1) 결핍 중심의 욕망구조

인간의 욕망은 단순한 소유나 성취의 문제가 아니라 그 밑에는 존재론적 결핍이 놓여 있다. 우리는 충만함에서 출발한 존재가 아니라, 태초의 타락 이후 부족함을 인식하며 살아가는 존재로, 내면의 결핍은 심리적으로는 사랑받고 인정받고 싶다는 갈망으로 나타나며, 영적으로는 하나님 없이는 살아갈 수 없는 근본적 공허함으로 이어진다. 프로이트 이후 현대 심리학은 인간의 무의식을 욕망의 에너지로 설명해 왔고, 라캉은 욕망을 '결핍을 통해 구조화된 무의식의 표현'이라 주장했다. 우리는 타인의 욕망, 사회의 시선, 문화가 요구하는 욕망에 휘둘리며 살아간다. 그 욕망은 채움의 도구가 아니라 결핍으로 결핍을 채우려는 욕망은 또 다른 결핍을 낳고, 그 욕망은 인간을 혼돈 속으로 밀어 넣는다. 이것이 욕망 구조의 비극이며 이러한 실존적 긴장은 불안과 중독으로 빠져들게 하며 왜곡된 자아를 형성하게 만든다. 없는 것을 채워 존재해야 한다는 것이 동기부여처럼 보여질 수 있지만 실상은 왜곡된 자기인식이다. 이러한 내면적 결핍을 보상하려는 방식으로 사람들은 과도한 성과주의에 매달리게 되고, 끊임없는 타인과의 비교 속에 자신을 위치시킨다. 그 결과, 사람들은 '진짜 나'로 사는 것이 아니라, 타인의 기대와 시선에 최적화된 자기를 연출하고 살아가며, 이렇게 이미지화된 자아는 늘 '더 잘해야 한다'는 강박 속에 갇혀, 스스로 설정한 이상적 기준에 미치지 못하면 자기비난과 열등감에 시달린다. 남보다 우월해야만 안심이 되고, 남의 성공은 곧 나의 실패처럼 느껴지며, 경쟁은 곧 존재의 조건이 되어버린다. 이렇게 되면 삶은 타인 중심의 끊임없는 전쟁터로 변질되고, 내면의 참된 평안은 사라진다.

사울과 가인은 이러한 내면의 불안과 분열의 상징적 모습을 보여 준다. 사울은 하나님의 뜻보다 사람들의 시선과 인정에 더 민감했고, 다윗이 백성에게 인기를 얻자 깊은 질투에 빠졌다. 그는 왕권을 지키기 위해 거짓과 폭력으로 반응했고, 결국 하나님과 멀어지며 스스로 무너져 갔다. 가인 역시 하나님의 인정을 받지 못한 좌절로 인한 분노를 직면하기보다는 그 분노를 아벨에게 투사하며 살인이라는 비극적 선택을 했다. 이 두 인물은 공통적으로 자신의 결핍을 직면하거나 성숙하게 승화하지 못하고, 자기중심적인 방식으로 반응한 결과, 파멸의 길을 걷게 되었던 것이다. 비교는 인간을 끊임없이 교만과 열등감이라는 이중의 덫에 빠뜨리며, 타인의 성공은 곧 나의 실패처럼 느껴지게 만든다. 그렇게 삶은 타인과의 경쟁으로 변질되고, 자기 존재의 진정한 성숙은 멀어진다. 왜곡된 자아는 자신의 약함을 숨기고, 타인의 실패에는 안도하며, 타인의 성공에는 분노로 반응한다. 이러한 정서는 결국 영적 결핍으로 이어지며, 하나님과의 관계를 왜곡하고, 신앙의 본질에서 점점 멀어지게 만든다. 결핍은 회피하기보다 정직하게 직면될 때 회복의 출발점이 된다. 하나님 앞에서 비교와 강박의 가면을 벗고, 있는 그대로의 자신을 드러낼 때, 인간은 존재 자체로 수용되는 은혜를 경험할 수 있다. 바로 그 자리에서, 왜곡된 자아는 무너지고, 하나님 안에서 참된 자기로 다시 세워지는 변화가 시작된다. 모세는 말을 제대로 하지 못하는 결핍에도 불구하고 하나님의 부르심을 받아 민족의 지도자로 세워졌다. 그의 약함은 하나님의 능력이 드러나는 자리가 되었고, 부족함이 오히려 하나님의 영광을 드러내는 도구가 되었다. 바울 역시 다메섹 도상에서 주님을 만난 후, 더 이상 자신의 혈통이나 율법적 성취를 자랑하지 않았다. 그는 "내게 능력 주시는 자 안에서 내가 모든 것을 할 수 있다"는 고백을 통해, 자기 결핍을 넘어서는 은혜 중심의 존재 전환을 이루었던 것이다.

라캉의 실재계는 인간의 언어로는 결코 온전히 표현할 수 없는 차원이다. 인간은 이 실재를 직면하기보다 상징계의 언어, 사회의 규범, 타인의 시선 속에서 자기 정체성을 구성한다. 그러나 이 과정에서 실재는 완전히 제거되지 않고, '결핍'이라는 형태로 끊임없이 침투하여 우리의 삶과 일상을 흔들고 혼란에 빠뜨린다. 따라서 인간은 언어 속에서 자아를 정체 화하지만, 동시에 실재의 균열을 통해 자신이 결코 완전하지 않음을 드러내게 된다. 그러나 기독교 신앙은 이러한 실재,

곧 결핍의 현실을 억압하거나 회피하지 않는다. 오히려 그 결핍은 하나님의 은혜가 드러나는 통로가 되며, 하나님의 능력과 임재가 역사하는 시점으로 인간의 무능과 한계는 절망의 자리가 아니라, 오히려 하나님의 능력과 임재가 역사하는 출발점이다. 모세가 언변의 약함에도 이스라엘의 지도자로 쓰임 받았고, 바울이 육체의 가시 속에서도 "내 은혜가 네게 족하다."(고린도후서 12:9)는 주님의 말씀을 들은 것처럼, 인간의 한계는 하나님의 능력을 경험하는 지점이 된다. 모세와 바울이 보여 주듯, 신앙은 자기결핍을 숨기거나 극복하려는 시도가 아니라, 그 결핍 속에서 하나님의 은혜를 경험하고 새로운 존재로 살아가는 길을 제시한다. 하나님과의 만남을 통해 그 결핍을 새롭게 해석하고 구속적 은혜 안에서 담대히 포용할 수 있는 길을 제시한다. 결핍과 분열은 은혜 안에서 새로운 의미로 탈바꿈된다. 욕망도 더 이상 타인의 시선을 향한 방황이 아니라 하나님과의 관계 안에서 '성화의 동력'으로 재정립된다. 결핍은 저주가 아니라 기회다. 하나님은 결핍을 통해 우리 자아를 새롭게 빚으시고, 타인의 고통에 공감하는 능력을 주시며, 자기중심적 욕망을 대상 사랑으로 전환시키신다. 결핍을 인정하고 하나님 앞에 나아갈 때, 욕망은 정화되고, 삶은 진정한 회복과 성숙의 길로 접어들게 된다.

2) 자기중심적 가치 형성

욕망이 왜곡되면 하나님의 뜻보다 자신의 유익을 먼저 추구하게 된다. 이는 결핍된 자아가 내면의 부족함을 외부의 대상에서 보상받고 채우려 하기 때문이다. 이런 왜곡된 욕망은 대상을 향한 집착으로 나타나며, 그 결과 자아는 점점 더 자기중심적으로 굳어져 왜곡된 형태로 형성된다. 라캉은 이를 타인을 욕망하는 욕망(désir de l'Autre)이라고 설명한다. 인간은 자신의 근원적 욕망이 무엇인지 알지 못한 채, 타자의 욕망을 내면화한다. 결국 스스로 원하는 것이 아니라 타인이 원하는 것을 욕망하게 되며, 그 과정 속에서 자기 정체성을 형성한다. 이는 거울 단계(miroir stage)에서 비롯된 것으로, 자아는 본래적 실체가 아니라 타인의 시선에 의해 구성된 이미지일 뿐이다. 이렇게 인간은 자기 존재를 명확히 알지 못한 채 타인을 거울삼아 자신을 인식하고, 끊임없는 비교 속에서 자기를 평가한다. 이러한 비교는 자존감을 외적 인정에 의존하게 만들고, 결국 자아를 열등감과 불안 속에서 흔들리게 한다. 타인의 시선으로 살아가는 삶은 자기 결정을 상실하게 하고, 삶의 중심을 하나님이 아닌 타인의 인정으로 옮겨 놓는다. 그러므로 회복은 비교의 구조에서 벗어나 하나님께서 주신 고유한 자아를 되찾는 데서 시작된다. 성취가 삶의 유일한 목적이 되어서는 안 된다. 인간의 존재 이유는 하나님의 뜻을 알고 그 뜻을 살아내는 데 있다. 그 안에서 우리는 진정한 자아, 곧 내면의 핵심적인 정체성을 발견하고 실현할 수 있다.

자아의 건강은 외적 평가에 의해 세워지는 것이 아니라, 창조주 하나님께서 주신 정체성과 사명을 깨달을 때 회복된다. 그러나 자기결핍에서 비롯된 사람은 결국 자신을 드러내고 영광을 얻으려는 삶으로 나아가게 된다. 이러한 교만은 '내가 더 높아져야 한다'는 내면의 욕망에서 비롯되며, 하나님의 영광을 가로채는 과대자기로 발전할 수 있다. 이때 신앙은 자기만족 수단으로 전락하고, 하나님은 자기욕망 성취의 도구로 이용된다. 자기중심적인 가치관은 언제나 자기에게 유리한 방식으로 세상 모든 상황들을 해석한다. 대상의 말을 공감하며 듣기보다는 자신의 결핍을 기준으로 왜곡하여 듣고, 자신의 관점으로만 반응한다. 누군가 자신을 인정하지 않거나 사랑하지 않는다고 느낄 때, 그 반응은 종종 '나는 무시당하고 있다'는 왜곡된 해석으로 이어지고, 그 공허함을 채우기 위해 더 큰 성취를 추구하거나, 혹은 대상에게 분노를 쏟아붓는다. 그러나 그 어떤 성취도, 그 어떤 욕망도 완전한 충족을 제공하지 않는다. 성경은 "너희는 욕심을 내어도 얻지 못하여 살인하며 시기하여도 능히 취하지 못하므로 다투고 싸우는도다. 너희가 얻지 못함은 구하지 아니함이요, 구하여도 받지 못함은 정욕으로 쓰려고 잘못 구함이라."(야고보서 4:2-3) 인간은 끊임없이 욕망하지만, 결코 만족하지 못한다. 그 욕망을 채우기 위해 자기만족을 위한 기도, 자기 욕망 실현을 위하여 열심히 일하지만 그러나 하나님과의 참된 관계를 형성하지 못하며, 결국 잘못된 동기로 인하여 거절을 맛보게 된다.

하나님 없는 세상의 욕망은 충족될 수 없다. 우리는 선악과 사건에서 그 욕망의 본질을 확인할 수 있다. "너희가 그것을 먹는 날에는 너희 눈이 밝아져 하나님과 같이 되어 선악을 알 줄 하나님이 아심이니라."(창세기 3:5) 이 구절은 하나님의 뜻 밖에서 눈을 뜨는 것이 곧 죄이며, 하나님의 자리를 넘보는 교만이 인간 존재의 혼란과 수치의 출발점임을 보여 준다. 자기애가 왜곡되면 자기를 손상시키는 말에 지나치게 민감한 반응을 하며 자기방어로 공격성을 강화하게 된다. 비판을 수용하지 못하고 반격하거나 자신을 과대평가하며 자기 이미지를 유지하려 한다. 하인즈 코헛(Heinz Kohut)은 자기애가 인간 발달에 필요한 요소이지만, 충분한 공감을 받지 못한 경우 과대자기가 병리적으로 고착된다고 했다. 이때, 사람은 타인을 대상화하고 도구화하여 자신의 결핍을 보상받으려 하며, 내면의 공허함을 끊임없이 외부의 인정으로 채우려는 왜곡된 자기애를 낳는다. 그러나 이러한 자기애는 타인과의 건강한 관계를 가로막고, 삶을 끝없는 피로와 불안 속으로 몰아넣는다.

복음은 바로 이 자기애적 구조를 무너뜨린다. 하나님은 우리를 조건 없이 사랑하시며, 우리가 스스로를 받아들이지 못하는 자리에서도 여전히 긍휼과 인내로 기다리신다. 복음은 보상과 인정에 기반한 왜곡된 가치 체계를 해체하고, 존재 그 자체가 무조건적으로 수용된다는 회복의 길을 열어 준다. 따라서 회복과 성화는 자기중심적 가치 체계가 붕괴되는 데서 시작된다. 결핍을 스스로 채우려는 몸부림이 아니라, 주님 안에서 자신의 존재 가치를 새롭게 발견하는 그 자리에서 성령은 역사하신다. 그때 우리의 결핍은 더 이상 수치가 아니라, 오히려 하나님의 회복을 경험하는 통로가 된다. 성령이 역사하실 때, 왜곡된 욕망과 결핍, 자기중심성은 성숙한 섬김의 에너지로 전환된다. 하나님을 욕망 충족의 수단으로 삼는 태도는 미성숙한 신앙이며, 이는 성화의 길을 가로막는 가장 큰 장애물이다. 우리는 자기 영광을 위해 존재하는 존재가 아니라, 하나님의 영광을 위해 창조된 피조물

이다. 참된 자아는 오직 하나님 안에서만 회복될 수 있으며, 그 회복
은 곧 '하나님의 형상'으로서의 본래 자리로 돌아가는 여정이다.

3) 타자를 수단화하는 욕망

인간은 본질적으로 결핍된 존재다. 이 결핍은 삶을 살아가는 동력
이 되기도 하지만, 성찰 없이 그 결핍을 욕망으로 채우려 할 때, 타인
을 수단화하는 왜곡된 방향으로 나아간다. 내면의 결핍된 허기를 채
우기 위한 무의식적 시도 속에서, 타인은 존재 그 자체로 존중받기보
다 자신의 만족을 위한 수단이 되고 만다. 이로 인해 인간관계는 서로
사랑하는 상호성의 공간이 아니라, 무의식적 거래의 장이 되어버린
다. 결핍된 자아는 상대의 존재나 감정보다 자신의 욕망 충족에 우선
순위를 두기 때문에 타인의 말과 행동조차 자기 결핍의 필터로 해석하
게 된다. '왜 나를 인정해 주지 않는 거야, 왜 나를 더 사랑하지 않는
거야'라는 식의 내면적 갈망은 분노와 실망으로 관계는 변질되고, 결
국 상대에 대한 통제와 조종의 욕망으로 연결된다. 타인이 나의 거울
로, 보상으로, 대리충족의 수단으로 전락하는 것이다. 라캉은 인간의
욕망 구조를 '욕망의 대상 a(objet petit a)'라는 개념으로 설명했다.
인간은 결핍된 무언가를 채우기 위해 타자에게 집착하지만, 그 결핍
의 실체는 애초에 명확하지 않으며, 결국 어떤 타자도 그 공허함을 완
전히 채워줄 수 없으며, 타자는 실체 없는 결핍의 대체물로 기능하게
되는 것이다. 이 구조는 필연적으로 좌절과 불만족, 반복되는 욕망의
전이를 낳게 된다.

하인즈 코헛은 자아가 충분한 공감을 받지 못한 채 성장하면, 타인을 거울대상으로 삼아 끊임없이 자기 확증을 추구한다고 보았다. 이런 관계에서 타인은 독립된 존재로 존중되지 못하고, 언제나 자기애를 강화하기 위한 수단으로 전락한다. 특히 이러한 왜곡은 종종 사랑의 언어로 포장되지만, 실제로는 진정한 사랑이 아니라 '내가 너를 사랑하니, 너도 나를 만족시켜야 한다'는 조건적 기대에 불과하다. 결국 이러한 관계는 사랑이라는 이름 아래 조종과 의존, 무거운 부담을 낳으며, 타자에게는 보이지 않는 감정적 빚을 지우게 된다. 성경은 이러한 욕망 구조를 분명히 경고한다. "사랑은 자기의 유익을 구하지 않는다"(고린도전서 13:5) "너희가 정욕으로 쓰려고 잘못 구하는 기도는 응답받지 못한다."(야고보서 4:3) 예수님께서도 "예수께서 대답하여 이르시되 내가 진실로 진실로 너희에게 이르노니 너희가 나를 찾는 것은 표적을 본 까닭이 아니요 떡을 먹고 배부른 까닭이로다."(요한복음 6:26)라고 하시며, 인간이 심지어 하나님마저 자신의 욕망을 채우는 도구로 삼으려는 왜곡된 현실을 지적하셨다. 신앙이 자기 욕망 충족의 수단으로 변질될 때, 그것은 더 이상 복음이 아니며 하나님과의 인격적 관계도 불가능하다. 칸트는 "타인을 수단이 아닌, 목적 그 자체로 대하라"고 말했는데, 이는 복음이 명하는 이웃 사랑과 맞닿아 있다. 대상을 존중하지 않는 신앙은 하나님을 온전히 사랑하지 못하는 신앙이며, 결국 복음의 본질에서 멀어지게 된다.

　예수님은 결코 사람을 도구로 대하지 않으셨다. 오히려 조건 없이 사랑하시고, 존재 자체로 존중하셨다. 죄인들과 함께하시며 그들의 삶 속으로 들어가셨고, 그들의 고통을 친히 짊어지셨다. "사람이 친구를 위하여 자기 목숨을 버리면 이보다 더 큰 사랑이 없나니"(요한복음 15:13)라는 말씀처럼, 예수님의 사랑은 대상을 위한 자기 비움의 본보기였다. 그분은 십자가에서 자신의 생명을 온전히 내어 주심으로써, 무너진 인간 존재의 가치를 회복하셨다. 그러나 인간은 종종 이와 정반대의 길을 걸어간다. 타인을 존중하기보다 욕망 충족의 수단으로 만들고, 심지어 하나님마저 자기 결핍을 채우는 대상으로 전락시키기도 한다. '내가 헌신했으니 인정받아야 한다. 내가 충성했으니 하나님은 응답하셔야 한다'는 태도는 결국 왜곡된 거래적 신앙으로 이어진다. 이는 대상을 고유한 주체로 받아들이지 못하고, 하나님이 창조하신 존엄을 침해하는 죄가 된다. 오늘날 많은 이들이 신앙생활을 하면서도 고립과 피로를 느끼는 이유는 하나님과의 관계가 살아 있는 교제가 아니라 의무적이고 형식적 행위로 변했기 때문으로 여전히 결핍을 타인을 통해, 혹은 신앙적 행위를 통해 채우려 하기 때문이다.

그러나 하나님은 우리를 단순히 사용하여 욕망을 채우게 하시지 않는다. 오히려 우리를 부르셔서 하나님의 뜻, 곧 하나님 나라를 이루는 일에 동참하게 하신다. 그 뜻은 나 개인의 성공이나 만족이 아니라, 공동체와 세상을 향한 하나님의 꿈을 함께 이루는 데 있다. 그러므로 신앙의 여정은 자기 욕망을 실현하려는 자기중심성을 내려놓고, 타자를 수단이 아닌 목적 자체로 존중하며 살아가는 길이다. 성화는 바로 이 지점에서 시작된다. 성화란 대상을 더 이상 욕망의 도구로 삼지 않고, 사랑과 존중의 시선으로 대하며, 결핍을 채우려 남을 이용하지 않는 존재로 변해가는 과정이다. 진정한 회복은 고립된 내면에서가 아니라, 타자와의 관계 속에서 이루어진다. 성령께서 우리 안에 거하실 때, 그 사랑은 타인을 향한 섬김과 나눔으로 드러나고, 나의 존재 또한 그 안에서 온전히 실현된다. 결국 회복의 길은 결핍을 직면하고 내려놓으며, 타자를 주님의 시선으로 바라보는 데서 시작된다. 그 순간, 우리는 자기애의 굴레에서 벗어나 성화의 길로 한 걸음 더 나아가게 된다.

4) 자기중심적 영성의 함정

자기중심적 영성의 함정은 신앙의 본질을 왜곡하고, 성화의 길을 방해하는 장애물로 하나님보다 자기를 우선 하는 자기만족에만 집착하며 십자가의 자기부인은 회피하게 된다. 그것은 하나님을 믿는 것이 아니라 나를 믿게 되는 것이다. 하나님이 중심이 아닌 자기 욕망 중심으로 변질되는 신앙은 성장하지 못하고 공허해진다. 스스로 우월하다는 영적 교만을 갖으며 영적 체험을 자랑하고 신앙을 자기 성취나 능력으로 이룬 것처럼 여기게 되며 은혜의 자리에서는 멀어진다. 성경은 교만을 하나님이 가장 미워하시는 죄로 분명히 밝히며, "하나님이 교만한 자를 물리치시고, 겸손한 자에게 은혜를 주신다 하였느니라"(야고보서 4:6)고 말씀하셨다. 인간의 내면 깊은 곳에는 누구나 사랑받고, 인정받고, 의미 있는 존재로 여겨지고 싶은 근본적인 욕망이 있다. 이 욕망 자체가 악한 것은 아니며, 오히려 인간이 하나님과 관계 맺도록 창조된 존재라는 증거다. 그러나 이 인정 욕망이 하나님을 향하지 않고, 인간의 시선과 평가로 향할 때, 욕망은 쉽게 왜곡된다. 하나님 앞에서 자신을 과대평가하거나, 타인을 정죄하며 우월감을 갖는 태도는 그리스도인의 성화와 회복을 방해한다.

성숙한 자기인식의 결핍은 자신의 죄성과 자기한계를 보지 못하게 된다. 자기성찰이 사라지면 삶과 신앙이 분리되어 외형적 경건은 있으나 내적 변화는 없다. 십자가 없는 영성은 고난과 자기부인 순종이라는 십자가의 길은 피하고 오직 평안과 축복만을 추구하며 자기 욕구만 채우려 한다. 그것은 하나님을 섬기는 것이 아니라 자기 욕망을 충족시키는 도구로 전락시키며 왜곡된 신앙관이 자리하게 된다. 자신이 중요하고 탁월한 존재임을 확인받기 위해 타인의 인정을 갈구하게 되고, 그것이 채워지지 않을 때엔 열등감에 빠지거나 반대로 타인을 깎아내리며 우월감을 갖는다. 신앙생활은 자기 성취와 인정 욕구를 드러내며 하나님을 예배하는 것이 아니다. 그렇게 될 때 신앙은 자아를 섬기는 자기 우상화로 전락한다. 이는 단순한 위선이 아니라, 하나님의 자리를 빼앗으려는 우상 숭배이자 교만이다. 자아는 본래 주목받고자 하는 성향을 지니고 있기 때문이다. 성령 안에서 정화되지 않은 자아는 끊임없이 타인의 평가에 휘둘리고, 인정받기 위해 자신을 과장하거나 타인을 폄하하는 방식으로 존재를 증명하려 한다. 이런 상태에서 신앙은 더 이상 복음의 능력으로 나아가는 것이 아니라, 자기 과시의 도구로 전락한다. 그렇게 되면 신앙은 겸손의 길이 아닌 경쟁과 비교, 비판의 자리로 변질되며, 그리스도의 형상으로 빚어지는 성화는 정체된다. 그러므로 진정한 회복은 하나님의 영광을 자기중심성보다 더 크게 보는 눈이 열릴 때 시작된다.

우리는 하나님의 무한한 은혜 앞에서 자신을 낮추고, 모든 존재적 가치는 하나님 안에서 주어지는 것임을 인정해야 한다. 그럴 때, 더 이상 타인의 시선에 자신을 내맡기지 않고, 오직 하나님의 시선 앞에서 자유 할 수 있다. 성령은 바로 그 자리에서 우리를 낮추시고, 동시에 참된 존귀로 회복시키신다. 겸손은 자기를 낮추는 것이 아니라, 하나님을 높이는 삶의 태도다. 교회 안에서의 봉사조차 주님을 위한다는 겉모습을 보이고 있지만, 실제로는 나를 인정해 달라는 내면의 아우성일 수 있다. 예수님은 이러한 외식과 위선을 꿰뚫어 보셨다. "사람에게 보이려고 그들 앞에서 너희 의를 행하지 않도록 주의하라. 그리하지 아니하면 하늘에 계신 너희 아버지께 상을 받지 못하느니라."(마태복음 6:1)는 말씀은, 신앙이 하나님을 위한 것이 아니라 자기를 위한 경건으로 변질될 수 있음을 경고하신 것이다. 종교적 행위가 외적 경건의 장식이 되는 것이라면, 그것은 더 이상 은혜의 통로가 아니라 영혼을 소진시키는 인정 중독의 악순환이 된다. 심리학적으로 볼 때, 이러한 과잉된 자아는 성장하지 않은 자기애적 방어기제에서 비롯된다. 자존감이 취약한 자아는 외부의 인정을 통해 스스로를 유지하려 한다. 그래서 타인의 칭찬이나 박수가 생존의 방식이 되고, 주목받지 못하면 존재 자체가 불안해진다.

사울 왕이 다윗을 시기하며 끝내 그를 제거하려 했던 사건은 자기애의 위협에서 비롯된 비극이었다. 하나님께서 세우신 다윗을 자신의 권위와 지위를 위협하는 존재로 여긴 사울은, 결국 하나님의 주권을 인정하지 않고 자기를 붙들려는 욕망 속에서 멸망의 길을 걸었다. 오늘날 우리 역시 사울처럼 자신이 돋보이지 않으면 불안해하고, 누군가가 주목받으면 곧 위협을 느낀다면, 이미 우리의 마음은 하나님보다 사람의 시선에 더 얽매여 있는 것이다. 그래서 타인의 성공을 하나님의 축복으로 받아들이지 못하고, 오히려 비교와 시기의 눈으로 바라보게 된다. 그러나 성화의 길은 자기중심성을 버리고 하나님을 드러내는 여정이다. 예수께서 말씀하신 "자기를 낮추는 자는 높아지고, 자기를 높이는 자는 낮아지리라"는 말씀은 하나님의 역설적 질서를 드러낸다. 하나님의 나라는 세상의 경쟁과 비교의 논리로 움직이지 않는다. 죽음이 오히려 생명의 문이 되고, 낮아짐이 참된 영광의 길이 되며, 비움이 충만으로 이어진다. 그러므로 진정한 신앙은 자신을 드러내려는 불안한 욕망을 내려놓고, 하나님을 영화롭게 하는 데서 참된 자유와 평안을 누리게 된다.

그리스도인의 진정한 정체성은 '하나님의 사랑받는 자녀'라는 존재론적 위치에서 출발한다. 우리는 자기를 드러내려는 영적 허영을 버리고, 하나님의 영광을 드러내는 통로로 자기를 내어 줄 때, 비로소 우리는 자유를 경험한다. 바울은 우리는 질그릇이요, 그 속에 보배를 가졌다라고 고백한다. "우리가 이 보배를 질그릇에 가졌으니 이는 심히 큰 능력은 하나님께 있고 우리에게 있지 아니함을 알게 하려 함이라."(고린도후서 4:7) 자기중심성이 커져 갈수록 그릇은 깨지고, 오히려 보배는 가려진다. 회복은 '내가 누구인가'가 아니라, '하나님이 나를 어떻게 보시는가'에 대한 신뢰에서 시작된다. 내가 훌륭한 사람으로 기억되길 원하는가, 아니면 하나님께 순종하는 작은 자로 남길 원하는가? 이 질문은 우리를 자기중심적인 삶에서 해방시키고, 하나님의 주권 앞에 겸손하게 만든다. 하나님의 일은 하나님이 이루신다. 우리는 그분의 손에 붙들린 도구일 뿐이다. 그러므로 사역의 크고 작음에 연연하지 말고, 묵묵히 주어진 자리를 감당할 때, 우리는 사명자의 자유와 기쁨을 누릴 수 있다. 성화는 자기 영광을 내려놓고, 하나님의 영광으로 살아가는 삶이다. 영적 교만은 반드시 무너지며, 하나님의 은혜는 겸손한 자 위에 임한다. "그러나 더욱 큰 은혜를 주시나니 그러므로 일렀으되 하나님이 교만한 자를 물리치시고 겸손한 자에게 은혜를 주신다 하였느니라."(야고보서 4:6)

3. 고갈된 생명력

고갈된 생명력은 겉보기엔 아무 문제없어 보이고 열심이지만, 내면이 고갈된 자아는 하나님과의 교통이 끊긴 상태로 속은 공허하다. 자기 존재의 영적, 심리적 소진으로 겉은 멀쩡하지만, 내면은 메말라 있어 단절로 인한 실존적 공허가 존재하는 것이다. 이는 하나님과의 연합이 단절된 상태이며, 영적 생명의 원천으로부터의 분리로부터 오는 내적 황폐인 것으로 철학자 키에르케고르는 이러한 상태를 절망이라 불렀고, 존재의 근원으로부터 소외된 실존이라고 보았다. 그는 인간이 '자기 자신이 되기를 두려워하면서도 하나님 없이 자기를 이루려는 모순 속에서 영혼이 소진된다'고 말한다. 심리학적으로 이러한 상태는 고갈이나 정서적 공허감으로 나타나는데 예배하고 섬기는 기쁨은 사라지고 기계적 의무로 전락하는 영적 번아웃(spiritual burnout)에 자신도 모르게 빠져버린다. 고갈된 자아의 증상으로는 관계단절, 무의미감, 분노로 나타나며 영적 생명력이 고갈되면, 인간관계는 물론 모든 일상도 버거워진다. 에너지가 없기 때문에 사랑을 줄 수도 없고 공감능력도 감소하고, 작은 일에도 쉽게 짜증과 분노가 폭발한다. 이는 정서적 탈진과 자기 소외의 징후다. 생명력 없이 반복되는 종교적 행위는 결국 무기력으로 이어진다.

철학자 하이데거는 이러한 상태를 '빠져나갈 길 없는 일상성 속의 소외'라고 설명한다. 그는 인간이 기계적 반복과 피상적 일상에 매몰

   회복으로 가는 성화의 길

될 때, 자기 존재의 의미를 상실하고 근원적 공허와 소외를 경험한다고 보았다. 스피노자는 '기쁨 없는 삶을 존재를 축소시키는 삶'이라 보았다. 예배가 생명의 호흡이 아니라 단순한 의무가 되고, 기도가 하나님과의 친밀한 대화가 아니라 심리적 부담으로 전락할 때, 신앙은 은혜가 아닌 자력으로 유지하려는 영적 퍼포먼스로 왜곡된다. 그 결과 자아는 하나님과의 실제적 관계를 상실한 채, 형식만 남은 신앙 안에 갇히게 된다. 예레미야는 "내 백성이 두 가지 악을 행하였나니 곧 그들이 생수의 근원 되는 나를 버린 것과 스스로 웅덩이를 판 것인데 그것은 그 물을 가두지 못할 터진 웅덩이들이니라."(예레미야 2:13) 이는 하나님을 떠난 인간이 참된 생명의 근원을 버린 채, 결코 자신을 채울 수 없는 헛된 대체물에 매달리는 비극적 현실을 드러낸다. 이는 심리적으로 보면, 외부적 성취와 인정, 관계나 쾌락을 통해 공허함을 채우려는 시도이다. 그러나 철학자 마르틴 부버는 진정한 존재는 '나-너'의 관계 안에서만 가능하다고 말했고, 아우구스티누스는 '내 마음은 주 안에서 쉬기까지 쉼이 없다'고 고백했다. 우리의 존재 기반은 오직 하나님이시다. 고갈된 자아의 회복은 더 많은 행동이나 전략이 아니라, 하나님께로 나아가야만 한다. 고갈된 생명력은 존재의 근원으로 나아갈 때 회복은 시작된다. 회복을 위한 실존적 용기는 자기를 낮추고 하나님의 생명에 연결되어야 한다.

폴 틸리히는 '용기란 존재로부터 단절된 상태에서 다시 존재와 연결되려는 실존적 행위'라고 말한다. 이는 신앙적으로 보면, 자기를 부인하고 하나님께 자아를 맡기는 행위다. 주님은 말씀하신다. "수고하고 무거운 짐 진 자들아 다 내게로 오라."(마태복음 11:28) 생명력은 외적 활동이 아니라, 하나님과의 깊은 일치(unio mystica)에서 회복된다. 예수께서 "그 배에서 생수의 강이 흘러나리라"고 하신 말씀은, 채워진 자아만이 다른 이에게 생명을 흘려보낼 수 있다는 뜻이다. 은혜를 체험한 자만이 은혜를 전할 수 있다. 그러므로 회복은 다시 은혜로 돌아가는 데서 시작된다. 하나님께서 나를 먼저 사랑하셨다는 진리를 붙잡을 때, 우리는 더 이상 자신을 증명할 필요가 없다. 열심도 은혜의 반응으로 새롭게 정화되고, 신앙은 부담이 아닌 기쁨, 강박이 아닌 자유로 회복된다. 은혜가 중심이 될 때에만, 신앙은 생명을 품고 하나님과의 인격적인 관계 안에서 깊어져 간다. 자기열심의 함정은 은혜 없는 신앙에서 비롯된다. 신앙이 하나님과의 사랑의 관계에서 출발하지 않고, 의무감과 인정욕구에 기반하게 될 때, 그 안의 생명력은 점점 소진된다. 처음에는 헌신처럼 보이지만, 실제로는 자기 확증과 자기 의를 쌓기 위한 강박적 신앙 수행으로 전락하는 것이다. 하나님께 순종하고자 하는 열망이 왜곡되면, 신앙은 기쁨이 아닌 부담, 자유가 아닌 조급함, 관계가 아닌 과업으로 변한다.

프로이트는 인간이 억압된 욕망을 보상하기 위해 종교적 행동을 취한다고 분석했고, 칼 융은 종교를 내면을 치유하는 영혼의 언어로 보았다. 이 두 관점은 종교적 열심 뒤에 숨은 인간 심리의 복잡성을 보여 준다. 문제는 열심 그 자체가 아니라, 그 열심의 동기와 방향이다. 진정한 헌신은 은혜에 대한 반응에서 비롯되지만, 자기완성에 집착하는 자아는 신앙을 통해 성취하고 증명해야 할 대상으로 오해한다.

그 결과, 구원조차도 도달해야 할 과업으로 왜곡되고, 인간은 끊임없는 자기 점검과 평가 속에서 스스로를 몰아붙이게 된다. 이러한 신앙은 결국 내면의 죄의식과 자기혐오로 이어진다. 기준에 미치지 못하면 정죄하고, 그 정죄를 다시 열심으로 덮으려 하며, 이 악순환은 회복이 아닌 피로를 낳는다. 사울은 자기 열심의 대표적인 인물이다. 그는 하나님보다 자기 자리를 지키는 것에 집착했고, 백성의 눈치를 보며 하나님의 뜻을 타협했다. 그 결과, 하나님의 임재를 잃고도 자신의 위치에 연연하며 영적 생명을 상실해 갔다. 결국 자기열심의 본질은 자기 구원의 환상이다. 하나님을 전적으로 신뢰하기보다는 자기 힘으로 의로워지려는 마음, 이것이 은혜 없는 신앙의 핵심이다. 은혜는 우리의 모든 열심과 성취 이전에 하나님께서 베풀어 주신 완전한 수용과 사랑의 선언이다. 그러나 이 은혜가 중심에서 사라지면, 신앙은 곧 자기중심적인 의무 수행이 되고, 그 과정에서 하나님과의 관계는 메마른 종교적 행위로 전락한다.

1) 중독과 반복의 허무한 삶

심리학적으로 중독은 단순한 습관이 아니라, 결핍된 내면을 보상하려는 무의식적 전략으로 프로이트는 중독을 '쾌락 원칙'에 기반한 현실 회피로 보았고, 융은 '영혼의 병'으로 이해했다. 인간의 내면은 근원적 공허와 불안을 안고 있으며, 이 공허를 직면하지 못할 때 우리는 반복되는 쾌락의 루틴 속으로 도피한다는 것이다. 철학자 하이데거는 인간의 일상을 '비본래적 존재(inauthentic existence)'라 하며,

의미 없는 반복 속에서 죽음을 망각하고 살아가는 존재로 보았다. 고갈된 자아는 존재의 깊이를 상실한 채, 지금 여기가 아닌 다음 자극을 향한 중독적 삶으로 흘러간다. 신학적으로 이는 하나님과의 관계 단절에서 비롯된 영적 허무로 하나님의 생명과 진리가 공급되지 않을 때 인간은 자신을 유지하기 위해 중독적 대상을 붙들게 되며 예레미야의 표현대로, 우리는 터진 웅덩이를 파서 마시고 있으며, 이는 생수의 근원이신 하나님을 떠난 자아의 고된 생존방식인 것이다.

모든 중독은 내면의 결핍에서 비롯되며, 결국 특정한 심리적 구조로 형성된다. 중독의 메커니즘은 대체로 반복적인 악순환 구조를 가진다. 먼저 내면의 결핍이 불안과 외로움으로 드러나고, 이를 달래기 위해 대체 행동에 의존하게 된다. 그 결과 일시적인 해소와 만족을 경험하지만, 곧이어 죄책감과 수치심이 찾아오고, 다시 그 감정을 피하려고 같은 중독 행동을 반복하게 된다. 구조는 이렇게 악순환으로 반복되며 자기 에너지를 소진시키고, 자기혐오로 이끈다. 알코올 중독은 억압된 감정의 탈출구로 감정을 직면하지 못한 자아의 만들어 낸 왜곡된 자기방어로 인한 자기기만이며, 관계 중독은 초기 부모와의 애착 손상에서 비롯된 불안의 대체로 사랑받기 위해 존재를 증명하려는 몸부림이다. 성 중독이나 쇼핑 중독은 쾌락을 통해 내면을 채우려는 시도이지만, 만족은 순간적일 뿐 곧 사라지고, 죄책감은 오히려 오래 남는다. 지식, 일, 혹은 종교에 대한 과도한 몰입은 겉으로는 성취와 열심으로 보이지만, 사실 그 이면에는 인정받고자 하는 욕구와 모든 것을 통제하려는 욕망이 숨어 있다. 결과적으로 외적으로는 바쁘고 능력 있어 보이지만, 내면은 고립되고 공허한 상태에 놓이게 된다. 즉 겉으로는 성취지만, 내면은 고립인 것이다. 철학자 카를 야스퍼스는 이러한 경험을 '경계 상황'에서 나타나는 인간의 반응으로 설명한다. 그는 인간이 일상적 삶의 틀을 벗어나 극한 상황에 직면할 때, 비로소 자신의 존재와 본질을 깊이 성찰할 수 있는 기회를 맞게 된다고 보았다.

종교 중독은 한층 더 은밀한 자기기만이다. 예배, 봉사, 기도, 말씀 묵상 등이 하나님과의 사랑의 관계가 아니라, 자아의 불안을 달래기 위한 행위 기반 신앙으로 변질될 때, 그것은 은혜가 아닌 율법적 중독으로 전락한다. 하나님보다 '종교적 활동'을 의지하게 되면, 신앙은 자유가 아닌 억압이 되고, 쉼이 아닌 부담이 된다. 결국 이런 상태는 신앙의 본질을 망각한 채, 열심으로 자신을 지탱하려는 무의식적 시도일 뿐이다. 이것이 바리새인의 삶이고, 예수께서 책망하신 이유이다. 그들은 율법에 열심이었으나 하나님과 은혜의 관계는 먼 것이다. 또한 일중독 형태의 신앙도 있다. 하나님 안에서 안식하지 못하고, 쉬는 자신을 죄책감으로 바라본다면, 그것은 은혜가 사라진 자기 구원의 싸움이 되고 만다. 결국 행동은 많아지고, 하나님과의 친밀함은 멀어지는 결과가 나타난다. 은혜가 빠진 신앙은 결국 강박적이고 자기중심적이며, 그 열매는 평안이 아니라 비판, 피로, 공허다. 그러므로 회복은 열심을 포기하는 것이 아니라, 그 열심의 동기를 은혜 앞에서 다시 점검하는 것에서 시작된다. 하나님은 우리가 많은 것을 하기를 원하시기보다, 그분과 함께 있는 것을 더 기뻐하신다. 중독으로부터 벗어나는 회복의 첫걸음은 의식화(awareness)이다. 나는 왜 이 것을 반복하는가? 무엇이 결핍되었는가? 내 감정과 욕망은 무엇을 말하는가? 고민해 보자. 심리학자 프리츠 펄스는 '치유는 통합이며, 통합은 의식화에서 시작된다'고 말한다. 감정의 언어를 배우고, 충동 뒤에 숨은 욕구를 해석하며, 무의식을 의식의 빛 아래 놓는 과정이 필요하다. 신학적으로 이는 죄의 자각과 회개의 과정과 연관되는데, 단지 잘못했다는 고백이 아니라, '왜 그렇게 할 수밖에 없었는지'를 직면하는 영적 자각인 것이다.

하나님은 우리에게 조건 없는 사랑으로 다가오신다. 그분은 중독된 자아를 책망하기보다는 회복으로 이끌어 주신다. 엘리야처럼 광야에서 탈진한 자에게 필요한 것은 책망이 아닌, 먹고 쉬고 회복하는 은혜인 것이다(열왕기상 19장). 예수님은 "수고하고 무거운 짐 진 자들아 다 내게로 오라. 내가 너희를 쉬게 하리라."(마태복음 11:28)고 말씀하신다. 참된 만족은 하나님 안에서 가능한 것이다. "명절 끝날 곧 큰 날에 예수께서 서서 외쳐 가라사대 누구든지 목마르거든 내게로 와서 마시라. 나를 믿는 자는 성경에 이름과 같이 그 배에서 생수의 강이 흘러나리라 하시니라."(요한복음 7:37-38) 이는 단지 종교행위가 아닌 인격적 교제, 생명의 공급이다. 하나님은 우리가 열심히 무엇을 해서 생명을 얻는 것이 아니라, 그분과의 관계 안에서 생명이 흘러나오게 하신다. 생명은 노력의 산물이 아니라, 은혜의 선물이기 때문이다. 그러므로 중독을 끊는 힘은 의지가 아닌, 생명의 공급인 것이다. 하나님으로부터 나오는 영적 생수가 우리 내면의 갈증을 근본적으로 해결할 수 있는 것으로 고갈된 삶을 살아가는 자아는 중독이라는 왜곡된 구조 속에 갇혀 있으나, 그러나 그 구조를 의식하고, 하나님과의 관계 회복으로 나아갈 때, 생명은 다시 흐르기 시작한다. 중독의 반대는 절제가 아니라 연결(connection)이다. 하나님과의 깊은 인격적 연결, 그것이 진정한 회복의 길이며, 성화의 시작인 것이다.

2) 은혜를 의무로 만든 신앙

은혜로 시작된 신앙이 어느 순간 의무로 변질될 때, 성도는 복음의 기쁨보다는 신앙생활에 대한 부담과 피로를 느끼게 된다. 겉으로는 복음을 알고 믿으며 살아가지만, 복음의 본질이 내면화되지 못한 경우 신앙생활은 자기 의와 율법적 노력의 반복으로 전락한다. 이는 단순한 생활태도의 문제가 아니라, 인간 존재의 가장 깊은 곳에서 벌어지는 은혜와 자기기만 사이의 심리적, 영적 갈등이다. 신학적으로 볼 때, 하나님의 은혜는 철저히 값없이 주어진다. 그 은혜를 갚으려는 마음은 스스로의 힘으로 구원하려는 욕망이며, 이는 오히려 은혜를 부정하는 행위가 된다. 사도바울은 갈라디아서에서 "이제까지 성령으로 시작하였으니 어찌하여 육체로 마치 끝을 이루려 하느냐?"(갈라디아서 3:3)고 탄식한다. 성령과 은혜로 시작된 여정이 율법과 의무로 변할 때, 복음은 더 이상 자유와 생명의 소식이 아니라 무거운 짐이 되어버린다. 심리학적으로 보면, 의무로 신앙생활을 하는 이들은 흔히 자기비난과 죄책감이라는 정서에 깊이 사로잡혀 있다. 이것은 어린 시절부터 내면화된 조건부 수용의 정서적 구조와 연관되는데 다시 말해, 사랑은 노력과 성취에 의해 얻는 것이라는 잘못된 믿음이 신앙에도 반영되는 것이다. '내가 잘해야 하나님이 나를 사랑 하신다'는 내적 자기규범은 결국 은혜의 무조건성을 수용하지 못하는 내면 상태를 드러낸다. 이것은 자기 수용의 실패이며, 동시에 하나님의 무조건적인 사랑과 수용을 체험하지 못한 상태이기도 하다.

철학적으로도 이 문제는 단순한 종교적 정체성의 혼란이 아니라 깊은 실존적 위기로 연결된다. 사르트르가 말한 '타자의 시선 속에서 존재를 규정하려는 불안'처럼, 많은 신앙인들은 하나님 앞에서 자유롭고 진실한 존재로 서기보다, 사람들의 시선과 평가, 종교 공동체의 기준과 규범에 따라 자신을 규정하려는 유혹 속에 놓인다. 이로 인해 하나님과의 인격적 만남은 점점 약화되고, 신앙은 하나의 역할 수행이나 사회적 정체성으로 전락한다. 하이데거는 이를 '비진성(Uneigentlichkeit)'이라 부른다. 이는 현존재(Dasein)가 자신의 고유한 가능성을 회피하고, 타자의 방식에 따라 자기 삶을 구성하는 상태를 의미하는데 하이데거에 따르면 인간은 늘 그들(das Man) 속에서 살아가려는 경향이 있으며, 이는 자기 자신으로부터 도피하는 것이다. 신앙인들도 '신앙인은 이렇게 살아야 한다'는 외부의 이상적 틀에 따라 자신의 신앙과 삶을 형식화할 때, 자신의 내면에서 우러나는 하나님과의 관계는 사라지고, 타인의 기대에 맞추기 위한 억지스러운 신앙생활만이 남는다. 이러한 상태는 신앙을 피로하게 만들며, 더 나아가 참된 자기로부터 멀어지게 한다. 신앙은 더 이상 자유와 생명의 길이 아니라, 감시받는 역할 수행의 굴레가 되고 만다.

바울이 말한 "사람을 기쁘게 하랴 하나님을 기쁘게 하랴"라는 물음이 오늘날의 신앙인에게 여전히 유효한 이유다. 이 물음은 단지 신앙적 선택의 문제가 아니라, 누구의 시선 안에서 존재할 것인가라는 실존의 본질적 질문이다. 기능하는 신앙인으로서 감정 없이 예배를 드리고, 성령의 인도 없이 기도하며, 자기 확인을 위해 봉사와 헌신을 이어 가는 모습은 겉으로 보기엔 종교적 열심처럼 보이지만, 사실은 존재론적 탈진 상태이며 의례 중심의 기계적 신앙에 불과하다. 감정이 메말라 기쁨은 사라지고, 감사는 형식만 남는다. 이러한 신앙은 진정한 회복과 성장을 방해하며, 자기기만의 종교적 반복 속에서, 자아는 서서히 고립되어 간다. 하지만 복음은 다시 처음 사랑으로 돌아가자고 부른다. 은혜는 우리가 무엇을 해서 얻는 것이 아니라, 그저 하나님의 자비 속에 받아들이는 것이다. 신앙의 본질은 은혜 앞에서 나 자신을 있는 그대로 드러내고, 사랑받는 존재로서 살아가는 것이다. 하나님의 은혜를 자각하는 자는 자기 자신을 수용하고, 더 이상 타인의 인정이나 율법적 책임에 사로잡히지 않게 된다. 따라서 의무로 바뀐 신앙생활의 회복은 내면의 감정을 의식하는 데서 시작된다. 나는 지금 무엇을 느끼는가. 나는 왜 기도하고 있는가? 하나님과의 만남이 아니라 의무감 때문에 예배에 참여하고 있는가? 라고 묻는 성찰적 질문이 필요하다. 이러한 질문은 신앙을 다시 존재의 깊이로 끌어올리는 성찰이며, 또한 성령의 인도하심을 구하는 영적 태도의 겸손의 자리이다.

결국, 은혜 안에서 회복된 신앙은 자유롭다. 자기 존재를 긍정하고 수용하며, 비교나 성취가 아니라 '하나님의 사랑받는 자녀'라는 정체성 위에서 살아간다. 이는 심리적 안정과 영적 자율성을 함께 가지는 길이며, 하나님의 은혜 안에서 이웃을 향한 사랑으로 확장된다. 삶의 모든 순간이 하나님의 임재 안에서 해석되고, 신앙은 더 이상 피로감이 아닌 기쁨의 통로가 된다. "나의 은혜가 네게 족하도다. 이는 내 능력이 약한 데서 온전하여짐이라 하시니, 그러므로 도리어 크게 기뻐함으로 나의 여러 약한 것들에 대하여 자랑하리니, 이는 그리스도의 능력으로 내게 머물게 하려 함이라."(고린도후서 12:9) 이 말씀은 하나님의 은혜가 인간의 연약함 속에서 오히려 하나님의 능력이 온전히 드러난다는 의미로 말씀은 결국, 존재 전체가 하나님의 사랑 안에 있을 때 오는 근원적인 안식과 실존적 해방을 의미한다. 이제 더 이상 내가 잘해야 하나님이 사랑하시는 것이 아니라, 내가 연약할 때조차 하나님은 나를 붙드신다는 은혜의 신비 안에서 살아가는 것이다. 결국, 신앙의 회복은 외부의 틀에서 벗어나 하나님의 시선 안에서 자신을 발견하고, 하이데거의 존재론적 개념인 진정한 자기됨으로 나아가는 여정이다. 그것은 단지 율법을 지키는 삶이 아니라, 성령 안에서 살아 움직이는 인격적 응답이며, 자유와 책임 속에서 하나님과 동행하는 존재의 방식이다.

3) 말씀 없는 순종의 피로

말씀이 없는 순종은 결국 의무적인 복종과 율법주의로 귀결된다. 하나님의 뜻을 분별하고자 하는 사모함 없이, 단지 형식과 규칙에 집착하는 신앙은 외적으로는 경건해 보일 수 있으나, 실제로는 자기 의와 위선으로 가득 찬 바리새인의 모습과 다르지 않다. 예수님께서 그들을 책망하신 이유는, 그들의 순종이 하나님의 말씀에서 비롯된 것이 아니라, 스스로의 의를 쌓기 위한 도구였기 때문이다. 이러한 신앙은 말씀의 조명 없이 종교적 규범만 따르려는 태도에서 비롯된다. 순종이 하나님의 음성에 대한 응답이 아닌, 사회적 기대나 종교 공동체의 규율을 따르는 수단으로 변질될 때, 신앙은 점점 생명을 잃는다. 말씀 없이 순종하려는 시도는 결국 하나님을 알지 못한 채 그분을 섬기려는 모순을 낳는다. 결국 말씀 없는 신앙은 종교적 강박과 자기 억압으로 이어지며, 언젠가 한계에 부딪힌다. 억지로 눌러놓은 감정은 증상이라는 방식으로 튀어나오게 되어 있다. 냉소, 무기력, 분노, 탈진 등이 그것이다. 왜 나만 해야 하나, 이게 무슨 의미가 있나,라는 회의가 밀려오고, 점차 교회와 사람, 심지어 하나님까지도 싫어지기 시작한다. 이는 단순한 영적 침체가 아니라, 존재 전체가 고갈되는 탈 성화의 상태이다. 하나님과의 친밀한 관계 속에서 경험해야 할 성화의 과정에서 벗어난 상태이지만, 성경은 여전히 말씀을 "내 발의 등불이요 내 길의 빛"(시편 119:105)이라 말씀하신다. 말씀 없는 순종은 방향 없는 배와 같으며, 성령의 인도하심은 말씀을 통해 임한다. 성령께서는 내적 깨달음을 통해 우리를 곁길에서 돌이키게 하신다. 그러나 말씀 없이 자신의 신념만으로 밀어붙이는 사람은 결국 회복이 어려운 길로 들어서게 된다. 순종은 말씀에 근거한 성령의 인도하심 안에서 이루어질 때, 생명력이 있고 회복의 길이 된다.

신학적으로 볼 때, 참된 순종은 언제나 말씀에 근거한다. 말씀을 모르고 행하는 순종은 하나님께서 원하시는 길이 아니라, 인간의 추론이나 종교적 불안에 의해 이루어진 거짓 순종일 수 있다. 하나님과의 인격적 교제 없이 행해지는 복종은 단지 기계적인 반복일 뿐이며, 관계가 빠진 행위는 성경이 말하는 믿음으로부터 난 순종과는 거리가 멀다. "믿음은 들음에서 나며, 들음은 그리스도의 말씀으로 말미암는다."(로마서 10:17)는 말씀처럼, 말씀 없는 믿음은 존재할 수 없고, 말씀 없는 순종 또한 하나님과 무관한 자기 노력일 뿐이다. 심리학적으로 보면, 이러한 순종은 종종 무의식적인 죄책감과 강박적 신앙 행동에서 비롯된다. 어린 시절 '잘해야 사랑받는다'는 조건부 애착을 경험한 사람은, 신앙 안에서도 동일한 방식으로 행동한다. 하나님을 전적으로 수용적이고 은혜로운 아버지로 받아들이기보다, 실수하면 벌하시는 두려운 존재로 내면화한다. 이런 내면 구조는 신앙을 은혜에 대한 자유로운 응답이 아닌, 자기정당화와 불안을 회피하기 위한 방어기제로 바꾸어 버린다. 철학적으로도 이 문제는 진정한 자아로부터의 소외와 관련된다. 하이데거가 말한 비진성처럼, 인간이 일상적 삶에서 타인의 기대, 행위 등에 매몰되어 자신의 본래 존재를 놓친 것처럼 외형적 삶은 유지되지만 내적 성찰과 자기 존재의 각성은 결여된 상태로 '신앙인은 이렇게 살아야 한다'는 틀에 자신을 억지로 맞추며 기계적으로 순종하지만, 말씀이 빠진 신앙은 자기 존재의 고유성을 외면한 채 외부의 기대와 타인의 시선에 따라 살아가려는 도피적 삶이다. 그 안에는 생명도 감동도 없다. 이는 결국 자아의 고갈과 영혼의 피로를 초래하며, 신앙은 더 이상 기쁨의 통로가 아닌 부담의 무게가 되어 버린다.

이스라엘 백성의 광야 여정은 이 진리를 명확하게 보여 준다. 말씀 없는 불순종은 1년이면 도착할 수 있었던 여정을 40년 동안 돌게 만들었고, 약속의 땅 문턱에서 대부분의 세대는 멸망하였다. 그러나 여호수아와 갈렙은 하나님의 약속을 믿고 따랐기에 약속의 땅에 들어갔다. 이는 말씀에 대한 신뢰와 순종이 어떻게 인생을 변화시키는가에 대한 본보기다. 예수님 역시 십자가 앞에서 "조금 나아가사 얼굴을 땅에 대고 기도하여 가로되 내 아버지여, 할만하시거든 이 잔을 내게서 지나가게 하옵소서. 그러나 나의 원대로 마시옵고 아버지의 뜻대로 하옵소서 하시고"(마태복음 26:39)라며 죽기까지 순종하셨다. 아담의 불순종이 인류를 죄 아래 놓이게 했지만, 예수님의 순종은 많은 사람을 의인으로 만들었다. 예수님의 순종은 고통을 회피하지 않으면서도 하나님의 뜻에 자신을 온전히 일치시킨, 말씀 중심의 철저한 순종이었다. "진리를 알지니 진리가 너희를 자유케 하리라."(요한복음 8:32)는 말씀은 단지 정보의 전달이 아닌, 존재의 전환이다. 말씀은 우리를 해방시키고, 우리 내면의 억압과 자기기만, 종교적 강박에서 자유하게 한다. 말씀 없는 순종은 피로하게 하지만, 말씀 위의 순종은 생명과 자유를 낳는다. 회복으로 가는 성화의 길은 결국, 말씀이신 하나님과 동행하는 길이다. 날마다의 순종은 날마다의 말씀 묵상과 인도하심으로 가능하다.

4) 성령의 부재와 영적 고립

일시적인 영적침체가 아닌 성령의 부재로 인한 영적 고립은 하나님의 임재를 느끼지 못하는 상태로 자기중심적인 신앙이 성령의 역사를 가로막고 있는 것이다. 성령의 인도하심 없이 지식과 경력 습관적으로 종교적 활동을 하게 된다면 영적 고립으로 나아가 성령을 근심케 하며 영적으로는 무감각한 형식적인 신앙생활을 하게 된다. 그때 드러나는 영적 증상들은 피로감과 무기력으로 나아가며 형식적인 예배를 드리고 타인에 대한 무관심으로 나가게 되는데 하나님 없는 삶은 불안으로 갈 수밖에 없다. 성령이 없는 삶의 고독은 마음 깊은 곳에서 하나님의 동행하심이 느껴지지 않을 때 오는 공허다. 열심히 살아가는 삶 속에 성령이 없다면 삶의 무게를 지탱할 수 없다. 신앙생활에 있어서의 형식은 있지만 생명은 없고 열심은 있지만 열매가 없는 삶으로 존재의 방향을 잃게 만든다. 성령은 우리 안에 거하시며 우리를 인도하시고 하나님과의 관계를 유지하게 하시는 살아 있는 분이시기 때문에 성령의 임재 없이 하나님과 분리된 채 인생을 살아가고자 하는 것은 고립을 자처한 것으로 시간이 가면 갈수록 갈한 심령의 영적인 고독만이 가슴을 때린다. 우리들의 신앙생활은 하나님과의 인격적인 교제를 통해서 생명력을 유지할 수 있다.

말씀을 읽고, 나누고, 기도하고 함께하며 나아가는 관계는 충만한 기쁨과 감사가 있어 회복의 변화로 나아가는 삶이 존재하지만, 마음을 닫고 말씀 앞에 귀 기울이지 않는 삶은 갈수록 영적인 것과는 멀어지고 세상을 따르는 육체의 삶으로 나아간다. 신앙생활은 하나님과의 인격적인 관계를 통하여 생명력을 유지하고 나아가지만 내면의 영적 연결이 단절된 상태의 존재는 고립감 속에서 고독한 인생길을 외롭게 걸어간다. 신앙생활도 무미건조하며 의무와 형식만 남는 습관적인 예배행위를 하며 교회는 나아가지만 성령의 인도하심 없이 외적 행위만으로 신앙을 유지할 수는 없다. 성령은 우리의 연약함을 도우신다. 우리의 마음과 생각을 감찰하시어 하나님의 뜻을 분별하도록 도우시는 분으로 그분께 귀 기울여 순종하며 살아가는 삶은 진정한 회복과 변화의 자리로 이끄시어 진리의 자유를 누리며 살아간다. 살아 있는 생명의 말씀은 예리하게 우리의 혼과 영과 관절과 골수를 찔러 쪼개기까지 하며 마음의 생각과 뜻을 감찰한다고 하셨다. 자신의 무익함을 아는 존재는 하나님을 찾고 그분께 나아간다. 예수님의 삶도 성령이 함께하셨던 삶을 볼 수 있다. 세례를 받으실 때 성령이 비둘기같이 임하셨고, 성령에게 이끌리어 마귀에게 시험을 받으러 광야로 가셨고, 성령의 능력으로 사역을 시작하셨다. 예수님도 성령의 충만함 속에서 하나님의 뜻을 따라 순종하며 십자가의 길을 걸으셨던 것이다. 성령 없는 인생은 신앙도 형식이 되며 하나님의 뜻도 무의미할 수 있다.

우리는 누구의 힘을 의지하고 있는가? 성령 없는 순종은 의무로 변하고 은혜가 사라진 자리는 형식만 남게 된다. 예수님은 철저히 하나님께 순종하셨다. 공생애 모든 사역들은 모두 철저하게 성령의 인도하심으로 이루어졌던 것이다. 우리들의 욕망이 의식되지 않을 때의 혼돈은 자기인지 왜곡과 방어기제들로 인하여 포장된 삶을 살아가며 욕심을 좇는 자아는 결핍을 채우기 위해 자기중심적인 가치관을 가지며 욕망을 실현하고 자기 영광만을 추구하며 살아가게 되는데 이는 모두 의미 없는 삶을 살아가도록 하며 고갈된 생명으로 나아간다. 갈증으로 생기 없는 그곳에 흐르는 생명수의 물꼬를 찾게 될 때 인생은 회복의 변화로 간다. 회복은 그분을 찾고 만나는 것에서부터 시작된다. 성령은 우리들의 연약함을 도우신다. 하나님의 뜻을 분별하게 하시며 살아 있는 말씀이 생명수가 된다. 성령이 없는 삶은 우리를 고독으로 이끌지만 성령과 동행하는 길은 은혜의 능력으로 감사 찬양의 회복으로 나아간다. 자신의 삶을 되돌아보며 정직하게 하나님의 빛 위에 비춰 보자. 그리고 주님께 나아가자. 무너졌던 믿음은 다시 회복되고 성화의 길을 다시 걷게 된다. 진정한 치유와 회복은 그분과 함께함이다.

성령의 임재로부터 회복은 시작된다. 어느 날 하나님의 말씀이 들려오고, 말씀이 위로가 되고 자기도 모를 눈물이 흐르며 회개가 될 때 무거운 짐은 다 내려놓고 그 순간 모든 힘듦은 사라지며 말씀의 위로 속에서 가벼워지는 삶의 무게를 느끼는 회복은 영적 고립으로 인한 피로감은 진리의 말씀 앞에서 한없이 자유 하는 자신을 돌아보게 될 것이다. 고갈된 생명은 성령이 없는 삶이다. 성령이 떠난 자아는 자기 의로 살아 보려는 의욕은 있으나 생명력이 없는 영적 고립으로 나아간다. 고립의 상태에서는 나를 끝까지 책임지시고 사랑하신다는 미세하게 들려오는 주님의 목소리에 더 귀 기울이고 반응해야만 한다. 그것이 생명 줄기이기 때문에 반응하는 교제로 나아가면 생명력을 공급받아 충만하게 살아날 수 있기 때문이다. 생명력 없는 종교행위는 탈진되고 무기력으로 가기 때문에 재빨리 주님께로 돌아서 말씀 앞에 서는 훈련을 해야만 한다. 진리의 말씀은 자신을 다시 세우는 하나님의 역사를 보게 될 것이다. 자기 열심은 내려놓자, 주님과 함께하는 일은 지치지 않는다. 하나님의 일이기 때문에 하나님의 뜻을 이루기 위해서라도 하나님은 새 힘을 주시며 풍성한 생명력을 공급해 주신다.

4. 헛되고 헛된 수고

솔로몬은 모든 것을 다 가진 자요, 인생을 누려본 자였다. 그런데 왜 그는 자기 실존의 한계와 무의함을 통찰하며 "전도자가 이르되 헛되고 헛되며 헛되고 헛되니 모든 것이 헛되도다."(전도서 1:2)라고 고백했을까? 이것이 단순히 가진 자의 사치스러운 독백일까? 그의 부귀영화가 낳은 결과는 무엇이었을까? 해아래 인간이 얻은 모든 것은 결국 다 사라지고 만다. 지혜도 돈과 명예도 허상일 뿐이다. 그러나 무엇을 위해, 무엇을 욕망하며 살아가는가에 대한 자기 자신에 대한 질문은 의미 없는 인생의 나락으로 빠지지 않도록 우리를 붙잡아 준다. 솔로몬은 고백한다. "일의 결국을 다 들었으니 하나님을 경외하고 그의 명령들을 지킬 지어다 이것이 모든 사람의 본분이니라."(전도서 12:13) 전도서 마지막 장에서 솔로몬의 통합된 사고가 드러난다. 인생의 주어진 것을 모두 누린다 해도 하나님이 없으면 모두 헛되고 헛된 삶이 된다는 것이다. 그가 모든 수고가 헛되다는 것을 깨달았을 때, 움켜잡으려 애써온 삶의 무게가 가벼워지고 사라지는 것임을 경험했다. 성취의 끝에서 인간이 느끼는 허무함은 인간이 스스로를 구원할 수 없다는 깨달음이다.

솔로몬은 지혜의 왕으로서 일천 번제를 드리며 백성을 다스릴 지혜를 구하였다. 하나님은 그의 간구를 들으시고 지혜뿐 아니라 부귀와 영화까지 더하여 주셨다. 그의 통치 기간에는 전쟁이 없었고, 나라의 경제도 크게 번영하였다. 그러나 그는 이방 여인들과의 정략결혼을 통해 그들의 신을 섬기는 죄에 빠졌고, 결국 하나님의 심판을 받아 나라가 둘로 나뉘게 되었다(열왕기상 11장). 이는 하나님께서 가장 미워하시는 우상숭배에 대한 준엄한 심판이었다. 부귀, 영화가 불행으로 끝나는 것은 아니다. 그러나 그것이 하나님보다 앞서게 될 때 반드시 무너짐이 뒤따른다. 예수님께 찾아온 부자 청년은 "선생님이여 내가 무슨 선한 일을 하여야 영생을 얻으리이까?"(마태복음 19:16)라고 물었다. 예수님께서 계명을 지키라 하셨을 때 그는 이미 다 지켰다고 대답하였다. 그러나 예수님은 그에게 "네 소유를 팔아 가난한 자들에게 나눠 주라. 그리하면 하늘에 보화가 있으리라. 그리고 와서 나를 따르라."(마태복음 19:21)고 말씀하셨다. 하지만 부자 청년은 재물을 내려놓지 못하고 근심하며 주님을 떠나갔다. 만일 그가 소유를 내려놓는 결단과 자신의 욕망을 직면하는 지혜가 있었다면, 하나님과 동행하는 삶 속에서 후회 없는 길을 걸었을 것이다. 그러나 인생의 마지막 순간에 이르러서야 '어떻게 살았어야 했는가' 하는 후회의 결론만 남는다면, 그것은 결국 무거운 허기와 공허 속으로 끝나는 헛된 인생일 뿐이다.

아브라함은 하나님의 부르심 앞에 순종하여 떠남의 길을 걸었고, 그의 믿음은 후대까지 이어지는 축복의 통로가 되었다. 성경은 "아브라함이 여호와를 믿으니 여호와께서 이를 그의 의로 여기시고"(창세기 15:6)라고 기록한다. 그의 순종은 단순히 개인적인 결단을 넘어, 모든 믿는 자들의 믿음의 조상이 되는 근원이 되었다. 요셉은 형제들의 시기와 배신으로 노예로 팔려 가고, 억울한 누명을 쓰고 감옥에 갇히는 고난을 겪었지만, 끝내 하나님을 신뢰하는 믿음을 저버리지 않았다. 결국 애굽의 총리가 되어 하나님의 구원 계획을 이루는 도구가 되었고, "당신들은 나를 해하려 하였으나 하나님은 그것을 선으로 바꾸사 오늘과 같이 많은 백성의 생명을 구원하게 하시려 하셨나니"(창세기 50:20)라고 고백하였다. 그의 삶은 고난이 결코 절망으로 끝나지 않고, 하나님의 섭리 속에서 구원의 길로 바뀔 수 있음을 보여 준다. 다니엘은 바벨론 포로로 끌려가 이방 문화와 신앙의 도전 속에 놓였으나, 뜻을 굳게 정하고 세상과 타협하지 않았다. 그는 왕의 진미를 거절했고, 사자굴에 던져지는 극한 상황 속에서도 끝내 하나님을 부인하지 않았다. 그의 삶은 믿음의 흔들림 없는 일관성을 통해 하나님 영광을 드러낸 모범이 되었다. 예수님의 어머니 마리아 또한 하나님의 뜻에 순종하는 믿음을 보였다. 정혼한 처녀의 몸으로 잉태한다는 사회적 수치와 오해를 감당해야 했지만, 그는 "주의 여종이오니 말씀대로 내게 이루어지이다."(누가복음 1:38)라고 고백하며 하나님의 뜻에 자신을 맡겼다. 십자가 앞에서 아들의 고통과 죽음을 바라보는 슬픔조차 믿음으로 견디며, 하나님의 구속 역사에 동참하였다. 이렇듯 성경의 인물들은 시대와 상황은 달랐지만, 공통적으로 하나님과 동행하며 고난 속에서도 순종하는 삶을 살았다. 그들의 순종은 단순한 복종이 아니라, 하나님의 주권을 신뢰하고 자기 뜻보다 하나님의 뜻을 앞세운 믿음의 결단이었다. 결국 하나님은 그들의 삶을 통해 구원의 역사를 이어 가셨으며, 오늘 우리에게도 같은 믿음과 순종의 본을 보여 주고 있다.

그러나 성경은 순종의 본을 보인 인물들만을 기록하지 않는다. 사울 왕은 하나님의 말씀보다 자신의 체면과 백성의 눈치를 더 의식하며 헛된 욕망에 휘둘렸다. 그는 하나님의 뜻을 거부하고 자기 생각대로 제사를 드림으로 왕위를 빼앗기고, 끝내 자멸의 길을 걸었다. 이는 하나님께서 주신 권세와 은혜조차 잘못 사용하면 파멸로 이어질 수 있음을 보여 준다. 삼손은 놀라운 힘과 능력을 받았지만, 그 은사를 하나님 영광을 위해 사용하지 못하고 욕망과 정욕을 따라 살았다. 결국 그는 이방 여인에게 마음을 빼앗겨 비밀을 누설했고, 블레셋의 포로가 되어 눈이 뽑히고 수치 가운데 비참한 죽음을 맞았다. 하나님이 주신 은사와 능력이라 할지라도 자기 절제와 순종이 결여되면 파괴적인 결과를 가져올 수 있음을 보여 주는 비극적 사례다. 가룟 유다는 예수님과 함께 생활하며 수많은 기적을 직접 보고도 끝내 주님을 은 삼십에 팔아넘겼다. 그는 돈이라는 욕망 앞에서 하나님의 구원 계획에 순종하지 못하고, 결국 절망 속에서 스스로 목숨을 끊었다. 그의 삶은 욕망이 신앙을 집어삼킬 때 인간이 얼마나 비극적 종말에 이를 수 있는지를 보여 준다.

이렇듯 타락한 자아는 언제나 왜곡된 욕망과 자기기만으로 가득 차 있다. 그렇기에 인간은 스스로의 힘으로는 결코 바른길을 갈 수 없음을 절박하게 자각해야 한다. 진리만이 무의식적 혼돈 속에 잠든 자아를 깨우고, 하나님께서 기뻐하시는 올바른 길로 인도할 수 있다. 하나님과의 관계 회복이야말로 모든 참된 회복의 시작이다. 하나님의 뜻대로 지음 받은 존재가 그분 안에 거할 때만 참된 평안과 자유, 영원한 기쁨을 누릴 수 있다. 전도자는 "헛되고 헛되다"라는 절규를 통해 우리에게 깊은 통찰을 준다. 바람을 붙잡을 수 있는가? 욕망으로 얻은 모든 성취는 결국 손에 잡히지 않는 바람처럼 허무와 무력감만 남긴다. 성령 없는 자아의 노력과 열심은 아무리 커 보여도 헛되고 헛된 수고일 뿐이다. 그러므로 우리는 헛된 자기 수고를 멈추고, 하나님 앞에 무너질 수밖에 없는 허망한 건축을 내려놓아야 한다. 오직 하나님 안에서만 흔들리지 않는 기초가 세워지고, 거기서부터 참된 인생의 의미와 회복이 시작된다.

1) 채워지지 않는 갈망

인간의 욕망은 왜 끝이 없는 것일까? 그 이유는 인간 존재 안에 뿌리 깊은 결핍이 자리 잡고 있기 때문이다. 인간은 이 결핍을 채우려는 본능적 욕망을 가지고 살아가지만, 아무리 애써도 갈증은 쉽게 해소되지 않는다. 욕망은 충족을 향해 나아가지만, 그 끝은 언제나 새로운 결핍으로 되돌아오는 역설을 반복한다. 라캉은 인간의 욕망이 어떤 구체적 대상으로도 결코 완전히 채워질 수 없기에, 끊임없이 대상을 바꾸며 이어진다고 보았다. 프로이트는 인간의 무의식 속 깊은 쾌락추구 본능이 억제되지 않으면 사회와 갈등을 빚으며, 욕망이 충족되더라도 또 다른 욕망이 나온다고 설명한다. 이는 욕망이 만족을 약속하지만 결코 끝내 만족을 주지 못한다는 것이다. 그러나 아우구스티누스는 인간의 끝없는 욕망의 해답을 다른 차원에서 제시한다. 그는 인간의 욕망은 오직 하나님 안에서만 참된 충족을 얻을 수 있다고 고백한다. 하나님을 떠난 욕망은 아무리 채워도 다시 허기를 느끼지만, 하나님을 향한 갈망만이 영원한 안식을 준다는 것이다. 인간은 하나를 가지면 둘을 원하고, 둘을 가지면 셋을 원하며 결코 만족하지 못한다. 이 사실은 솔로몬의 고백에서도 확인된다. 그는 "모든 만물이 피곤하다는 것을 사람이 말로 다 말할 수 없나니 눈은 보아도 족함이 없고 귀는 들어도 차지 아니하도다."(전도서 1:8)라고 탄식했다. 결국 끝이 없는 욕망은 무엇을 향하고 누구로 인해 충족되는가라는 질문 앞에 우리를 서게 한다. 그 해답은 하나님 안에 있으며, 그분을 만나는 순간에만 욕망의 끝없는 허기가 멈추고 참된 만족과 평안이 시작된다.

욕망은 단순히 기다린다고 채워지는 것이 아니다. 살아 있는 인간은 무의식 깊은 곳에 자리한 결핍을 메우려 몸부림치지만, 채우려 할수록 갈증은 더 깊어지고 결국 헛된 추구임을 깨닫게 된다. 왜냐하면 인간은 하나님과의 관계 속에서만 만족하도록 창조되었기 때문이다. 하나님이 빠진 삶은 본질적으로 목마를 수밖에 없다. 그래서 성취해도 공허하고, 누려도 허전하며, 더 가지고 싶고, 더 인정받고 싶고, 더 높아지고 싶다. 그러나 그 끝은 언제나 채워지지 않는 허기다. 마치 밑이 깨진 항아리에 물을 아무리 부어도 가득 차지 않듯이, 인간의 욕망은 본질적으로 밑이 깨진 항아리와 같다. 애써 채우려 하지만 목마름은 여전하고, 이 결핍의 갈증에서 벗어나는 유일한 길은 생수의 근원이신 하나님께 돌아가는 것이다. 사마리아 여인의 이야기는 이를 잘 보여 준다. 그녀는 마음 깊은 곳의 갈증을 세상의 관계와 사랑으로 채우려 했으나 실패했다. 다섯 남편이 있었고 지금 함께 사는 사람도 남편이 아니었다. 부끄러움과 상처 때문에 사람들을 피해 한낮 뜨거운 시간에 홀로 물을 길러 나왔지만, 그 시간과 장소에서 예수님이 그녀를 기다리고 계셨다. 예수님은 그녀의 죄와 상처를 정죄하지 않으시고, 오히려 새로운 생명의 길을 제시하셨다. "내가 주는 물을 마시는 자는 영원히 목마르지 아니하리니 내가 주는 물은 그 속에서 영생하도록 솟아나는 샘물이 되리라."(요한복음 4:14) 세상의 어떤 것으로도 채워지지 않는 갈증은 오직 예수 그리스도께서 주시는 영생의 생수로만 해결된다. 그녀는 자신의 민낯을 주님 앞에 고백하고, 결국 그분을 통해 회복되었다.

예수님은 또 말씀하셨다. "누구든지 목마르거든 내게로 와서 마시라."(요한복음 7:37) 사마리아 여인의 깊은 고통과 고뇌는 헛되지 않았다. 바로 그 목마름이 있었기에 예수님의 말씀을 곧바로 깨닫고 받아들일 수 있었던 것이다. 결국 인간의 끝없는 욕망과 갈증은 주님을 만남으로만 해소되며, 그분 안에서만 참된 만족과 영원한 생명의 기쁨을 누릴 수 있다. 라캉의 말처럼 그녀의 결핍은 인간에게서 채울 수 없었기에 오직 하나님께로 향해야만 했다. 욕망의 바다에서 헤엄치는 인생이 아니라, 생수를 마시며 하나님 말씀 안에서 답을 찾고 온전한 수고를 해야만 한다. 하나님의 뜻은 하나님과 상의할 때 온전하게 드러나며, 그의 의를 구하는 삶을 살 때 모든 것이 더해지는 은혜의 강물 속에서 자유롭고 풍성한 삶을 누리게 된다. 무의미한 성취를 반복하는 것만큼 어리석은 일은 없다. 목표도 방향도 없이 달려가는 삶은 에너지를 소진시키고 공허함만 남긴다. 솔로몬은 "사람의 수고는 다 입을 위함이나 그 식욕은 채울 수 없느니라."(전 6:7)고 고백했다. 무너질 바벨탑을 쌓으며 서로 미워하고 증오하며 시기하는 인생, 그 모든 것이 헛된 것이라면 결국 후회뿐인 허무한 결말밖에 없을 것이다. "사람이 해 아래에서 행하는 모든 일을 본즉 수고가 다 헛되어 바람을 잡는 것이로다."(전 1:1-4) 하나님 없는 이 세상의 삶 속에서 인간의 노력과 열심은 궁극적으로 의미를 찾기 어렵고 헛된 욕망과 허무하다는 고백으로 솔로몬의 교훈을 깊이 새기자. 하나님과 동행하며 하나님 나라를 구하는 삶만이 헛되지 않은 시작이자 결말이 된다.

욕망은 성령 안에서 새롭게 해석되고 정화될 때 비로소 참된 길로 인도된다. 성령의 빛 아래서 욕망은 더 이상 자기중심적 충동이나 결핍의 몸부림이 아니라, 하나님께 향하는 거룩한 갈망으로 변화된다. 아무리 열심히 성공을 추구하고 무엇인가를 성취해도, 하나님이 빠진 삶은 결국 공허하다. 그래서 사람들은 더 열심히 살아야 한다는 강박에 사로잡히고, 더 많이 채워야 한다는 집착 속에 빠지지만, 그 길의 끝은 중독과 허무일 뿐 참된 해결은 주어지지 않는다. 문제의 해결점은 자기 열심의 연장선상에 있지 않다. 오히려 주님 앞에 멈추어 서는 데 있다. 생수의 근원이신 주님 앞에 나아갈 때, 비로소 생명의 말씀이 영혼 깊은 곳을 적시고 참된 만족이 시작된다. 성경은 이렇게 말씀한다. "여호와의 말씀이니라 네 상처는 고침을 받을 것이며 네 증상은 치료를 받을 것이라. 그들이 너를 시온에서 버림받은 자라 하며 찾는 자가 없다고 하였으나"(예레미야 30:17) 하나님은 버림받고 소망

없는 자로 취급되던 이스라엘을 고치시고, 그들의 깊은 내면의 상처
를 치유하시며 다시 회복시키셨다. 주님은 고통 가운데 우리를 오래
기다리게 하실 때가 있다. 그러나 그것은 단순한 지연이 아니라, 영
혼을 더 성숙하게 빚으시는 시간이다. 하나님은 때가 되면 우리의 상
처를 드러내시고, 우리가 만들어 온 위장의 벽을 걷어 내신다. 이 과
정은 심리학적으로 말하면 무의식의 영역이 의식화되는 경험이다. 숨
겨져 있던 아픔과 욕망이 드러날 때 우리는 두렵고 불편할 수 있지만,
바로 그 자리에서 진정한 회복이 시작된다. 회복은 자기 무너짐을 외
면하지 않고 직면하는 순간부터 열린다. 그리고 그 무너짐을 주님 앞
에 내어놓을 때, 성령께서 욕망을 정화하시고 상처를 치유하시며, 우
리의 삶을 하나님의 뜻을 향한 새로운 갈망으로 이끌어 가신다. 결국
참된 치유와 만족은 자기 힘의 연장이 아니라, 주님의 은혜 안에서만
가능하다.

2) 성취중독과 존재 공허

끊임없는 성취를 향한 무의미한 수고의 반복은 결국 자기 고갈을 초
래한다. 끝없는 자기실현과 존재 입증을 위한 열심은 내면의 공허를
메우지 못한 채, 성과에 집착하는 성취의 굴레로 전락한다. 그렇게
달려온 끝에서 인간은 솔로몬처럼 "헛되고 헛되다"는 고백을 하지 않
을 수 없다. 성취 자체가 죄는 아니다. 그러나 그것이 하나님의 뜻과
무관하다면, 아무리 화려해도 결국 의미 없는 성취로 끝날 수밖에 없
다. 그러므로 인생의 길 위에서 우리는 끊임없이 주님께 묻고, 또 물

으며 주님과 동행해야 한다. 죽을 만큼 열심히 달려 얻은 성과가 도리어 자아의 고갈을 불러오고, 성취에 취해 교만해지며 하나님조차 필요 없다고 여기게 된다면, 이 얼마나 비극적인 일인가. 그런 성취는 사람들의 인정과 갈채 속에서 잠시 만족을 주지만, 결국 자기 자신을 하나님으로 삼아 살아가게 하는 무서운 우상숭배로 변질된다. 하나님은 교만한 자를 싫어하신다. 은혜를 거부하고 자기 의를 내세우는 태도는 곧 복음을 거부하는 교만이다. 성경은 이렇게 말한다. "그러나 더욱 큰 은혜를 주시나니 그러므로 일렀으되 하나님이 교만한 자를 물리치시고 겸손한 자에게 은혜를 주신다 하였느니라."(야고보서 4:6) 하나님은 교만한 자를 대적하시지만, 겸손한 자에게는 풍성한 은혜를 베푸신다. 결국 자기 의는 교만의 또 다른 얼굴이며, 겸손만이 하나님의 은혜를 받을 수 있는 길이다.

복음의 본질은 바로 하나님의 의에 자신을 복종시키는 겸손한 믿음이다. 그러나 인간의 자기실현 구조는 끊임없이 더 높은 목표를 세우고, 더 넓은 세상을 향해 나아가려 한다. 존재를 증명하려는 욕망은 끝이 없고, 그 방향 없는 수고는 허무함으로 끝난다. 성경 속 사울 왕은 하나님의 뜻보다 백성의 눈치를 보며 인정만을 구하다가 몰락했다. 부자 청년도 계명을 다 지켰다고 자부했지만, 영생의 본질을 깨닫지 못하고 예수님을 떠나갔다. 하나님 없는 야망은 결국 열매 없는 들풀처럼 시들고 만다. 인간이 만들어 낸 성취의 탑은 겉으로는 위대해 보일지라도, 주님과의 관계가 빠진 성취는 무너질 수밖에 없는 바벨탑과 같다. 오직 겸손히 주님 앞에 서서 성취를 주님의 영광을 위한 도구로 드릴 때에만, 우리의 수고는 헛되지 않고 영원한 열매를 맺게 된다. 심리학은 좌절과 공허의 반복을 멈추려면 무의식의 결여를 의식화해야 한다고 말하지만, 신학은 반복을 멈추는 길이 주님과 함께하는 동행하는 길임을 가르친다. 주님과 함께하는 삶은 평안과 안정을 주어 불안하지 않은 인생을 살게 한다. 끝없는 갈증은 죄를 낳고, 하나님과 단절된 결핍은 오직 하나님만이 채울 수 있다. 예수님은 누구든지 "명절 끝날 곧 큰 날에 예수께서 서서 외쳐 이르시되 누구든지 목마르거든 내게로 와서 마시라."(요한복음 7:37)고 하셨다.

하나님 없이 하는 모든 일은 잠시 멈추고 스스로에게 물어야 한다. '나는 지금 왜 이렇게 살고 있는가?' 길이 분명하지 않다면, 다시 돌아와야 할 길이다. 순종은 단순한 의무가 아니라, 말씀에 따라 자발적으로 선택하는 길이다. 만약 지금 걷고 있는 길이 순종의 길이 아니라면, 더 멀리 나아가며 헛되고 헛된 수고를 계속하기보다 과감히 내려놓는 것이 현명하다. 스스로의 힘으로 이룬 모든 노력과 성취는 결국 자기 이름으로 쌓은 바벨탑과 같다. 하나님보다 자기 판단을 우선시한 사울왕은 결국 거절당했고, 부자 청년처럼 하나님 없이 쌓은 도덕과 재물은 구원을 가져다주지 못했다. 자기만족을 위한 신앙은 영적 교만이며, 하나님 없이 이루려는 모든 열심은 복음에 반하는 태도다. 남보다 더 많이 갖고 싶고, 더 많이 이루고 싶고, 더 출중하게 보이고 싶은 강박은 타인의 인정에 매달린 삶으로 이어진다. 겉으로는 성취한 듯 보여도 내면은 허전하고 공허하다. 이런 삶에는 성화를 향한 진정한 변화가 일어나지 않는다. 오늘날 많은 교회가 세상의 모범이 되지 못하는 이유도 여기에 있다. 영적인 사람이 되기보다 육적인 욕망에 사로잡혀 있기 때문이다. 예배, 봉사, 헌신조차 자기 의를 위한 일이 되고, 가족이나 자신만을 위한 삶을 살다 보면, 비난과 질책마저도 당연하게 받아들이는 나르시시즘적 사고가 팽배해진다. 자기 자신에 대한 과도한 집착과 자기 우상화는 결국 자기 연못에 빠져 죽는 것과 같다.

하나님처럼 되고자 하는 우월감은 사실 깊은 내적 결핍과 불안을 숨기려는 영적 병리다. 진정한 성화는 이 우월감을 내려놓고, 자기 연약함과 결핍을 하나님께 내어놓을 때 비로소 시작된다. 하나님 앞에 자신을 겸손히 내어놓는 순간, 내 안의 공허와 허망은 치유되며, 삶의 참된 방향과 의미가 회복된다. 자기중심적인 삶을 내려놓고 하나님 중심적인 삶으로 나아가자. 하나님 사랑의 경험을 세어 보자. "예수께서 무리와 제자들에게 이르시되 누구든지 나를 따라오려거든 자기를 부인하고 날마다 제 십자가를 지고 나를 따르라 하시니라."(누가복음 9:23) 제자의 삶은 누구나 쉽게 걸을 수 있는 길이 아니다. 예수님을 따르는 길은 성화의 여정으로 자기를 내려놓고 주님의 뜻을 따라가는 삶인 것이다. 그 예수를 따르는 삶은 곧 회복으로 나아가는 길인 것이다. 내 의를 위한 삶에서 방향을 전환하여 예수의 제자로 살아가는 삶으로 나아가자. 주님과 동행하며 순종하는 삶은 자신을 내려놓고, 주변과 이웃을 품으며 모두 함께 나아가는 따뜻한 삶이다. 회복은 자기중심적인 삶을 버리고 하나님 중심적인 삶으로 나아가는 자기부인이다. 자기중심적 존재 방식을 통째로 내려놓는 전환이며 타락한 자아의 욕망을 따라 스스로 인생의 주인이 되려는 인간 중심 자아의 환상을 버리고, 자기 뜻이 아닌 하나님의 뜻을 따르는 것이다. 자기 안에 가득한 모든 죄로 기울어진 욕구를 내려놓고, 자기 욕망을 하나님께 내어드리며 하나님 뜻으로 나아가는 변화가 자기부인이다. 자기부인은 새롭게 다시 시작하는 거룩한 자기 발견이다. 그리스도 안에서 다시 태어나는 회복의 열매이며, 그 모든 자기 열심을 내려놓을 때 비로소 주님이 일하신다.

3) 무너지는 바벨탑의 성취

바벨탑 사건(창 11:1-9)은 인류 초기의 교만과 분열을 보여 주는 대표적인 사건이다. 인간이 자기 이름을 높이고 하늘에 닿으려는 욕망으로 자기 영광과 성취를 추구했으나, 결국 하나님 앞에서 무너지고 말았다. 이는 하나님을 배제한 성취는 반드시 한계에 부딪히며, 자기중심적 문명이 결국 파탄을 맞게 됨을 드러낸다. 인간의 능력이 아무리 대단하다고 해도 하나님 없이 이루어진 모든 것들은 바벨탑처럼 무너지게 되어 있다는 메시지를 담고 있는 것이다. 겉으로 볼 때는 위대하고 화려한 문명이었지만 그 본질은 자기 확증의 욕망에 근거한 허상일 뿐이었던 것이다. 이렇게 인간은 끊임없이 자기 성취를 통하여 자기 존재를 증명하려 한다. 하지만 하나님이 없는 욕망의 성취는 결국 분열과 파멸을 낳는다는 것을 말씀을 통해서 깨달아야만 한다. 인간의 결핍은 욕망을 추구하기 때문에 결핍으로 출발한 욕망은 끊임없이 무언가를 이루려 하며 결핍을 채우려 노력하지만 그 성취는 결코 내적 만족이나 완전함을 가져오지는 못한다. 심리학자 알프레드 애들러(Alfred Adler)의 '우월성의 추구' 개념은 바로 이러한 점을 설명한다. 내면의 결핍을 극복하려는 인간의 욕망은 열등감을 넘어서려고 더 나은 자신이 되고자 하는 건강한 동력이라는 것이다. 그러나 이러한 욕망이 하나님의 뜻과 상관없이 자기 이익을 위한 보상적 욕망으로 작동한다면 그것은 심리적으로 우울, 불안, 강박 등으로 나타나며 결국 그 일은 자기 의를 위한 자기교만으로 끝나고 만다.

하나님은 하나님의 형상대로 인간을 창조하셨고 "보시기에 심히 좋았더라"고 말씀하셨다. 하나님의 형상대로 지음 받은 인간은 하나님의 뜻과 함께해야만 한다. 하나님의 뜻을 이루고자 하는 자기 성장이라면 현실의 자기를 받아들이며 과대자기에 집착하지 않는다. 대상들을 지배하려 들거나 통제하려는 욕구 또한 절제할 수 있다. 그러나 타락 이후 인간의 욕망은 자기 이름을 높이고자 하는 교만으로 변질되었으며 온 인류에게 죄와 분열로 나아가는 시점이 된 것으로 바벨탑 사건은 바로 죄로 얼룩진 욕심 많은 인간들의 욕망으로 쌓아 올린 교만의 결과였던 것이다. 프로이트의 '초자아(superego)' 개념은 아이가 자라가면서 부모와 사회로부터 내면화된 도덕적 명령이 자아를 냉정하게 평가하고 정죄하는 작용으로 설명할 수 있다. 건강한 초자아는 인간을 도덕적이고 윤리적으로 올바르게 살도록 돕지만, 지나치게 가혹한 처벌적인 초자아는 끊임없는 자기비난과 죄책감으로 건강하게 살아가려는 자기 삶을 방해한다. '너는 안 돼, 너는 할 수 없어, 하나님은 너를 사랑하지 않아' 이러한 내면의 비난은 상처받은 자아가 만들어 낸 왜곡된 소리이지만 하나님의 사랑을 인정하지 못한 왜곡된 자아는 가혹한 심판자가 되어 스스로를 끊임없이 공격하며 죄로 인해 불안과 열등감으로 힘들어하는 자기를 더 힘든 상태로 몰아넣게 된다. 이는 자아가 통합되지 못한 상태인 것이다. 하나님의 사랑과 은혜를 깨닫지 못할 때 나타나는 심리적 결과가 이러하다면 반면에 건강한 자아는 하나님의 무조건적인 사랑과 은혜 안에 머물며 예수 그리스도의 사랑을 깨닫고 '나 같은 죄인 살리신 주 은혜 놀라워'라는 찬양과 감사로 나아간다. 이것이 죄에서 해방되고 진리 안에서 자유함을 누리는 아버지 자녀로서의 삶인 것이다.

우리의 삶이 자신만을 위한 욕망에 사로잡혀 바벨탑을 쌓으며 나아가는 것은 아닌지 돌아보자. 자기 욕망에 사로잡혀 있다면 이는 가혹한 초자아에 무너지는 바벨탑과 같이 될 것이다. 하나님은 자기 이름을 높이고 자신만의 탑을 쌓으려 하는 인간의 교만을 싫어하시기 때문에 심판하시고 무너뜨리신다. 인간은 하나님을 향한 방향으로 나아가야 하며, 피조물로서 하나님의 뜻을 이루기 위한 도구로 창조되었기 때문이다. 따라서 우리 삶의 목적은 하나님과 동행하며 그리스도의 마음을 품고 사는 것이다. "너희 안에 이 마음을 품으라 곧 그리스도 예수의 마음이니 그는 근본 하나님의 본체시나 하나님과 동등 됨을 취할 것으로 여기지 아니하시고 오히려 자기를 비워 종의 형체를 가지사 사람들과 같이 되셨고 사람의 모양으로 나타나사 자기를 낮추시고 죽기까지 복종하셨으니 곧 십자가에 죽으심이라."(빌립보서 2:5-8) 이 말씀처럼 우리도 자기를 위한 자기존재 증명을 위한 욕망의 탑을 쌓는 것을 내려놓고 하나님이 뜻에 복종하는 삶으로 나아가야만 한다. 오늘날 많은 그리스도인들은 교회 내에서의 봉사와 헌신에 몰두하지만 그것이 자기 존재를 증명하려는 자기 의를 사는 것이었다면 우리의 욕망은 반드시 주님께로 향해야 한다는 사실을 깨달아야만 한다. 우리의 욕망은 주님과 함께하는 것이어야만 한다. 그분과 동행할 때만이 그 기준을 판단할 수 있으며 주님과 함께 할 때 진정한 회복과 성취를 이루며 갈 수 있다.

4) 목적 상실의 노력 구조

인간이 열심히 살아가지만 방향을 잃은 채 노력하는 구조는 반복과 소진 속에서 허무를 느끼게 된다. 현대인들은 모두 바쁘고 치열하게 살아간다. 하지만 그 노력의 끝에서 깊은 공허함과 회의가 온다. 무엇을 위해 그렇게 달려왔는지, 분명한 목적이 없이 반복되는 수고는 방향을 잃고 공회전하는 기계와 같다. 목적이 흐려지면 수고는 쉽게 중독으로 가고 자아는 고갈되는 무의미한 반복이 되고 마는 것이다. 하이데거는 진정한 목적의식이 없이 살아가는 삶을 자아의 본질을 잃어버린 삶이라고 했다. 이러한 존재 방식은 스스로에게 진실하지 못한 자기소외로 이어지게 되는 것이다. 심리학적으로 볼 때는 성취중독과 관련 있어 외부의 인정을 갈망하며 자기 존재가치를 입증하려고 끊임없는 강박적 노력은 자기가 세운 목적이 아닌 대상들의 기대에 부응하려는 노력으로 나아가는데 이 구조는 결국 내면의 공허를 메우지 못하고 자기혐오로 이어져 번아웃 된다. 인간은 자기 목적을 만들고 그곳에 몰입하지만 본질을 벗어난 수고는 헛된 바벨탑을 쌓던 사람들의 노력처럼 인간의 욕망이 만들어 낸 목적은 하나님의 뜻과는 무관한 헛된 수고일 뿐이다. 그것은 하나님과의 관계 안에서 주어진 목적이 아닌 자기 의를 이루려는 욕망의 만족을 위한 것이기 때문이다.

"여호와께서 사람들이 건설하는 그 성읍과 탑을 보려고 내려오셨더라."(창세기 11:5) 사람들은 자기 이름을 높이며 하늘에 닿으려는 탑을 쌓았지만, 그 헛된 수고는 중단되고 흩어지는 실패로 끝났다. 이 목표는 하나님을 무시하고 배제한 채 자기 욕망의 확장에만 집중되었던 것으로 결국 하나님의 창조질서와 목적에서는 벗어났던 것이다. 목표가 명확하지 않고 방향성을 잃은 반복적 노력은 내면의 불안과 좌절을 심화시키며, 가혹한 초자아(super ego)는 개인을 끊임없이 채찍질한다. 초자아는 이상적 자아(ego ideal)를 향한 무한 경쟁과 자기비난으로 표출되는데 이로 인하여 내적 갈등과 정체성 혼란을 낳게 된다. 애들러는 우월성의 추구가 하나님 없는 상태에서 왜곡되면, 끝없는 비교와 경쟁 속에서 자기고립과 무력감만 커지게 된다고 했다. "수고하고 무거운 짐 진 자들아 다 내게로 오라 내가 너희를 쉬게 하리라."(마태복음 11:28)고 예수님은 말씀하셨다. 이 말씀은 지치고 고단한 인생을 살아가는 이들에게 주시는 예수님의 초대로 영혼의 참된 쉼을 약속하시는 은혜인 것이다. 여기 쉬게 하신다는 것은 단순한 휴식만은 아니다. 그것은 하나님과의 올바른 관계회복을 통해 내면의 평안을 회복하는 신학적·심리학적 치유의 의미를 담고 있다.

가룟 유다는 3년 동안 주님과 동행했지만, 그의 욕망은 결국 예수님의 십자가 길을 받아들이지 못했다. 유다는 자신의 내적 욕망과 현실 사이에서의 심리적 갈등을 해소하기 위해 주님을 배신하는 극단적 선택을 했던 것이다. 유다는 자기 뜻을 신앙의 중심에 둔 결과, 하나님의 뜻과 불일치하는 자기중심적 욕망에 사로잡혀 파멸에 이른 비극적 인물이다. 이처럼 목표 없는 노력은 자기 파괴적이며, 가혹한 초자아는 은혜가 아닌 자기정죄를 낳는다. 자아가 자아를 공격하는 내면의 전쟁은 외부로부터의 비난보다 자기 내면에서 일어나는 자기비판에 더 깊은 상처를 받는다. 그 비판은 단순한 반성이나 성찰이 아니라 자기를 향한 적대감으로 발전하여 자아의 핵심을 공격하는 파괴적인 에너지로 작용하는데 비판자와 비난받는 자로 끊임없는 갈등을 가져다준다. 지속적인 자기비난은 자존감을 무너뜨리고 자기혐오로 이어지는데 이때 자아는 자신을 부인하거나 대상을 공격함으로써 내적 긴장을 해소한다. 이는 하나님의 은혜로 정화되지 못했을 때 벌어지는 왜곡된 정서의 결과인 것이다. 하나님의 은혜 대신 자기 기준과 율법에 의존하면 인간은 자신을 용서하지 못하고 과거의 실패에 갇혀 내적 정죄에 머무르게 된다.

바울도 "내 속 사람은 하나님의 법을 즐거워하되, 내 지체 속에는 다른 법이 있어 내 마음의 법과 싸워 나를 죄의 법 아래로 사로잡는다."(로마서 7:22-23)고 고백한다. 자기 안에 있는 두 자아의 충돌로 곤고했던 것을 고백한다. 그러나 바울은 "생명의 성령의 법이 죄와 사망의 법에서 너를 해방하였음이라."(로마서 8:1-2) 이것이 복음의

능력이다. 내면에서 올라오는 율법적 정죄는 은혜로 더 이상 그 정죄
는 힘을 잃고 만다. 목적 상실과 허망한 노력의 반복은, 하나님과의
올바른 관계 회복과 자기 내면의 평안, 건강한 자기 이해를 통해서만
치유될 수 있다. 이 길은 곧 반석 위에 집을 짓는 신앙적·심리적 삶의
구조를 의미한다. 우리의 욕망은 불꽃처럼 타오르지만, 하나님이 허
락하지 않으면 결국 흩어짐이 따른다. 인간의 욕망은 하나님을 떠나
타자에게 기대며 자기 충족을 추구하지만, 도달하는 순간 공허와 좌
절을 맞게 되며 이 좌절은 심리적 위기임과 동시에 변화와 새로움으로
가는 출발점이 된다. 하나님과의 관계 소외는 인간 존재의 영적고립
을 의미한다. 하지만 주님께 나아갈 때, 우리는 새롭게 일어설 수 있
는 힘을 얻는다. 예수님은 "자기를 높이는 자는 낮아지고, 자기를 낮
추는 자는 높아진다."(누가복음 14:11)고 말씀하셨다.

제2장
의식(意識) : 깨닫는 은혜

하나님의 말씀이 들리기 시작할 때, 무감각했던 영혼은 흔들리고, 자아는 진리 앞에 홀로 서게 된다. 이 고통스러운 의식은 회복의 시작을 알리는 신호다. 말씀은 단순한 정보가 아니라, 살아 역사하는 하나님의 음성으로, 우리 존재의 가장 깊은 곳을 찔러 쪼개는 능력을 지닌다(히브리서 4:12). 이 순간, 억눌려 있던 감정과 무의식, 왜곡된 신념들이 흔들리기 시작하며, 자아는 진실과 마주하는 낯선 길로 초대받는다. 의식의 문턱에서 마주하게 되는 깨달음은 단순한 지적 노력이나 사고의 결과가 아니라, 그것은 성령의 인도하심으로 깨어나는 의식으로, 성령께서 조명하시고 감싸주실 때 비로소 우리는 우리의 실존과 타락의 자기 깊이를 바라볼 수 있게 된다. 어거스틴은 타락한 인간이 성령의 도우심 없이는 참된 자각이나 회개에 이를 수 없다고 했는데, 인간은 자기인식조차 은혜의 선물이라는 것을 말해 주고 있는 것이다. 실제로 성령은 컴컴한 무의식을 비추시고, 그 깊은 늪의 진실과 직면하게 하신다. 외면해 온 내면의 상처로 인해 형성된 왜곡된 자아와 반복되는 죄의 패턴이 말씀 앞에서 점차 드러난다. 이 불편함은 때로는 혼란스럽고 두렵기도 하지만, 그 의식이야말로 참된 자유로 나아가기 위한 진통이며, 억압된 자아가 깨어나는 순간이다.

1. 들려오는 말씀의 소리

　삶의 고요한 순간이나 혼돈의 한가운데서 들려오는 하나님의 말씀이 있는가? 그 말씀이야말로 우리의 영혼을 깨우는 은혜의 소리다. 이 은혜는 때로는 불편하고 고통스러울 수 있지만, 바로 그 자리에서 진정한 깨달음과 회복은 시작된다. 말씀 앞에서 우리는 다시 살아나고, 그리스도의 빛 안에서 우리는 새로운 존재로 변화되어 간다. 성령의 조명 아래 깨어난 자아는 이제 더 이상 어둠에 속한 존재가 아니라, 빛의 자녀로 부르심 받은 하나님의 사람인 것이다. 성령은 우리가 잊고 지냈던 말씀을 떠올리게 하시고, 과거에 읽고 들었지만 아무 느낌 없이 지나쳤던 구절들이 갑자기 현실 속으로 다가와 자신을 향한 말씀으로 살아나게 하신다. 이때 말씀은 지식의 차원이 아니라, 존재의 중심을 흔드는 은혜의 음성이 된다. 그 말씀이 내 안에 들리는 순간, 자아는 하나님 앞에 서게 되는데 그때 진실을 만나고, 수동적으로 흘러가던 삶은 의식의 빛 아래 새롭게 비춰진다. 무의식에 눌려 반복되던 패턴들은 무너지고, 외면해 왔던 죄와 상처, 욕망의 그림자들이 드러난다. 그 앞에서 우리는 스스로 묻게 된다.

　"그러므로 이르시기를 잠자는 자여 깨어서 죽은 자들 가운데서 일어나라 그리스도께서 너에게 비추이시리라 하셨느니라."(에베소서 5:14) 이 말씀은 단순한 권면이 아니라, 영적으로 잠든 자들을 향한 하나님의 강력한 부르심이다. 이는 혼돈 속에 갇혀 있던 영혼, 무감각과 무기력에 젖어 있던 의식을 흔들어 깨우시는 하나님의 초대다. 그리스도께서 빛으로 오셔서 우리를 비추신다는 이 복음의 선언은, 주저앉아 있던 생명을 일으키시고, 어둠에 익숙해진 마음을 깨우셔서 존재의 방향을 새롭게 전환시키는 능력의 말씀인 것이다. 이 말씀은 단지 귀로 들리는 소리가 아니다. 존재의 깊은 마음을 두드리고, 내면 깊숙한 곳에 눌려 있던 감정과 억압되어 잃어버린 자아를 일깨우시는 성령의 역사다. 성령은 말씀을 통해 우리의 무의식을 흔들고, 억눌린 상처와 외면하던 진실을 수면 위로 끌어올리신다. 그래서 이 말씀은 일시적인 위로로 머무르지 않으며. 그것은 살아 있고 능력 있는 하나님의 음성으로, 죽어 있던 영혼에 새 생명을 불어넣어 우리를 일으켜 세우는 회복의 출발점이 된다.

지금 우리는 무엇을 위해 살아가고 있는가? 내가 걷는 길은 과연 진리를 따르는 길인가? 왜 우리의 삶은 그렇게도 허기지고 피곤한가? 이러한 질문들은 단순한 자기반성에 머물지 않는다. 말씀 안에서 던져지는 질문들은 영혼의 구조를 바꾸는 깊은 통찰로 이어진다. 말씀이 거울처럼 삶을 비출 때, 혼돈에 익숙했던 자아는 그 앞에서 멈춰 설 수밖에 없다. 하나님의 음성은 반복해서 들려오는데, 어둠 한가운데서 들려오는 그분의 말씀은 더 이상 소리가 아니다. 그 음성은 존재 전체를 흔들고, 무의식 깊은 곳까지 스며든다. 목표 없이 흘러가던 삶, 감추어진 상처를 억압한 채 살아가던 자아는 그 말씀 앞에서 깨어지고 무너지며, 회피하던 진실들이 터져 나오고, 마침내 우리는 가슴을 치며 회개하는 자신을 마주하게 된다. 그제야 비로소 깨닫는다.

우리의 열심은 누구를 위한 것이었나? 그것은 나 자신만을 위한 것이었고, 내 신앙은 욕망을 포장한 위선이었으며, 내 성공은 세상과 타협한 것이었음을 의식한다. 그 어둠 속에서 들려오는 하나님의 말씀은 한 줄기 빛이 되어 우리의 숨통을 틔우고, 그 빛은 존재 전체를 감싸며 무기력과 허무, 자기기만을 녹여 낸다. 익숙해서 외면했던 말씀들이 깨어진 자리에서 새롭게 들려올 때, 우리는 그것이 생명의 음성임을 알게 된다.

말씀은 과거의 텍스트가 아니라, 지금 이 순간의 현실로 다가온다. 말씀이 들려질 뿐 아니라, 우리 안에서 살아 움직이고, 존재의 방향을 근본적으로 바꾸어 놓는다. 사도 바울은 그 누구보다 말씀을 통해 철저히 깨어진 인물이었다. 그는 유대인 중의 유대인이었고, 베냐민 지파 출신으로 율법에 정통한 바리새인이었다. 가말리엘에게 배우며 열정적으로 율법을 따르던 그는 스데반의 순교를 정당화했고, 초대교회를 박해하는 데 망설임이 없었다. 그러나 그 열심은 하나님의 뜻이 아니라, 왜곡된 자기 의를 위한 욕망이었다. 그에게 하늘에서 음성이 들렸다. "사울아, 사울아, 네가 어찌하여 나를 박해하느냐?"(사도행전 9:4) 갑작스럽게 비추는 빛과 함께 들려온 예수님의 음성은, 사울의 존재를 무너뜨렸다. 그는 시력을 잃고, 먹지도 마시지도 못한 채 사흘을 기도하며. 아나니아의 안수를 받고 눈에서 비늘이 벗겨지던 그 순간, 그는 다시 보게 되었고, 이제 그는 더 이상 예전의 사울이 아니고 이제 그는 바울이라 불리며, 그토록 박해하던 예수를 전하는 사도로 인생을 바치게 된다. 말씀은 이렇게 한 사람의 존재를 무너뜨리고 다시 세운다. 존재를 부수고, 그 위에 새로운 자아를 세우는 시작은 말씀이 들려오는 그 순간으로, 말씀은 존재 전체를 깨우는 하나님의 음성이다. 그 말씀이 우리 의식을 깨워 어둠을 뚫고, 무의식을 흔들고, 새로운 삶으로 이끈다. 하나님은 그렇게 말씀으로 우리를 찾아오시고, 그 말씀 안에서 회복의 여정은 시작된다.

1) 잠든 자아를 깨우는 말씀

사람은 본능적으로 보고 싶은 것만 보고, 듣고 싶은 것만 들으며, 자신에게 익숙하고 유리한 방식으로 현실을 해석한다. 그러나 성령의 인도하심은 이러한 자기기만의 틀을 깨뜨리며, 왜곡된 인식의 벽을 넘어 더 깊고 넓은 의식의 세계로 우리를 이끄신다. 이때 우리는 '나는 누구인가'라는 질문을 넘어서 '하나님은 나를 어떻게 보실까'라는 본질적인 질문에 이르게 된다. 이는 자기탐색을 넘은, 하나님 중심의 인식전환으로, 성령의 은혜로 주어지는 내면의 거룩한 변화인 것이다. 칼빈은 성령의 조명 없이는 진리를 볼 수 없고, 성경 말씀조차 깨달아지지 않는다고 했다. 참된 깨달음은 결코 인간의 지성이나 도덕적 노력으로 되는 것이 아니라 그것은 오직 성령의 은혜로 가능하다. 이 은혜는 때로 우리를 고통의 자리로 이끌기도 한다. 숨기고 싶고 외면하던 죄와 상처, 연약함이 드러나는 것은 고통스럽지만, 그 자리에서 삶은 다시 해석된다. 고통은 회복으로 인도하는 하나님의 손길이 되고, 진리는 우리를 자유롭게 하는 힘이 된다.

하나님은 지금도 잠자고 있는 영혼을 깨우신다. 반복되고 습관화된 신앙생활은 우리의 영혼을 무감각하게 만들고, 영적인 깊은 잠에 빠지도록 하지만 하나님은 말씀을 통해, 사건과 고난을 통해 우리를 흔들어 깨우신다. 잠든 영혼은 반드시 깨어나야 한다. 왜냐하면 의식되지 못한 고통의 반복 속에서는 삶의 새로운 방향의 삶을 써 내려갈 수 없기 때문이다. 왜곡된 욕망은 혼돈 속에 있기 때문에 문제를 문제로 인식하지 못하고, 자신을 탓하며 자기 연민에 빠지게 만든다. 결국 자기 의를 세우지 못한 채 느끼는 굴욕감은 좌절로 이어지고, 이 좌절은 깊은 무기력으로 내몰린다. 엘리야는 바알 선지자 850명과의 갈멜산에서 위대한 승리를 경험했지만, 이세벨의 위협 앞에서 두려움에 도망쳐 로뎀 나무 아래서 자기 생명을 거두어 달라고 했다. "자기는 광야로 들어가 하룻길쯤 가서 한 로뎀나무 아래에 앉아 자살하기를 원하여 이르되 여호와여 넉넉하오니 지금 내 생명을 거두시옵소서 나는 내 조상들보다 낫지 못하니이다 하고"(열왕기상 19:4) "그가 대답하되 내가 만군의 하나님 여호와께 열심이 유별하오니 이는 이스라엘 자손이 주의 언약을 버리고 주의 제단을 헐며 칼로 주의 선지자들을 죽였음이오며 오직 나만 남았거늘 그들이 내 생명을 찾아 빼앗으려 하나이다."(열왕기상 19:10)라고 탄식한다. 엘리야는 하나님 중심이 아닌, 자기 열심으로 사명을 감당하고 있었던 것이다. 그는 하나님의 일을 자신의 성공으로 증명하려 했다. 그는 갈멜산의 승리 이후 이스라엘의 회개와 이세벨의 몰락을 기대했으나, 그 기대는 이루어지지 않았던 것으로, 사역의 현실적 무력감과 변화 없는 상황이 자신을 무너뜨렸던 것이다.

모든 주권은 다 하나님께 있다. 그러나 그는 하나님의 섭리를 기다리지 못하고 자기 계획과 기대가 무너지자 절망에 빠졌던 것이다. 하나님은 지쳐 쓰러진 엘리야를 책망하지 않으시고, 천사를 보내어 떡과 물로 그를 먹이시며 다시 일으키셨다. "하나님의 천사가 그를 어루만지며 먹이고 마시게 하여 다시 길을 가게 하셨다."(열왕기상 19장) 엘리야는 자기중심적 열심에 매여 있었고, 열매가 보이지 않자 낙심에 빠졌지만, 하나님은 강풍이나 지진이나 불이 아니라, 세미한 소리로 그를 찾아오셨다. "지진 후에 불이 있으나 불 가운데에도 여호와께서 계시지 아니하더니 불후에 세미한 소리가 있는지라."(열왕기상 19:12) 이 장면은 하나님의 섭리가 조용하고 세밀하게 흐른다는 진리를 깨우쳐 준다. 엘리야는 자신만 남았다고 생각했지만, 하나님은 바알에게 무릎 꿇지 않은 칠천 명을 남겨두었다고 말씀하신다. "그러나 내가 이스라엘 가운데에 칠천 명을 남기리니 다 바알에게 무릎 꿇지 아니하고 다 바알에게 입 맞추지 아니한 자니라."(열왕기상 19:18) 이제 그는 자기중심적 열심에서 벗어나 하나님의 관점으로 현실을 바라보게 되었고, 하나님의 일을 자기가 하는 것이 아니라 하나님이 자신을 사용하신다는 사실을 비로소 깨달았다. '나만 남았다'는 외로움은 사라지고, 하나님께서 여전히 일하고 계심을 깨닫고 의식하게 되자, 무기력에 빠졌던 사역자에게 다시 사명을 주셨다. 엘리야의 회복은 자기 열심의 종말과 하나님의 섭리에 대한 신뢰 회복이었다.

야곱 역시 인간 욕망의 민낯을 보여 주는 대표적인 인물이다. 그는 태어날 때부터 형의 발뒤꿈치를 잡고 태어났고, 자기 힘으로 복을 쟁취하려는 왜곡된 욕망을 좇으며 살았다. 형 에서를 속이고 아버지를 속여 장자의 축복을 가로챈 야곱(창세기 27장)은, 그 왜곡된 욕망과 수단으로 미래를 보장받으려 했지만, 복은 인간의 술수로 쟁취할 수 있는 것이 아니었던 것이다. 장자의 축복을 받기 위하여 에서처럼 위장했던 야곱은 결국 도망자의 신세가 된다. 광야에서 돌베개를 베고 잠들던 야곱은 꿈에서 하늘에 닿은 사닥다리를 보게 되고, 그곳에서 하나님께서 함께하심을 깨닫는다. "여호와께서 과연 여기 계시거늘 내가 알지 못하였도다."(창세기 28:16) 하나님은 그에게 약속의 말씀을 주신다. "내가 너와 함께 있어 네가 어디로 가든지 너를 지키며 너를 이끌어 이 땅으로 돌아오게 할지라 내가 네게 허락한 것을 다 이루기까지 너를 떠나지 아니하리라 하신지라."(창세기 28:15) 두려움과 불확실한 미래 앞에 선 존재에게 하나님은 끝까지 인도하신다는 약속의 말씀을 주셨던 것이다. 축복을 쟁취하려던 그의 욕망은 도망자의 외로운 자아와 죄책감 속에서 하나님과의 씨름을 통해 완전히 꺾인다. 그는 인생의 위기 속에서 모든 것을 내려놓고 하나님의 은혜에 항복하는데 이처럼 자기 의와 왜곡된 욕망으로 치열하게 살아왔던 인생도, 말씀을 통한 의식의 깨우침을 통해 회복의 길을 열 수 있다.

말씀의 빛이 마음을 비추기 시작할 때, 그것은 곧 영적 각성의 시작이다. 하나님의 말씀은 언제나 우리 곁에 계시며, 잠든 영혼을 향해 끊임없이 말씀하신다. 하지만 듣고자 하는 갈망이 없는 이들은 자신의 욕망으로 가득 차 말씀에 귀를 기울이지 못한다. 주님은 그런 이들을 위해 그가 돌아오기까지 외롭게 기다리신다. 주님과 함께하는 동행의 삶은 주님의 뜻에 합한 주님의 뜻을 위한 길을 걷는 것이고, 그 길에는 감사와 기쁨이 넘친다. 그러나 자기 욕망을 위한 자기 의의 삶을 사는 이들에게 하나님은 얍복강에서의 씨름과 로뎀 나무 아래서의 절망을 맛보게 하신다. 하나님의 사람들은 결국 주님께 시선을 돌리고, 그분의 음성에 귀를 기울이며 말씀을 사모하는 가운데 잠든 영혼이 깨어날 수 있도록 인도하신다. 그렇지 않으면, 서툰 자기 열심의 한계 속에서 후회와 좌절의 시간을 맞이할 수밖에 없기 때문이다. 하나님은 그 자리에서 우리를 다시 일으켜 세우시고, 새로운 사명의 길로 인도하신다.

2) 주님 앞에 서 있는 자아

욕망을 향해 방향과 의미를 의식하지 못하고 살아가는 자아는, 주님 앞에서 자신을 한 번쯤 점검해 보자. 말씀 앞에 서면 우리는 더 이상 자신을 숨길 수 없게 된다. 주님의 빛은 자아의 어두운 내면을 비추고 감추어 온 자신의 상처와 욕망, 위선과 두려움들을 드러내기 때문이다. 주님 앞에 선 자아는 자신의 형편없음을 보고 무너지게 되는데, 그러나 그것이 회복의 자리가 될 수 있는 것이다. 엘리야는 자신의 사역 실패 앞에서 낙심했으며, 야곱은 도망자의 신세가 되어 돌베개에 누웠다. 그들은 모두 하나님 앞에서 자기 한계를 인정해야만 했다. 부족하고 연약한 자신을 점검하며 하나님의 뜻을 묻고 모든 주권을 주님께 맡기고자 노력했어야 했지만 말씀의 빛 앞에 자기의 욕망과 자기 의를 내려놓지 못했던 것이다. 말씀은 우리를 무너뜨리려는 것이 아니라, 자아의 실상을 보게 하고 하나님의 은혜를 받아들이게 하려는 초대인 것이다. 진실 앞에 선 자아는 더 이상 스스로를 지키려 애쓰지 않으며, 오히려 무너짐 속에서 다시 세워지는 은혜를 경험하게 된다. 하나님은 지금도 잠든 영혼을 깨우신다. 반복되고 습관화된 신앙은 처음의 감격과 진실함을 서서히 잃게 만들며, 결국 영혼을 무감각한 상태로 잠재운다. 형식만 남은 신앙은 하나님과의 인격적인 만남 없이, 의무와 행위에 갇힌 신앙으로 전락하게 되며 그 결과, 삶은 변화 없이 정체되고, 성령의 임재와 능력을 경험하지 못하게 된다. 하나님은 말씀을 통하여, 또 때로는 고난을 통하여 우리의 영혼을 흔드시고 다시 일으키신다. 이는 단순한 자극이 아니라, 잠든 자아를 깨우시려는 하나님의 섭리요 개입인 것이다.

하나님은 우리 안에 꺼져 가는 생명력을 일깨우시고, 더 깊은 성찰과 회복의 길로 인도하신다. 잠든 영혼은 주님 앞에서 반드시 깨어나야 한다. 깨어남 없이 살아가는 신앙은 형식의 반복으로 지루한 일상일 뿐이다. 내면의 고통을 의식하지 못하고 무의식적 반복으로 살아가는 삶은 결국 자아를 파괴의 길로 이끌게 되는데 진정한 회복은 고통을 회피하지 않고 그 근원을 직면하고 의식하는 데서 시작된다. 억눌린 감정과 왜곡된 욕망은 종종 무의식 속에 숨어 우리의 판단을 흐리게 하고, 문제를 문제로 바라보지 못하게 만든다. 그 결과 우리는 자기연민과 피해의식에 갇히고, 현실을 바로 보는 것이 아니라 왜곡된 시선으로 바라보며, 타인과의 관계 속에서도 방어적이고 공격적인 왜곡된 해석을 하게 된다. 말씀의 기준이 없는 스스로 세운 기대와 기

준을 충족하지 못할 때, 우리는 깊은 무기력과 좌절에 빠져버리게 되
는데, 이는 단순한 심리적 고통을 넘어, 영적 분별력을 상실한 상태
로 이어진다. 이처럼 자기 의와 왜곡된 욕망으로 달려온 인생도 말씀
의 빛을 통해 깨어날 수 있다. 말씀은 영혼을 깨우는 하나님의 도구이
며, 우리 안에 새로운 자각과 회복을 일으키는 생명의 음성이다. 그
러나 우리가 그 말씀을 들을 준비가 되어 있지 않다면, 주님은 우리를
위해 조용히 때를 기다리실 수밖에 없다. 듣고자 하는 갈망이 없는 자
는 자기 욕망으로 가득 차 말씀이 들리지 않는다.

　　주님과의 동행은 그분의 뜻과 마음에 합한 삶을 살아갈 때 이루어진
다. 감사와 기쁨은 그 길에서 흘러나오는 열매이며, 자기 욕망을 따
라 사는 자는 얍복강에서 씨름해야 하고, 로뎀 나무 아래서 절망의 밤
을 지나야 한다는 것을 생각해 봐야만 한다. 주님과 동행하지 않고 혼
자 가는 길은 결국 자기 한계 앞에서 후회와 자책을 남긴다. 우리는
주님께 시선을 돌리고, 말씀에 귀 기울이며, 성령의 도우심 안에서
잠든 영혼을 깨워야 한다. 하나님은 어둠 속에서 끊임없이 부르신다.
하나님은 지금 이 순간도 말씀하시고, 우리를 살리시기 위해 기다리
고 계신다. "그러므로 이르시기를 잠자는 자여 깨어라 그리스도께서
너에게 비추이시리라 하셨느니라."(에베소서 5:14) 그 부르심은 오
늘날 우리들에게 하시는 말씀으로 지금도 여전히 능력이 있다. 그 음
성을 들을 때 우리는 고요한 어두움의 잠에서 깨어나, 생명의 빛 가운
데로 걸어 나올 수 있는 것이다. 바로 그 지점이 회복의 시작이다. 하
나님은 우리를 포기하지 않으시고 말씀과 성령을 통하여 다시 빛 가

운데로 이끌어 주신다. 우리가 아무리 어둠 속을 헤매고 있을지라도, 주님은 말씀과 성령을 통하여 우리를 다시 빛 가운데로 인도하신다. 때로는 이 깨어남이 고통스럽게 느껴질 수 있다. 그러나 그 아픔조차도 주님의 깊은 사랑과 은혜의 표현인 것이다. 우리가 진정으로 주님의 임재 앞에 서게 될 때 자신을 돌아보게 되며, 우리의 연약함과 상처마저도 하나님의 뜻 안에서 새롭게 해석되기 시작한다.

　우리의 영혼이 어둠에 익숙해져서는 안 된다. 세상의 헛된 평안과 타협 속에 머무르는 것이 아니라 언제나 밝은 빛으로 나아가야 하며 그 빛은 곧 진리이신 예수 그리스도로 진리를 향한 우리의 목적이 분명하고 확고해야 우리는 하나님의 뜻과 이 땅에서의 현실 사이에 겪는 갈등조차 주님의 손에 맡기며 평안을 누릴 수 있게 된다. 존재의 방향을 잃어버린 영혼이라 할지라도, 주님의 임재 앞에서 자신을 비추어 볼 때, 다시 살아가는 은혜를 경험하게 된다. 어둠 속에서 길을 잃은 자에게 빛이 임하듯, 하나님은 언제나 우리를 새 생명의 길로 이끄시는 선한 목자이시다. 자아가 하나님의 임재 앞에 정직하게 설 때, 영혼은 비로소 회복의 길로 나아간다. 그 길은 스스로 생각하는 자기 자신에 대한 착각에서 벗어나, 하나님 안에서 새롭게 정체성을 발견하고, 진리의 빛 안에서 치유받는 여정으로 이 여정이 바로 성화의 시작이며, 참된 회복이 이루어지는 길인 것이다. 자기중심적 욕망은, 깨닫는 의식의 성장을 방해하지만, 성령의 인도하심의 깊은 묵상과 통찰은 모든 것들을 점점 더 선명하고 명료하게 깨달아진다. 같은 말씀도 삶의 깊이에 따라 다르게 들리는 이유는 의식의 깊이가 다르기 때문이다. 깨달음은 단순한 정보 이해가 아닌, 자아 인식의 전환으로 탕자는 돼지우리에서 스스로 돌이키는 깨달음의 은혜와 의식을 통하여 아버지 집으로 돌아간다.

3) 말씀을 통한 의식의 시작

자기 자신에 대한 질문은 존재를 깨우는 출발점이 된다. 하나님이 아담을 부르시며 "여호와 하나님이 아담을 부르시며 그에게 이르시되 네가 어디 있느냐"(창세기 3:9) 고 물으신다. 이는 단순한 위치를 확인하려는 것이 아니라 죄를 지은 인간에게 다가오신 하나님의 부르심으로 회복의 시작을 알리는 기회가 되는 것이다. 아담은 선악과를 먹은 뒤, 자신의 벌거벗음을 인식하고 부끄러움과 두려움을 느낀다. 그는 무화과잎으로 자신의 몸을 가리고 나무 뒤에 숨는데 그것은 단지 육체를 숨긴 것이 아니라, 자신의 죄책감과 존재의 상처를 감추려는 시도로 인간 내면에 자리한 방어기제의 시작인 것이다. 그런 아담에게 하나님은 무엇을 했냐고 묻지 않으시고 "네가 어디 있느냐"고 물으셨다. 이는 존재의 자리, 즉 네가 누구이며 어디에 서 있는가를 돌아보게 하시는 하나님의 방식으로 책망보다는 먼저 존재를 일깨우시는 회복의 대화로 이끄셨던 것이다. 우리는 삶의 혼란과 죄의식, 두려움 속에서 스스로를 숨기며 살아가기도 한다. 그러나 하나님의 은혜는 숨은 자아를 향해 다가오신다. 우리의 의식과 영혼을 흔들어 자신을 직면하고 부르심 앞에 서게 하는 은총의 시작은 회복으로 향하는 은혜를 경험하는 시작으로 진정한 회복은 죄를 고백하기 이전에 먼저 하나님의 음성을 듣고 자신을 마주하는 것에서 시작된다.

하나님의 말씀은 우리를 멈추게 하고 자신을 돌아보게 한다. "하나님의 말씀은 살아 있고 활력이 있어 좌우에 날 선 어떤 검보다도 예리하여 혼과 영과 및 관절과 골수를 찔러 쪼개기까지 하며, 또 마음의 생각과 뜻을 판단하나니"(히브리서 4:12) 이 말씀은 자기 인식의 출발점으로, 내면 깊은 곳에 묻혀 있던 진짜 '나'를 마주하게 만든다. 말씀의 칼날이 나를 향해 들어올 때 나는 비로소 내 안에서 감추어진 상처, 욕망, 두려움, 고통의 실체를 직면하게 된다. 말씀은 우리의 무의식에 질문을 던지는 하나님의 도구이다. 그 질문에 정직하게 응답하고 고통 속에서 해석해 내는 과정은 우리를 의식의 확장과 존재의 성숙으로 이끈다. 삶의 질은 자기 인식의 깊이에 비례한다. 그리고 인생의 고통은 이해의 부족에서 비롯된 무지에서 나온다. 우리가 성인이 되었음에도 미성숙한 삶의 방식에서 벗어나지 못하는 이유는, 충분한 자기 성찰과 내면에 대한 해석이 이루어지지 않았기 때문이다. 되풀이되는 삶의 패턴을 돌아보고 사유하는 습관을 기를 때 인격은 깊어지고 성숙해진다. 하지만 인간은 종종 자신의 삶을 의식하지 못한 채 살아간다. 무의식에 억압된 수많은 사건들은 반복되는 관계의 어려움과 삶의 문제로 방출되며 정서적 불안이나 부정적인 사고 패턴으로 드러나기도 한다. 그러나 반복되는 패턴을 의식하는 순간 무의식의 고리는 끊어질 수 있다. 의식화의 시작은 드러난 문제에서 출발하지만 그것은 빙산의 일각과 같으며 단단히 굳어진 내면의 방어를 말씀이 깨뜨릴 때 변화는 시작된다.

하나님의 말씀은 존재의 깊은 마음을 흔들기도 한다. 그 말씀은 굳어진 무의식을 깨뜨리며 잠든 영혼을 깨우는 능력으로 말씀 앞에서 우리는 마침내 억압된 감정, 왜곡된 욕망, 상처로 얼룩진 내면의 혼돈을 마주하게 된다. 그렇게 말씀은 빛이 되어 우리 안의 자동적이고 반복적인 패턴을 비추고 그 직면은 삶의 고달픔을 지나 회복으로 나아가는 출구가 된다. 가다머는 해석학에서 모든 이해는 선 이해를 전제로 한다고 말했다. 말씀을 듣고 해석하는 과정은 기존의 사고 틀과 선입견을 깨뜨리며, 새로운 진리의 지평을 여는 의식화의 시작이다. 그 과정 속에서 내면은 저항하고 방어하지만, 결국 가려졌던 진짜 자기를 마주하게 된다. 억압된 감정, 왜곡된 신념, 부정적 자기상이 무너질 때 참 자아와의 만남이 시작된다. 듣고, 보고, 마주하고, 깨닫는 이 모든 과정은 결국 갑옷을 입은 자아로 살아왔음을 자각하는 여정이다. 칼 융은 의식화되지 않은 것은 운명으로 나타난다고 했다. 벗기지 않은 내면은 삶에 계속 영향을 주며 반복되기 때문에, 자기 인식은 곧 자유의 시작이다. '나는 생각한다, 고로 존재한다'라는 데카르트의 말처럼, 생각하고 해석하며 의식하는 자만이 진정으로 살아 있다고 말할 수 있다.

피아제의 인지 발달 이론에 따르면, 인간은 감각운동기, 전조작기, 구체적 조작기, 형식적 조작기의 단계를 거치며 점차 추상적이고 논리적인 사고 능력에 이른다. 콜버그의 도덕 발달 이론은 도덕 판단과 사유가 함께 성장하며 자기중심적 사고에서 보편적 가치의 이해로 발전한다고 보았다. 그리스도인의 성장과 회복은 율법적 신앙에서 은혜

중심의 신앙으로, 나아가 십자가를 따르는 성숙한 삶으로 나아가야만 한다. 말씀은 우리를 그렇게 성장시키며 나아가게 되는데, 말씀을 듣고, 해석하고, 삶에 적용하는 과정에서 미성숙했던 자아는 점차 성숙해지고, 하나님과의 인격적 관계 속에서 살아가게 된다. 성경을 자신을 위한 도구로 사용하는 이기적 신앙에서 벗어나, 모두를 위한 통합적 사고와 선하신 하나님의 뜻을 향한 성숙한 존재로 나아가게 되는 것이다. 말씀은 우리로 하여금 '나'를 넘어 '우리'로 살아가게 한다.

억압된 자아가 드러나는 의식은 나를 정죄하기 위한 것이 아니라, 회복을 향한 하나님의 부르심이다. 방어기제로 가려졌던 어두운 자아를 의식하고 직면하게 되는 은혜의 그 지점은 바로 회복의 시작점이 되기 때문이다. 이는 단순한 자기개선이 아니라, 하나님 앞에서 벌거벗겨진 존재로 다시 살아나는 성령의 역사이며, 어둠에서 생명의 빛으로 옮겨지는 회복의 통로인 것이다. 하나님 앞에서의 자기의식은 마치 어둠 속에 빛이 비치는 것과 같다. 말씀을 통해 임하는 진리는 성령의 조명 아래, 우리로 하여금 하나님을 인식함과 동시에 자신을 직면하게 한다. 이 깨달음은 단순한 자기성찰이 아니라, 은혜로 주어지는 영적 자각이며, 그 순간부터 변화는 시작되는 것이다. 우리가 의식하고 있는 자아는 실제 존재의 빙산의 일각일 뿐이며, 깊은 무의식과 억압된 감정, 숨겨진 욕망의 세계는 대부분 의식의 그늘에 가려져 있다. 하지만 성숙의 여정은 바로 이 은혜의 자리, 성령께서 비추시는 진리의 빛 속에서 출발한다.

4) 하나님 앞에서의 고뇌

　하나님 앞에서의 고뇌는 의식화의 과정으로, 무의식이 드러나는 순간이다. 자신도 알지 못했던 자아를 발견하고, 억압되어 있던 감정과 방어기제가 해체되는 혼돈 속에서 자신이 얼마나 연약하고 보잘것없는 존재인지를 절감하게 된다. 하나님의 말씀이 자신을 꿰뚫는 경험은 자기중심을 내려놓는 시간이 된다. 의식되지 않던 내면이 하나님 앞에서 고뇌하며 깨어지는 경험은 회개와 변화로 나아가는 출발점이다. 고뇌는 힘들고 고통스럽지만, 하나님 앞에서 고뇌할 수 있다는 것은 영혼이 살아 있다는 것을 보여 주는 증거이다. 살아 있는 말씀은 우리를 무너뜨리기도 하고 다시 세우기도 한다. 모든 하나님의 사람들은 무너지고 다시 세워지는 거듭남을 통해 새로운 시작을 맞이한다. 거듭남은 새로운 자아의 탄생이지만, 스스로 만들어 내는 변화가 아니라 말씀과 성령에 의해 세워지는 전혀 다른 삶의 구조인 것이다. 이전의 자아가 자신을 주인으로 삼았다면, 거듭난 자아는 주님이 주인이 되는 것으로 하나님 자녀로서의 정체성을 가진 존재로 살아가는 것이다. 옛 자아는 죽고 다시 사는 것으로, 무너짐은 자신을 낮추는 과정이며 다시 세워진 자아는 이웃을 품는 사랑을 갖게 된다. 거듭남은 단 한순간의 결단이 아니라 무너지고 다시 세워지는 과정을 반복하는 성화의 여정이다. 하나님의 사람들은 성령의 인도하심을 따라 고뇌의 길을 걷게 되며, 그 길은 회복으로 나아가는 여정이다.

　성화는 이 땅에서 불완전하지만 점차 완성되어 가는 영광의 과정이다. 이 길은 고통스럽고 더딘 것처럼 보이지만, 인간은 그렇게 점점 그리스도의 형상을 닮아 간다. 하나님의 말씀이 임할 때, 인간은 자신의 죄와 허물을 인식하며 회복의 길로 나아가는 고뇌를 경험한다. 이 고뇌는 주님 앞에서 존재를 새롭게 바라보는 회개로 나아가며, 참된 회개를 통해 거룩한 존재로 변화된 새로운 자아를 형성한다. 자아는 죽고 오직 그리스도만이 살아 역사하게 된다. 자아의 붕괴(ego death)는 절망으로 끝나는 것이 아니라, 성화의 길로 나아가는 성령님의 인도하심이다. 융은 "그림자를 통합할 때 진정한 자아가 완성된다"고 했다. 고뇌는 억압된 내면의 부정적 요소들을 방어하고 회피하는 것이 아니라, 그 길을 뚫고 지나가도록 하여 말씀에 의해 재구성된 자아가 탄생하는 과정이다. 하나님 앞에서의 고뇌는 깊은 무의식을 마주하고, 말씀 앞에서 진정한 자아로 다시 태어나는 여정이다. 말씀을 통해 자아가 재구성되고 새로워진다. 하나님 앞에서의 고뇌는 변화와 성장으로 나아가는 계기가 된다. 자기 인식은 자기를 수용하고 은혜 안에 머물며, 주님의 사랑 안에서 사랑을 전하고 나누는 성숙함으로 인도한다.

욥은 인생의 무너짐 속에서 깊은 고뇌를 지나 하나님과 새롭게 만나는 회복의 길로 나아갔다. 그는 의인이었고 하나님 앞에서 온전한 삶을 살던 자였다. 그러나 사단의 시험 속에서 삶의 모든 기반이 무너지는 극심한 고난을 겪게 된다. 자녀가 죽고 재산은 몰락하고 친구들의 오해와 아내의 냉소를 넘어 건강도 상실하게 되는 모든 고난이 한꺼번에 닥쳐왔다. 욥은 왜 내게 이러한 고난이 닥쳐왔는지, 내가 무엇을 잘못했는지, 하나님은 지금 어디에 계시는지에 대한 존재론적 질문을 앞에서 욥은 신앙의 깊은 혼란을 경험한다. 이러한 심리적 고통은 자기 인식과 신앙의 구조 전체를 해체하고 재구성하는 과정으로 욥의 고뇌는 존재 전체가 흔들리는 거룩한 해체의 영적 여정이었던 것이다. 처음에 욥은 자신의 정당함을 주장했다. 그러나 고통 속에서 하나님과의 깊은 대면을 통하여 그는 자신의 한계와 무지를 깨닫게 된다. "주께서 말씀하신 것을 나는 듣기만 하였사오니 이제 내가 보나이다. 그러므로 내가 스스로 말한 것을 회개하나이다. 내가 깨달은 것은 주께 대한 것이니이다."(욥기 42:3) "내가 전에 주께 대하여 듣기만 하였사오나 이제는 눈으로 주를 보았나이다."(욥기 42:5) 이러한 고백은 하나님과의 인격적 만남을 통해 새롭게 형성되는 믿음을 보여준다. 욥은 더 이상 자신의 논리와 경험으로 하나님을 해석하지 않고 하나님의 주권 앞에 자신을 겸손히 내려놓는다.

욥의 고난은 결국 재난이 아닌 재창조의 기회로 은혜였던 것이다. 그의 고뇌는 회복을 위한 성찰로 하나님의 음성을 듣는 귀를 열어 주었고 그 고통의 끝에서 자신의 한계를 넘어서는 하나님을 대면하는 만남은 전재 전체가 새로워지는 거룩한 전환이었다. 겟세마네 동산에서 기도하시던 예수님의 고뇌는 "이르시되 아바 아버지여 아버지께는 모든 것이 가능하오니 이 잔을 내게서 옮기시옵소서 그러나 나의 원대로 마시옵고 아버지의 원대로 하옵소서 하시고"(마가복음 26:39) "말씀하시되 내 마음이 심히 고민하여 죽게 되었으니 너희는 여기 머물러 깨어 있으라 하시고"(마가복음 14:34) 고 표현하셨다. 예수님도 고통을 피하고 싶으셨다. 그러나 깊은 고뇌 속에서 내린 결단은 "그러나 나의 원대로 마옵시고 아버지의 원대로 하옵소서"라는 순종의 말씀이셨다. 고뇌를 통한 고백은 하나님의 뜻에 대한 순종으로, 온 인류를 살리는 길이 되었던 것이다. 예수님의 고뇌는 우리를 위한 것이며, 죄 없으신 분이 우리 대신 십자가를 지심으로 우리가 감당해야 할 죗값을 해결하신 것이다. 자아가 붕괴되는 처절한 고통 속에서의 자기포기는 십자가로 가는 길이며, 그 길을 지나 부활의 승리를 맞이한다. 고뇌를 통해 구속사가 완성된다.

2. 궁금한 앎의 세계

　하나님의 형상을 따라 창조된 인간은 하나님의 전능하신 창조 질서 안에서, 그분이 지으신 세상을 다스리며 살아가도록 부름받은 존재이다. 인간은 청지기로서 하나님의 뜻을 이루며, 그 뜻이 무엇인지 끊임없이 묻고 탐구하는 여정을 걷게 된다. 이러한 질문과 앎에 대한 갈망은 인간 내면 깊숙이 자리한 본능적 동기이며, 이는 단순한 호기심을 넘어 실존의 차원에서 비롯된 깊은 갈망이다. 우리가 궁금하다고 느끼는 순간은 마치 미지의 세계로 여행을 떠나는 것과 같다. 알지 못하는 상태는 불안과 불편함을 가져오며, 이는 실존적 질문을 일으키고 자연스럽게 탐구의 여정으로 이끈다. 질문은 존재 의식의 시작이자 자아 성찰의 발단으로, 앎은 자율성을 부여함과 동시에 때로는 하나님의 자리를 넘보게 하는 위험도 내포한다. 바벨탑 사건이 그 대표적인 예다. 인간의 앎에 대한 욕망이 하나님의 뜻에서 벗어났을 때, 하나님은 그것을 허물어뜨리셨고, 그 시도는 결국 허무한 쌓음에 불과하다는 사실을 드러내셨다. 하나님은 지식으로가 아니라 관계로 알게 된다. 그리고 그 관계 속의 앎이 우리를 변화시킨다. 은혜는 하나님을 알고자 하는 갈망에서 시작된다.

　모든 일은 하나님의 주권 아래 돌아간다는 믿음을 바탕으로 할 때, 인간은 하나님께 질문하고 그 뜻을 분별하며 세상을 건강하게 발전시킬 수 있다. 그러나 죄로 인해 왜곡된 인간의 욕망은 하나님의 뜻을 무시하고, 자기 위주로 자기 뜻만을 추구하는 탐욕으로 나타나곤 한다. 이러한 탐욕으로 나라와 사회와 가정이 세워지려 한다면, 그것은 반드시 무너질 수밖에 없고, 결국 바벨탑의 전철을 밟게 될 것이다. 하나님께서 창조하신 참 자아는, 죄로 오염되지 않은 상태에서 하나님과의 깊은 교제를 통해 그분의 뜻을 묻고, 그 일을 이루기 위해 살아가는 구조를 갖는다. 반면, 세상의 가치관과 욕망에 물든 왜곡된 자아는 자신의 의를 세우고 자기 뜻만을 실현하려 하며, 결국 공허함과 허무함 속에 머무르게 된다. 자신의 뿌리와 본질을 인식할 수 있어야 비로소 어디서부터 잘못되었는지, 문제의 시작이 언제였는지를 자각하고 돌아볼 수 있다. 심리학자 칼 로저스가 말했듯, 인간은 자기 자신을 왜곡 없이 인식할 때 진정한 변화가 시작된다. 앎은 자기 수용의 과정이며, 진정한 치유와 회복으로 나아가는 길이다.

인간은 사고를 성찰할 수 있는 존재이며, 생각에 대해 다시 생각하는 메타인지 능력을 통해 자신의 삶을 조정하고 확장해 나간다. 내가 진정으로 원하는 것이 무엇인지, 왜곡된 가치나 기준들로 덧입혀져 있지는 않은지를 돌아보는 훈련은 오랜 시간과 의식을 요구하는 작업이다. 그러나 안다고 생각하는 무지에서 벗어나기 위해, 인간은 앎의 세계를 향한 갈증을 자각해야 하며, 그것을 방해하는 가려진 것들을 벗어내려는 깨달음의 의지를 품어야 한다. 그렇게 될 때, 세상과 함께 나아가는 우리의 삶은 비로소 진정한 충만함으로 채워질 수 있다. 세상에는 보이는 것과 보이지 않는 것이 공존한다. 우리가 눈으로 보는 것이 전부가 아니다. 성경은 "믿음은 바라는 것들의 실상이요, 보이지 않는 것들의 증거니"(히브리서 11:1)라고 말씀한다. 또한 "여호와께서 사무엘에게 이르시되 그의 용모와 키를 보지 말라 내가 이미 그를 버렸노라 내가 보는 것은 사람과 같지 아니하니 사람은 외모를 보거니와 나 여호와는 중심을 보느니라 하시더라."(사무엘상 16:7)라는 말씀처럼, 우리의 무의식에 억압된 감정과 동기들은 의식되지 않으면 알아차릴 수 없지만, 실제로는 한 인간의 삶을 결정짓는 근본이 되기도 한다. 진정한 자기 인식은 이러한 보이지 않는 '나'를 보기 시작하는 데서 출발한다.

성령의 일하심은 눈에 보이지 않지만, 그로 인해 맺어지는 열매는 분명히 삶 속에 나타난다. 앎의 세계를 향한 동경은 우리로 하여금 점차적으로 그 궁금했던 질문들에 대한 답을 발견하게 만든다. 욥처럼 자신의 고난의 의미를 하나님께 묻고 깊은 앎의 자리로 나아갔던 사람도 있다. "내가 주에 대하여 귀로 듣기만 하였사오나, 이제는 눈으로 주를 뵈옵나이다."(욥기 42:5)라는 욥의 고백은 앎의 세계가 단순한 지적 차원이 아니라, 감정과 행동, 삶의 태도 전체를 변화시키는 통찰이라는 사실을 보여 준다. 지식이 머리에 머무르지 않고 삶을 통해 드러나며 몸으로 체화될 때, 앎은 치유와 회복, 성화로 이어진다. 깊은 앎의 세계에 대한 통찰은 인간 발달의 원동력이 되며, 그 안에 담긴 의욕은 삶을 움직이는 강력한 에너지가 된다. 결국 앎은 단순히 아는 데서 멈추지 않고, 존재를 변화시키며, 삶의 방향을 새롭게 설정한다. 하나님 안에서 주어진 앎은 생명과 자유를 주며, 인간으로 하여금 궁극적 목적을 향해 나아가도록 이끈다. 우리가 그 앎을 향해 끊임없이 나아갈 때, 비로소 참된 자유와 생명을 누리는 삶이 열리게 된다.

1) 안다고 착각하는 무지

우리는 실상은 모르면서 안다고 착각하는 무지 속에서 살아간다. 부분만 알면서 다 아는 것처럼 대상을 말하기도 하고, 말씀을 지식으로만 알고 실제 삶에 적용하지도 않으면서 말씀을 알고 행하는 것처럼 말하기도 한다. 지식은 있으나 지혜가 없는 체험되지 않는 앎은 안다고 착각하는 무지다. '나는 내가 아무것도 모른다는 것을 안다'고 소크라테스는 말했다. 무지를 자각하는 것이 진정한 지혜의 시작이라는 의미로 무지를 무지로 인식하지 못할 때 사람은 배움과 변화의 가능성조차 잃게 된다. 영적인 삶에서도 마찬가지로 하나님의 뜻을 부분적으로 이해했을 뿐인데 그것이 전부라고 생각한다면 그 순간 하나님 보다 자기 생각을 더 신뢰하게 되는 교만으로 이어질 수 있다. 사람들은 보통 자신이 보고 싶은 것만 보고, 듣고 싶은 것만 듣는다. 이는 자신에게 불편한 진실을 무의식적으로 차단하기 때문이다. 인지부조화 이론(Cognitive Dissonance)에 따르면, 두 가지 상충된 정보가 주어질 때 인간은 자신의 믿음에 부합하는 정보만 받아들이고, 그렇지 않은 정보는 무시하거나 왜곡한다는 것이다. 고통스러운 사실은 차단하고 책임을 외부로 돌리며 자신이 옳다고 믿는 것이다. 이렇게 편향된 현실 인식은 개인의 성장뿐 아니라 가정과 사회, 공동체 발전의 기회를 막는 장애가 된다.

이사야 선지자는 "여호와께서 이르시되 가서 이 백성에게 이르기를 너희가 듣기는 들어도 깨닫지 못할 것이요 보기는 보아도 알지 못하리라."(이사야 6:9)고 했다. 오랜 시간 하나님의 말씀을 거부하고 우상 숭배와 불의를 행했던 이스라엘 백성들에게 내리신 하나님의 깊은 절망의 선언이다. 말씀을 듣고도 회개하지 않는 완고한 심령, 변화되지 않는 인간의 완고함 앞에서 하나님께서 하신 말씀이다. 하나님의 말씀이 들려오지 않으면 마음은 점점 둔해지고 강퍅해진다. 영적으로 무감각해진 마음은 새로움을 받아들이기를 거부하며, 자신의 문제 속으로도 들어가지 못한다. 안다고 생각하는 무지는 진리를 향한 길을 막는 가장 위험한 자기기만의 상태이다. 이는 성화로 가는 자기 회복의 길을 거부하며 고립된 자아로 나아가는 길이기도 하다. 진리를 보고 듣는 눈과 귀가 닫혀 있다면 변화의 가능성을 차단하는 것이며, 자기방어로 인해 자신을 제대로 보지 못하는 무지인 것이다. 무지는 자신의 무지함을 자각하지 못한다. 자기 틀에 갇혀 듣지 않고 자기 우상화의 교만으로 나아가는 개인 성장에 커다란 걸림돌이 된다. 하나님 앞에서 인간이 무지하고 연약하다는 사실을 인정하지 않으면, 스스로 쌓은 방어벽은 언젠가는 허물어질 수밖에 없다.

예수님은 바리새인들을 향하여 "예수께서 이르시되 너희가 맹인이 되었더라면 죄가 없으려니와 본다고 하니 너희 죄가 그대로 있으니라."(요한복음 9:41)고 하셨다. 날 때부터 맹인이 된 자를 고친 후, 종교 지도자들은 예수를 부정하며 치료받은 이를 추궁했다. 그들은 자신이 본다고 주장했지만, 사실은 진리를 보지 못했고, 자신의 무지와 한계를 인정하지 않았다. 진리를 안다고 착각하는 영적 교만과 위선이 바로 죄라는 것이다. 우리는 혹시 안다고 생각하는 영적 맹인은 아닐까? 많은 것들에 대하여 무지한 상태에서 판단하고 정죄하며 주변 사람을 괴롭히고 있지는 않은지 성찰해야 한다. 알고 있다는 그 무지한 한계를 깨닫고, 미성숙한 판단과 정죄에서 벗어나야 한다. 자신이 안다고 생각하는 것과 보고 있는 것이 전체가 아닐 수 있다. 자신의 내면을 피하려는 방어기제에 의해 형성된 앎에는 한계가 있음을 인정해야 한다. 타락 이후 인간은 자기중심적인 삶을 살아가지만, 진리를 왜곡하고 있다는 사실조차 모른 채 자기만 옳다고 믿는 무지는 인생의 소중한 시간을 허비하게 만든다. 인생의 본질적 방향을 놓치는 손실은 삶 전체를 헛되게 만들 수 있으며, 무지한 삶은 목적과 방향을 올바로 알지 못하기에, 해 아래에서 수고한 모든 것을 헛되게 만들 수 있다.

광야를 떠도는 이스라엘 백성은 목적지를 알았지만, 가나안 땅을 밟지 못하고 광야에서 죽음을 맞았다. 그 이유는 '무지'였기 때문이다. 안다고 생각하는 무지로 인하여 말씀을 들을 귀가 닫혀 축복의 땅에 들어가지 못했던 것이다. 무지는 시간을 허비하고 인생을 소모하며, 자신을 보지 못하게 하여 하나님의 은혜를 누릴 기회도 놓치게 한다. 상처 입은 자아가 자기 회복을 위해 방어기제를 허물고 자유로운 자아로 나아가는 것을 방해하는 것과 같다. 미성숙한 자아는 분석과 성찰을 거부하며 칭찬만을 좋아하고 방어적으로 반응하지만, 그런 자신을 자각하지 못하는 것이 바로 무지이다. 자기 발전을 위해 자기를 내려놓고 겸손히 한 걸음씩 걸어 나갈 때, 더 넓은 세계를 알게 되고 '너'와 '우리'의 궁금한 앎의 욕구도 하나씩 채워지며 지혜로운 삶으로 나아가게 된다. 바리새인들과 율법학자들은 율법에 능숙하여 하나님의 뜻을 안다고 자신했지만, 결국 메시아이신 예수님을 십자가에 못 박았다. 욥의 친구들인 엘리바스, 빌닷, 소발 역시 하나님의 뜻을 안다고 했지만, 결국 하나님께 책망을 받았다. 반면 자신의 무지를 인정하고 겸손했던 모세는 이스라엘 백성을 출애굽 시킨 지도자로 쓰임 받았다.

2) 진리에 대한 목마름

인간은 본질적으로 하나님을 닮은 존재로 창조되었고, 그 존재 자체 안에는 하나님을 향한 끊임없는 갈증이 있다. 이 갈증은 단순히 지적 호기심을 채우기 위한 추구나, 감정적 외로움을 달래기 위한 것을 넘어서, 존재의 근원을 알고자 하는 본질적인 갈망인 것으로 인간은 하나님의 형상으로 지음 받은 피조물이기에 자연스럽게 흘러나오는 영적 본능인 것이다. 그러나 타락 이후, 인간은 하나님과의 관계가 단절된 채 살아가게 되었고, 그 단절은 영적 공허함과 내적 결핍으로 나타났다. 이 결핍은 끊임없는 갈증으로 이어지며, 인간은 본능적으로 그 갈증을 해소하려는 시도를 하게 된다. 하지만 문제는, 죄로 인해 왜곡된 자아가 진리와 비 진리를 올바로 분별하지 못한다는 데 있다. 진리를 향한 갈망은 왜곡된 욕망, 세상적인 성취, 지적인 우월감으로 흐르기도 한다. 그러나 아무리 많은 성취를 이룬다 해도 존재 깊은 곳에 남은 목마름은 결코 해갈되지 않는다. 인간의 진리에 대한 목마름은 하나님과 연결되어야 진정한 자아를 회복할 수 있는 존재이기 때문이다. 하나님과의 단절은 그 기능들의 혼란과 왜곡을 낳았고, 스스로 갈 길을 찾을 수 없다. 하지만 이러한 갈증은 하나님의 은혜 안에서 보면, 단순한 고통이 아니라 회복의 시작점으로 하나님은 우리를 초대하신다.

진리를 향한 목마름은 곧 하나님의 존재를 향한 그리움이며, 하나님을 아는 지식 안에서 그 갈증은 해소된다. 갈증은 하나님의 부재가 남긴 상처지만, 동시에 하나님께 돌아갈 수 있는 문이기도 하다. 우리가 이 목마름을 인식하고, 그것이 단순한 심리적 결핍이 아니라 하나님을 향한 존재적 갈망임을 깨달을 때, 우리는 비로소 참된 회복의 문 앞에 서게 된다. 그 문은 곧 예수 그리스도이시며, 그분을 통해 우리는 하나님께로 나아가고, 갈증은 생명의 물로 채워지기 시작한다. 예수님은 "명절 끝날 곧 큰 날에 예수께서 서서 외쳐 이르시되 누구든지 목마르거든 내게로 와서 마시라."(요한복음 7:37) 진리를 향한 목마름은 고통이 아니라 은혜다. 하나님은 이 갈증을 통해 우리를 부르시고, 찾게 하신다. 예수님께서는 "영생은 곧 유일하신 참 하나님과 그가 보내신 자 예수 그리스도를 아는 것"이라고 말씀하셨다(요한복음 17:3). 여기서 '안다(헬라어: γινώσκω)'는 단순히 정보를 습득하는 차원이 아니라, 관계적이고 체험적인 앎을 의미한다. 즉, 예수 그리스도를 인격적으로 만나는 것이 곧 영생의 본질이며, 그 만남 속에서 우리는 하나님과의 친밀한 교제를 회복하게 된다.

예수님은 "내가 곧 길이요 진리요 생명이라."(요한복음 14:6)고 선언하셨다. 이는 단순한 종교적 진술이 아니라, 절대적 기준이자 유일한 생명의 통로를 선포하신 것이다. 예수님을 떠나서는 하나님께로 나아갈 수 없으며, 그분을 통해서만 인간 존재의 갈증이 해갈되고, 영혼은 회복과 구원의 여정에 들어설 수 있다. 참된 진리는 인간의 이성만으로 파악되는 대상이 아니다. 진리를 향한 갈망은 삶 전체의 방향을 하나님께로 돌리는 전환점이며, 이 앎은 존재 깊숙한 곳에서의 변화를 일으킨다. 이 목마름이 없이는 회개도, 회복도, 성화의 길도 시작되지 않는다. 그저 외형적 성공이나 세상적 기준에 따라 채워진 삶은 순간적 만족을 얻을 수는 있지만 얼마 가지 않아 더 큰 허무와 무의미함을 남길 뿐이다. 그러나 목마름이 하나님을 향한 갈망일 때, 하나님은 우리를 결코 외면하지 않으신다. 말씀을 통해, 성령의 역사 속에서 우리를 찾아오시고, 거짓 자아를 벗겨내고 참자아를 회복하게 하신다. 이것이 진리를 향한 앎의 여정이며, 이 길은 고통이 아닌 복된 길이다. 호세아 선지자는 이렇게 선포한다. "그러므로 우리가 여호와를 알자, 힘써 여호와를 알자. 그의 나타나심은 새벽빛같이 일정하니, 비와 같이, 땅을 적시는 늦은 비와 같이 우리에게 임하시리라."(호세아 6:3) 이 말씀은 진리에 대한 우리의 갈망이 의지를 수반해야 함을 보여 준다.

하나님은 자기를 찾는 자들에게 반드시 나타나시며, 회복은 갈망하는 심령 위에 임하는 은혜다. 다윗은 "하나님이여, 주는 나의 하나님이시라 내가 간절히 주를 찾되, 물이 없어 마르고 황폐한 땅에서 내

영혼이 주를 갈망하며 내 육체가 주를 앙모하나이다."(시편 63:1)라
고 고백했다. 이 고백은 그의 영혼 전체가 하나님께 향해 있음을 보
여 주는 것으로 다윗의 목마름은 단순한 감정이 아닌, 삶의 중심이 하
나님께 뿌리내리고 있음을 드러낸다. 빅터 프랭클은 인간 존재의 가
장 깊은 동기는 삶의 의미를 찾으려는 의지라고 주장했다. 그는 무신
론자였지만, 초월적 차원에서 삶의 의미를 찾는 앎의 여정을 걸었다.
아우슈비츠 수용소에서 극한 고난을 견디며 '고통은 그것이 의미를 지
닐 때 더 이상 고통이 아니다.'라는 것이다. '우리가 삶에서 무엇을 기
대하는가가 아니라, 삶이 우리에게 무엇을 기대하는가를 깨달아야 한
다.'는 것으로 이러한 깨달음은 단지 철학적 명제가 아니라, 그리스
도인에게 자기 소명을 통한 삶의 해석과 연결된다. 하나님을 아는 지
식은 단순히 정보의 축적이 아닌, 존재의 전환을 이끌며, 그 앎은 결
국 우리를 진리로 인도하고, 참 자유로 이끈다. 진리를 향한 목마름
은 인간이 가장 인간다울 수 있는 지점이며, 하나님과의 관계가 회복
될 때 비로소 그 갈증은 해갈된다. 이 앎의 여정은 고된 여정이지만,
동시에 가장 복되고 의미 있는 길이다.

3) 하나님을 알고 싶은 갈망

모든 인간은 존재의 근원을 찾고자 하는 깊은 영적 갈망을 지닌 존
재다. 비록 겉으로는 하나님을 부인하거나 무관심한 듯 보일지라도,
내면 깊은 곳에서는 하나님 없이 사는 삶의 공허와 고통을 견디지 못
한 채 방황하고 있다. 그 고통을 직면하지 않기 위해 더 큰 자기 확

신, 더 많은 성취와 인정, 혹은 종교적 열심으로 자신을 채우려 하지만, 그것은 참된 회복이 아니라 또 다른 혼돈으로 이끄는 길일 뿐이다. 결국 인간의 혼돈은 하나님을 떠난 자아에서 비롯되며, 그 혼돈에서 벗어나는 길은 왜곡된 자아를 깨뜨리고 참 자기, 곧 하나님의 형상대로 지음 받은 존재로 회복되는 것이다. 이 회복은 하나님과의 관계 회복에서 시작되며, 말씀이 우리 안에 비추는 진리 앞에 설 때 비로소 가능해진다. 하나님은 지금도 혼돈 속에 있는 우리를 부르시며, 거짓 자아의 허상을 벗고 진리 안에서 새로워지기를 원하신다. 나는 나를 믿으며 산다고 자신 있게 말하지만, 자신의 삶을 되돌아보면 하나님을 향한 목마름은 결코 외면할 수 없는 현실이다.

심리학에서는 이러한 현상을 방어기제와 상처로 설명한다. 하나님에 대한 적대감이나 무관심이 심리적 방어기제로 작동하는 이유는, 왜곡된 자아가 자신의 무의식 깊은 내면을 제대로 알지 못하기 때문이다. 그래서 하나님을 의지하면서도 동시에 부인하는 이중적 태도를 보인다. 칼빈은 '하나님을 알지 못하면 참된 자아 인식도 없다'고 했다. 하나님 앞에서 자신을 안다는 것은 곧 죄인임을 인정하는 것이고, 동시에 자신의 죄를 직면함으로 하나님의 은혜를 갈망하게 되는 출발점이다. 하나님의 빛 아래서야 비로소 더럽고 추한 자신의 참 모습을 볼 수 있기 때문이다. 인간은 스스로 마음을 들여다보며 자기를 안다고 생각하지만, 진정한 자아 인식은 오직 하나님의 빛 아래서만 가능하다. 하나님 없는 자기 분석은 한계가 명확하며, 때로는 왜곡된 결과를 낳는다. 무의식에 감춰진 갈등과 욕망을 의식화하는 작업이 없으면, 혼돈은 해소되지 않고 생명력의 유무에 따라 전혀 다른 결과로 나타난다. 하나님은 사랑이시며, 그 사랑이 주는 해석은 영혼을 살리고 새로운 존재로 인도한다. 회복 과정에서 결정적인 것은 바로 해석이다.

빅터 프랭클은 '초월에 대한 욕구는 억압되거나 왜곡될 수 있으나 결코 사라지지 않는다'고 말했다. 심리학이 독립적 학문으로 시작된 것은 1879년 독일 라이프치히 대학에서 빌헬름 분트가 심리학 실험실을 세우면서 시작되었다. 그 이전에도 인간과 존재에 대한 연구는 철학과 신학을 통해 수천 년간 이루어져 왔다. 인간의 고통은 심리적 상처임과 동시에 하나님과 단절된 존재로서의 근본적 고통이다. 그렇기 때문에 진정한 회복은 하나님과의 관계 회복 없이는 불가능하며, 하나님 안에서 인간을 이해하는 통합적 관점이 절실하다. C.S. 루이스는 '인간의 마음은 이 세상 어떤 것으로도 만족하지 못하는 갈망을 지니고 있으며, 이는 인간이 이 세상 너머를 위해 창조되었다는 증거'라고 말했다. 즉, 인간 안에는 세상만으로는 채워지지 않는 욕망이 존재하는데, 이것은 인간이 다른 세계, 즉 초월적 실재를 향해 내재된 본성임을 나타낸다. 루이스는 인간 안에 내재된 초월적 욕구를 순수한 기쁨, 잃어버린 고향에 대한 그리움, 도달할 수 없는 이상으로 표현하였다. 그는 이러한 갈망이 세상 그 어떤 것으로도 충족될 수 없으며, 오직 하나님의 임재만이 영적 존재인 인간을 온전히 만족시킬 수 있다고 보았다. 젊은 시절 무신론자였던 루이스는 치열한 사유와 영적 체험을 통해 기독교 신앙으로 돌아섰고, 「예기치 못한 기쁨」에서 다음과 같이 고백한다. '나는 하나님을 찾았다고 생각했으나, 사실은 하나님이 나를 쫓아오셨다.' 이 고백은 단순한 개인적 체험이 아니라, 인간 존재의 깊은 진실을 드러낸다.

하나님을 알고자 하는 갈망은 단순히 인간의 의지나 종교적 열심에서 비롯된 것이 아니라, 하나님께서 먼저 우리를 찾으시고 인도하시는 회복의 여정 속에 있는 하나님의 주도적 사랑이다. 그 갈망은 은혜의 통로이며, 성화로 나아가는 여정의 시작이다. 고라는 하나님의 거룩하심을 거스르다 심판을 받았지만(민수기 16:33), 그의 자손들은 죽지 않고 살아남아 회복의 기회를 얻었다(민수기 26:11). 그들은 하나님의 임재를 사모하며 성전 문지기의 자리를 자원했고, 성소 가까이에서 하나님을 섬기는 영광스러운 삶을 살았다. 고라 자손은 이렇게 노래한다. "주의 궁정에서의 한 날이 다른 곳에서의 천 날보다 나은즉, 악인의 장막에 사는 것보다 내 하나님의 성전 문지기로 있는 것이 좋사오니."(시편 42:1-2절)에서 하나님을 찾는 영혼의 갈망은 그들을 심판에서 회복으로, 반역에서 예배로, 멸망의 길에서 성화의 길로 이끌었다.

어거스틴 역시 이러한 갈망의 본질을 꿰뚫었다. 그는 '주께서 우리를 주를 향해 창조하셨기에, 우리의 마음은 주 안에서 안식할 때까지 쉼이 없습니다'라고 고백했다. 인간 존재 안에 각인된 이 깊은 구조는, 하나님을 떠난 채로는 결코 채워질 수 없다. 참된 회복은 자기중심적 갈망이 하나님 중심의 갈망으로 전환될 때 시작되며, 이 전환이 곧 성화의 길이다. 고라 자손은 이렇게 노래한다. "하나님이여, 사슴이 시냇물을 찾기에 갈급함 같이, 내 영혼이 주를 찾기에 갈급하나이다. 내 영혼이 하나님, 곧 살아 계시는 하나님을 갈망하나이다."(시편 42:1-2절) 이 절절한 고백은 단지 감정의 표현이 아니라, 내적 혼돈에서 벗어나 하나님을 향한 존재적 전환이 일어났음을 보여 준다. 하나님을 향한 갈망은 인간의 본질이며, 그 갈망이 곧 하나님의 부르심에 대한 응답이다. 그 응답은 회복의 노래가 되고, 끝까지 성화의 길을 걸어갈 수 있게 하는 영적 동력이 된다.

4) 아는 만큼 변화되는 자아

인간은 아는 만큼 변화할 수 있는 존재이며, 앎은 존재의 눈이 열리는 깨달음에서 시작된다. 프로이트는 무의식을 의식화하는 과정을 통해 자신을 알고 변화와 회복으로 나아간다고 했고, 칼빈은 참된 자기 인식은 하나님을 아는 지식 없이는 불가능하다고 하였다(기독교강요 1권 1장). 자신을 알고, 은혜를 알고, 자신을 부인하며 변화된 인간으로 새롭게 살아가는 것이 진정한 자유의 시작이다. 예수님도 "진리가 너희를 자유케 하리라."(요한복음 8:32)고 말씀하셨다. 아는 만큼 변화하고, 아는 만큼 자유로워질 수 있다. 자기 욕망을 의식할 때 왜곡된 욕망으로부터 자유로워질 수 있으며, 억압된 상처를 의식할 때 그 문제로부터 자유로워질 수 있다. 그러나 무지한 삶은 문제를 안고 혼돈 속에 머무르며, 반복되는 어려움 속에서도 알려고 하지 않고, 변하려는 의지도 없다면 존재의 변화는 일어나지 않는다. 개인의 의식은 확장되어야 한다. 우물 안 개구리처럼 좁은 시각으로 세상을 보는 사람과 확장된 의식으로 보는 사람의 인생은 확연히 다르다. 모든 원리를 볼 수 있어야 취할 수 있는 것이듯, 인생의 기회를 놓친 사람들은 확장된 의식을 갖기 어려웠던 것이다. 그러므로 들려오는 말씀의 소리를 붙잡고, 앎의 세계에 끊임없이 궁금해할 때 무지한 자신을 발견하고 목마름 속에서 변화하는 존재로 나아갈 수 있다.

왜곡된 욕망은 바쁘게 이것저것 열심히 살아가지만 결국 허전함만 남긴다. 그러나 말씀을 묵상하고 하나님과 교제하다 보면 성령께서 무지한 우리를 합당한 말씀으로 일깨워 주신다. 죄성이 있는 인간은 깨끗하고자 해도 어느새 불결해지기도 하지만, 깨달음으로 함께 하시는 성령은 우리로 하여금 들은 말씀을 기억나게 하신다. 자기 인생을 돌아보고 해석해 보는 일은 반드시 필요하다. 잘못된 점을 의식하는 것은 하나님께 은혜를 구하며 암울한 과거를 벗어버리고 하나님의 백성이 되는 첫걸음이다. 의식의 은혜는 깨달음의 문을 열어 변화로 가는 성화의 길을 걷게 하지만, 의식하지 못한 과거의 반복은 암울한 인생의 늪에서 더 많은 시간을 보내게 한다. 구원의 문은 언제나 활짝 열려 있다. "누구든지 주의 이름을 부르는 자는 구원을 받으리라."(로마서 10:13) 하나님의 은혜는 모든 사람에게 열려 있다. 연약한 자신을 고백하고 하나님의 이름을 구하며 찾을 때, 하나님은 누구에게든 구원을 허락하신다.

의식은 은혜의 통로이며, 깨달음은 성령의 사역으로 이루어진다.

우리는 아는 만큼 변하고, 듣는 만큼 살아난다. 하나님의 말씀을 묵상하고 예배하는 삶은 존재를 새롭게 세워가는 걸음이다. 많은 사람들은 자신을 의식하지 못한 채 살아간다. 어떤 문제가 있는지, 어떤 문제가 자신을 힘들게 하는지 묻고 의식하면 도움을 받을 수도 있지만, 이를 무시하면 해결점이 없고 반복되는 고통에서 벗어나지 못한다. 앎은 자기와의 만남이며, 진정한 변화는 자기 자신과의 깊은 만남에서 비롯된다. 자기 인식은 때로 고통스럽지만, 그 고통을 통과하며 변화와 회복으로 나아간다. 무의식의 그림자가 드러날수록 방어와 저항의 고통도 크지만, 의식화된 앎을 통해 자아는 확장되고 유연한 사고체계를 갖게 된다. 건강하고 통합된 자아는 현실을 왜곡하지 않고 있는 그대로 받아들이며, 자기 한계를 인정하고 수용하며, 갈등을 억압하거나 회피하지 않고 의식하고 통합하려는 능력을 지닌다. 자기를 인식한다는 것은 자신 안에 있는 왜곡된 감정, 무의식의 동기, 반복되는 패턴들과 직면하는 것이다. 그러한 직면은 때로 고통스럽고 불편하며, 방어기제를 활성화시킨다. 그러나 이 고통을 회피하지 않고 통과할 때, 비로소 진정한 변화와 회복의 길이 열린다. 자기 한계를 인정하고 수용하며, 내적 갈등을 억압하거나 회피하지 않고 오히려 그것을 의식하여 통합하려는 태도를 갖는 것이 회복된 자아의 징표이며, 인격적 성숙의 중요한 기준이다.

자기심리학자 하인즈 코헛은 회복된 자아의 특성으로 유머, 지혜, 창조성, 공감, 목표 지향성과 일관성을 제시하였다. 이 특성들은 모두 충분히 공감받는 자기대상 경험을 통해 자아가 건강하게 회복될 때 나타나는 열매다. 유머는 자기비하가 아닌 자기이해에서 비롯되고, 지혜는 고통을 통과한 앎의 집약이며, 창조성은 고정된 사고를 넘어서려는 자아의 자유를 의미한다. 공감은 타자의 아픔을 이해하고 품을 수 있는 능력이며, 목표 지향성과 일관성은 자아가 흩어지지 않고 삶의 방향성을 유지하고 있음을 드러낸다. 회복된 자아는 하나님을 향한 일관된 방향성을 유지한다. 그는 상황과 감정에 휘둘리지 않고, 말씀과 은혜 안에서 중심을 지키며, 주어진 사명을 따라 나아간다. 이는 단지 심리적 안정만이 아니라, 영적 통합으로서의 성화의 과정이며, 하나님의 형상으로 지어진 자아가 회복되어 가는 여정이다. 궁극적으로, 앎은 하나님 앞에서 자신을 직면하는 영적 행위이며, 자아의 회복은 곧 하나님과의 관계 회복으로 이어진다. 그러므로 자기를 아는 앎은 하나님께 나아가는 길이며, 변화는 자기 인식과 은혜의 만남 속에서 일어난다. 이 앎이 쌓일수록, 자아는 흩어지지 않고 오히려 더욱 명확해지고, 진리를 향한 갈망은 깊어지며, 회복과 성화의 여정은 점점 더 풍성해진다.

3. 말씀과 묵상의 고뇌

말씀을 통한 변화는 쉽지 않다. 자아는 저항하고 회피하지만 그 안에서 진정한 회개와 깨달음의 고뇌가 생긴다. 말씀이신 하나님과 만나고 교제하는 삶은 그리스도인이라면 습관처럼 이어가야 할 일상으로 주님과 대화하며 내 뜻과 하나님의 뜻을 분별할 때, 육신의 욕망에 이끌리는 삶에서 벗어나 영적인 삶으로 나아가는 길이 세워진다. 세상을 바라보면 무의식적으로 결여를 채우려는 욕망을 좇기 쉽지만, 주님과 동행할 때는 그분의 말씀을 묵상하며 거룩한 삶을 추구하게 되는 것이다. 처음에는 흉내 내며 살아가던 모습에서 벗어나, 있는 그대로의 자신을 마주하며 자신의 연약함과 타락한 모습을 부끄러워하고 미워하며 변화하려는 자기 자신을 경험을 하게 된다. 타락한 인간은 아무리 노력해도 답이 없고 무력한 존재라는 사실을 깨닫는 순간 그것이 인간 본연의 모습이라는 사실을 인정하게 된다. 죄의 크고 작음이 본질적인 문제가 아니다. 중요한 것은 모든 인간이 죄성을 지닌 채 살아가며, 의식하든 의식하지 않든 수많은 죄를 쌓아갈 수밖에 없는 깊이 연약한 존재라는 사실이다. 그럼에도 불구하고, 자신을 직면하게 되는 결정적 계기는 스스로의 노력이나 도덕적 각성이 아니라, 전적인 하나님의 은혜로 말미암는다.

하나님은 영원히 변함없으신 선하신 분이시며, 우리가 아직 죄인 되었을 때 이미 우리를 선택하셨고, 지금까지 우리의 삶을 신실하게 인도해 오셨다. 만일 그 은혜가 아니었다면, 우리는 어느 순간 의미 없는 무덤 속으로 사라지는 인생, 절망과 공허 속에 스러져가는 존재로 끝났을 것이다. 그러나 하나님의 은혜는 단번에 주어지고 끝나는 것이 아니라, 고뇌와 절망의 깊은 밤을 통과하며 반복적으로 우리를 찾아오시는 은혜다. 이 은혜가 회복과 성화의 여정 속에서 우리를 끊임없이 다시 일으키고, 한 걸음씩 주님께로 더 가까이 나아가게 한다. 인간은 본질적으로 허망한 존재다. 육신의 눈으로는 돈과 명예, 권력 같은 세상의 가치들을 좇으며 살아가지만, 영의 눈이 열릴 때 비로소 깨닫게 된다. 우리가 쌓아 올린 모든 것은 결국 무너질 바벨탑일 뿐이며, 진정한 가치는 하나님과의 관계 속에서만 의미를 지닌다는 사실이다. 이 허망함을 직면하는 순간이야말로, 은혜를 향한 갈망이 시작되는 지점이다. 하나님의 은혜는 무너지는 인생의 자리에서 피어나는 유일한 생명의 희망이며, 그 은혜 위에 회복과 성화의 삶은 세워진다.

율법은 인간을 절망케 하여 은혜를 갈망하게 하며, 죄를 드러내어 인간이 스스로 구원에 이를 수 없는 무력한 존재라는 것을 깨닫게 한다. 이러한 절망 속에서 복음의 필요성을 인식하고 예수 그리스도의 은혜를 간절히 구하게 된다. 고뇌하는 인간은 하나님 앞에서 자기 존재를 알기에 영적 고통과 절망 속으로 나아간다. 율법은 인간을 절망에 빠뜨리지만, 복음을 갈망하는 믿음으로 인도하는 통로이다. 율법에 비추어 묵상하는 것은 죄와 상처를 드러내고 회복으로 인도받는 과정이다. 회복의 길은 방어기제를 약화시키고 억압된 무의식의 내용을 의식화하며, 말씀의 칼로 수술받는 고통스러운 치유의 여정이다. 그리스도인의 고뇌는 평생 계속된다. 우리는 날마다 회개하고 고뇌하며 믿음의 싸움을 통해 성화의 길을 걷는다. 자신을 부인하고 하나님의 은혜를 붙드는 싸움이자 믿음의 여정이다. "복음에는 하나님의 의가 나타나서 믿음으로 믿음에 이르게 하나니 기록된바 오직 의인은 믿음으로 말미암아 살리라 함과 같으니라."(로마서 1:17)

루터는 신앙의 출발점을 '고뇌'로 보았다. 율법이 인간을 긴장시키기 때문이다. 그러나 이 길은 하나님이 의도하신 은혜의 길이며, 그 안에서 인간은 자기 의를 내려놓고 은혜를 구하며 날마다 자기중심적인 자아를 십자가에 못 박는다. 성령의 인도하심은 하나님 앞에서 깨어나는 의식화의 길로 우리를 이끈다. 자기방어가 해체되고 고뇌의 고통을 통과할 때 주어지는 광명의 빛은 바로 은혜다. 자기기만을 깨고 참자아를 찾는 시작은 실존의 고뇌에서 비롯되며, 자기 이상이 붕괴되고 해체된 자아는 재구성된다. 사울 왕이 하나님의 명령을 어기고 사무엘 앞에서 자기 죄를 고백하는 장면을 보자. "사울이 사무엘에게 이르되 내가 범죄 하였나이다 내가 여호와의 명령과 당신의 말씀을 어긴 것은 내가 백성을 두려워하여 그들의 말을 청종하였음이니이다."(사무엘상 15:24) 사울은 하나님을 경외하기보다 사람을 두려워하며 자신의 죄를 변명하며 합리화한다. 이는 회복의 기회를 놓치는 순간이다.

하나님 앞에서 진정한 고뇌는 자기 합리화나 변명으로 흐르지 않는다. 오히려 우리의 가장 깊은 내면을 마주하게 하고 하나님과의 관계를 더 깊이 이끄는 계기가 된다. 사울은 하나님의 은혜를 받을 기회가 많았음에도 불구하고 자신의 불순종을 인정하지 않고 늘 변명과 합리화로 일관했다. 은혜의 문턱에서 사울은 성장의 길을 포기했다. 반면 상상할 수 없는 고통과 절망 속에서도 욥은 고뇌의 터널을 지나며 마침내 "내가 주께 대하여 귀로 듣기만 하였사오나 이제는 눈으로 주를 뵈옵나이다."(욥기 42:5)라고 고백한다. 이는 하나님을 인격적으로 경험하고 이해하게 되었음을 의미하는 것으로 고뇌는 진정한 하나님과의 만남으로 이끄는 통로가 된 것이다. 이처럼 말씀을 묵상하며 고통의 터널을 지나는 이들에게 고뇌는 영적인 변화와 회복의 계기를 제공하여 정금같이 단련되고 하나님을 향한 신뢰가 더욱 굳건해지는 기회가 되기도 한다. 흠 없고 정직했던 욥에게 닥친 이 모든 것을 잃은 비극적인 사건은 의인이 왜 고난을 당하는가에 대한 인간의 작은 지혜로는 이해할 수 없는 하나님의 깊은 뜻이 있음을 보여 준다. 이는 단순히 죄의 결과가 아니며, 하나님의 더 큰 뜻과 섭리 안에서 겸손히 받아들여야 한다. 결국 말씀 앞에서 진지하게 묵상하며 고뇌하는 자의 진정한 자세는 바로 이 겸손과 신뢰임을 기억해야 한다.

1) 말씀 앞에 멈춘 자아

죄책감은 자기 잘못에 대한 내면의 고통으로, 자기비난과 수치심, 후회 등을 동반한다. 그러나 병리적인 죄책감은 자기를 지나치게 비난하며 자존감을 갉아먹고, 우울로 빠지게 하며 자기처벌적인 삶으로 이어지기도 한다. 하지만 죄책감은 믿음 앞에서 은혜로 소멸될 수 있다. 건강한 죄책감은 자신의 죄를 인정하고 용서받으며 은혜를 받아들여 과거에 묶이지 않고 새로운 삶을 향해 나아가게 한다. 그러나 말씀 앞에서 통합되지 않은 자아는 무거운 짐을 짊어지고 스스로 의로운 삶을 살아 보려 하면서 결국 스스로를 묶어 놓는 삶으로 빠진다. 야고보는 "이와 같이 행함이 없는 믿음은 그 자체가 죽은 것이라."(야고보서 2:17)고 했고, 바울은 "사람이 의롭다 하심을 얻는 것은 율법의 행위에 있지 아니하고 믿음으로 되는 줄 우리가 인정하노라."(로마서 3:28)고 말했다. 이 두 말씀은 이신칭의(以信稱義) 교리와 행함의 관계를 잘 보여 주는데, 우리의 믿음은 결국 행함으로 나타나며 행함으로 인도하시는 분은 하나님이시다. 아브라함은 믿음으로 의롭다 함을 받았지만(창세기 15장), 독자 이삭을 바치는 행위(창세기 22장)를 통해 그의 믿음이 드러났다. 행함은 구원의 조건은 아니지만, 구원의 열매로 나타나는 증거인 것이다.

다윗은 나단 선지자를 통해 하나님의 책망을 들었을 때, 즉시 자신의 죄를 인정하며 회개했다. 이는 하나님의 말씀 앞에서 더 이상 자신을 숨기거나 포장할 수 없었기 때문이다. "나는 내 죄과를 아오니 내 죄가 항상 내 앞에 있나이다."(시편 51:3) 다윗의 회개는 곧 자기기만에서 벗어난 은혜의 시작이었고, 하나님과의 관계를 다시 회복하는 첫걸음이었다. 이처럼 우리 영혼도 하나님의 말씀 앞에 설 때, 숨기고 외면해 왔던 내면의 죄성과 부끄러움을 드러내며 은혜를 간구해야 한다. 그러나 현실 속 우리는 종종 자신의 죄를 '나만 그런 게 아니야,

다 그런 거지'라며 합리화하고, 점차 죄에 둔감해지며 회개의 자리를 피해 자기방어 속에 머물며 하나님의 말씀을 피해 살아갈 때, 영혼은 점점 더 메말라 간다. 인간은 본질적으로 죄의 문제를 안고 살아가는 존재다. 우리는 고치고 싶은 습관들에 부딪혀 좌절하고, 마음이 혼란스러울 때도 있지만 그럼에도 불구하고, 하나님의 말씀 앞에 자신을 내려놓을 때, 자아는 점차 통합되어 가며 하나님의 뜻 안에서 다시 세워진다. 욕망으로 가득한 자아라도, 말씀 앞에서는 변화와 회복의 가능성이 열린다. 하나님 사랑에서 비롯된 통합적 사고는 우리로 하여금 진리와 은혜 사이의 균형을 이루게 하며, 자기방어와 분열된 자아를 넘어서 하나님의 형상으로 회복되어 가는 여정을 가능하게 한다.

통합적 사고란 단순히 교리를 받아들이는 차원을 넘어, 자신을 들여다보고 하나님과의 관계 안에서 자신을 통합하려는 존재적 자세로, 말씀은 자아를 진리로 이끌어 준다. 인간은 이상과 현실 사이에서 끊임없이 갈등하며 때로는 분열하지만, 성화로 나아가는 동력이 되기도 한다. 추구하는 욕망은 현실과의 괴리로 인해 분열을 초래하지만, 현실을 문제 삼기보다 그 문제를 말씀 앞에서 견디며 하나님의 뜻을 품고 나아갈 때 흔들리지 않는 자아로 살아갈 수 있다. 인간은 나약하며 구원받았어도 완전하지 않다. 말씀을 듣고 확신해도 흔들리는 자아의 갈등은 여전하다. 믿음의 소망을 품고 살아가지만 현실은 여전히 고통스럽다. 그러나 그 고통 속에서 깨닫는 것은, 고통을 허락하신 하나님의 뜻이 결국 성화를 이루는 계기가 된다는 것이다. 믿음의 여정은 고통이 은혜로 바뀌어 승리와 부활의 삶으로 나아가는 길이며, 말씀은 그 길을 걷도록 우리를 빛으로 인도한다. "주의 말씀은 내 발에 등이요 내 길에 빛이니이다."(시편 119:105) 우리의 걸음을 비추시는 하나님의 말씀은 우리 인생의 방향과 걸음의 기준이 된다. 우리의 신념과 가치관, 세계관은 말씀의 빛에 비추어질 때 비로소 바르고 온전한 자유를 얻게 된다. 하나님의 말씀이 우리의 삶의 중심이 되고, 그 말씀에 순종하며 묵상하는 삶이야말로 진정으로 복된 삶이다. 그렇기에 하나님 말씀 중심의 신앙생활은 아무리 강조해도 지나치지 않다. 하나님의 말씀은 살아 있어 우리의 마음과 생각과 뜻을 감찰하신다. 말씀은 시공간을 초월하여 지금도 역사하시며, 내면 깊은 곳의 감춰진 동기까지 드러낸다. 자기기만이나 자기합리화가 모두 드러나 자기 자신과 정직하게 맞닿게 만드는 말씀은 우리를 깨뜨리고 새롭게 하시는 생명의 칼이다. 심리학자 하인즈 코헛은 존경과 사랑, 공감이 자아를 점차 통합한다고 보았다. 하나님은 선하시고 사랑 많으시며 인내하시는 분이시다. 불순종에도 포기하지 않으시고 기다리시는 하나님의 사랑을 묵상해 보자.

하나님의 말씀은 지금 이 순간에도 살아 역사하시며, 우리 내면 깊숙이 숨겨진 감정과 동기까지도 정확히 드러내는 실체이시다. 이러한 불편한 진실을 마주하는 과정이 때로는 고통스러울 수 있지만, 말씀은 우리를 무너뜨리기 위함이 아니라, 죄의 옛 모습을 깨뜨리고 새로운 피조물로 빚어내시는 생명의 칼로 재창조를 위한 거룩한 수술로 변화를 향한 필수 과정이다. 인간의 자아가 온전함과 통합을 찾아가는 여정에 대해 심리학자 하인즈 코헛은 타인으로부터의 존경과 사랑, 공감이 중요한 요소로 작용하여 자아를 점차 통합시킨다고 보았다. 이는 인간관계 속에서 이루어지는 치유와 성장의 중요한 측면을 보여 주지만, 하나님의 말씀이 이끄는 치유와 통합은 인간적인 관계의 한계를 넘어서는 하나님의 사랑과 변함없는 본성이 우리를 재건한다. 우리의 불순종에도 불구하고 포기하지 않으시고 끝까지 기다리시며 긍휼의 손길을 놓지 않으신다. 우리의 깨어진 존재는 말씀 안에서 비로소 완전한 치유와 진정한 통합을 경험하게 될 것이다. "주의 약속은 어떤 이들이 더디다고 생각하는 것같이 더딘 것이 아니라, 오직 너희를 대하여 오래 참으사 아무도 멸망하지 아니하고 다 회개하기에 이르기를 원하시느니라."(베드로후서 3:9) 이 말씀에서 더딘 것이 아니라 하나님 자신이 변치 않으심을 깨달아야 한다. 하나님은 우리가 깨닫고 돌아오기까지 인내하시며 기다리시는 분이시다. 그 끝없는 인내 앞에 감사할 일은, 오늘도 회개하지 않고 게으름 속에서 하루를 보내는 우리를 구원하시기 위함임을 잊지 말아야 하겠다.

2) 듣고도 외면하는 저항

말씀이 들려오지만, 내면에서는 갈등과 저항이 일어나 순종보다는 자기주장을 내세우고 싶은 마음이 앞서기도 한다. 말씀을 듣는 순간, 양심을 찌르는 하나님의 진리가 마음을 건드릴 때, 본능적으로 우리는 그 찔림을 피하고 싶어진다. 마치 빛이 어둠을 비출 때 본능적으로 눈을 감아버리듯, 진리의 말씀이 자아를 꿰뚫을 때 우리는 회피하거나 합리화하며 자신을 방어한다. 그 순간, 순종은 고통스러운 자기부정처럼 느껴지고, 자기주장은 자아를 지키는 마지막 울타리처럼 여겨진다. 그러나 바로 그 내면의 저항을 직면하고 넘어서야, 진정한 변화와 회복의 문이 열린다. 심리학에서 방어기제는 무너져야 건강한 자아로 자유롭게 살아갈 수 있지만, 때가 되지 않은 방어기제를 허무는 일은 그리 쉽지만은 않다. 그 과정에는 저항이 따르기 때문이다. 마찬가지로 하나님의 말씀이 들려올 때 자신의 모습을 있는 그대로 주님 앞에 내려놓고 자기를 인정하며 은혜를 구하면 된다지만 때로는 성장을 위해 필요한 말씀을 피하기도 한다. 이는 영적 성장을 위한 준비가 덜 된 상태임을 의미한다. 말씀은 죄를 직면하게 하고 변화를 요구하며 결단을 촉구하지만 자아는 본능적으로 그 고통을 감당하기 꺼려한다. 그래서 합리화, 부정, 투사를 하며, 말씀의 은혜를 받아들이지 못하고 뱉어낸다. 자신을 위한 말씀을 다른 사람에게 떠넘기며 은혜로 받지 못하는 신앙생활을 하는 이들이 많다. 말씀은 살아 있고, 살아 있는 그 말씀은 우리의 심령을 수술하여 회복의 길로 인도하지만 말씀을 거부하며 나를 향한 하나님의 인내의 시간만 더 길어질 뿐이다.

요나는 하나님의 말씀을 듣고도 외면하며 다시스로 도망을 간다. "여호와의 말씀이 아밋대의 아들 요나에게 임하여 이르시되 너는 일어나 저 큰 성읍 니느웨로 가서 그것을 향하여 외치라."(요나 1:1-2) 요나는 하나님의 음성을 분명히 들었으나 순종하지 않고 거부했다. 니느웨가 회개하면 하나님의 긍휼이 임할 것을 알면서도 불순종하며 물고기 뱃속으로 들어가는 고통을 겪는다. 말씀을 회피하는 것은 진리를 향한 두려움이다. 그러나 성령은 거절당해도 다시 마음의 문을 두드리며 역사하신다. 회피하는 자아를 향해 하나님은 포기하지 않으시고 인내하며 순종할 때를 기다리신다. 자기중심적 자아의 해체는 하나님 뜻에 순종하는 길로 나아가지만, 자기를 포기하지 못하는 자아는 자기 생각대로 판단하며 자기 뜻에만 순종한다. 그러므로 왜곡된 자기를 보지 못하는 어리석음으로 나아가게 된다. 예수님은 이사야 선지자의 예언을 인용하여 말씀을 듣고도 외면하고 깨닫지 못하는 자들의 영적 상태를 말씀하셨다. 사람들의 마음이 완악해져서 "너희가 듣기는 들어도 깨닫지 못할 것이요, 보기는 보아도 알지 못하리라."(마태복음 13:14)는 것이다.

말씀을 듣고도 순종하지 못하는 것은 심리적 저항이다. 프로이트는 분석과정에서 '저항 없는 변화는 없다'고 했다. 요나는 하나님의 뜻을 알면서도 자기 생각을 내려놓지 못하고 도망쳤다. 우리의 삶도 요나처럼 말씀에 순종하지 않고 합리화하고 저항하며 자기중심적인 생각을 따른다. 그러나 그러한 내면을 의식화하고 마주하는 것이 성숙의 시작이다. 여호와의 얼굴을 피하려는 거부는 말씀에 순종하는 것이 아니라 도망가는 것을 선택하는 것으로 이는 하나님과 점점 멀어지게 되는 것이다. 그렇게 되면 자아는 더욱더 자기중심적으로 흐르고, 내면은 공허해지며 죄책감과 무력감에 시달리게 된다. 하나님과의 관계가 멀어지면 자기고립은 심화되고 회복의 길은 점점 멀어진다. 그러나 외면하는 자아를 향해 하나님은 인내하시며 문밖에서 여전히 두드리신다. "볼지어다 내가 문밖에 서서 두드리노니 누구든지 내 음성을 듣고 문을 열면 내가 그에게로 들어가 그와 더불어 먹고 그는 나와 더불어 먹으리라."(요한계시록 3:20) 스스로 부족함이 없다고 여기는 심령의 문을 열고 들어오시는 것이 아니라, 두드리시며 자아의 순종을 기다리시는 하나님의 사랑은 자기중심성에서 벗어나 하나님과의 교제를 통한 회복으로 인도한다.

말씀을 듣고도 회피하는 자아를 기다리며, 성령께서는 오늘도 말씀하신다. 듣고도 보고도 외면하는 것은 아직 마주할 힘이 부족함을 의미하며, 하나님은 때를 기다리신다. 순종과 불순종 사이의 내적 갈등은 성령과 함께할 때 회복의 길로 열리며, 떨어져 멀어지는 것이 아니라 함께 있으면서 불편함을 견디는 고통을 감당할 용기를 얻게 한다. 멀리 가는 편안함은 결국 더 늦은 순종과 회복으로 이어질 뿐이다. 하나님은 지금도 우리와 함께하시니 그 말씀에 귀 기울여야 한다. 베드로는 세 번이나 주를 부인하고 도망쳤지만, 예수님은 "요한의 아들 시몬아, 네가 이 사람들보다 나를 더 사랑하느냐?"(요한복음 21장)고 물으셨다. 베드로는 "주님, 그러하나이다. 내가 주님을 사랑하는 줄 주께서 아시나이다"라고 대답했다. 3년간 예수님을 따르며 말씀을 들었지만, 베드로의 자기중심적 자아는 예수님의 참된 존재를 충분히 알지 못했다. 베드로의 회피와 수치심, 죄책감은 용서받고, 회복으로 나아가는 사명이 되었다. 그 후 베드로는 진정한 하나님의 사랑을 전하는 자로서 십자가에서 거꾸로 순교하기까지 생명의 힘을 받아 순종의 길을 걸었다. 그 모든 과정에서 성령님의 인도하심이 역사했다.

3) 순종을 피하려는 욕망

인생은 매 순간 의식적이든 무의식적이든 선택하며 살아간다. 그 선택이 곧 그 사람 자체다. 순종할 것인가, 불순종할 것인가? 사랑할 것인가, 미워할 것인가? 하나님은 우리에게 자유의지를 주셨고, 자신의 삶을 주체적으로 살아가기 위해서는 선택에 따른 책임도 스스로 져야 한다. 무의식적 선택이라 해도 그것은 내면의 욕망이 반영된 결과이므로 결국 자기 선택이다. 같은 강의를 듣고도 사람마다 다르게 느끼고 말하는 이유는 서로 다른 과거 경험과 내면의 욕망 때문이라 할 수 있다. 사람들은 자기가 듣고 싶은 것만 듣고, 보고 싶은 것만 보려한다. 그래서 자기 결정 속에는 감출 수 없는 무의식이 드러난다. 명료하게 의식화된 선택은 혼란이나 갈등이 없지만, 왜곡된 주체의 생각은 혼돈 속에서 결정과 선택을 어렵게 한다. 삶은 크고 작은 선택의 연속이다. 아침부터 저녁까지 일어나는 모든 일들이 선택으로 이루어지고, 이 선택들이 우리의 인격을 반영한다. 선택의 자유가 많아지면서 혼란도 커졌다. 내 생각인지, 하나님 음성인지, 사단의 속삭임인지 분별하기 어렵다.

바울은 하나님이 주시는 평강을 기준으로 삼았다. 죄를 향한 결정에는 평안이 없다. 그리스도의 평강이 우리의 선택을 인도할 때 후회 없는 삶을 살 수 있다. "여호와를 경외하는 것이 지식의 근본이거늘 미련한 자는 지혜와 훈계를 멸시하느니라."(잠언 1:7) 여호와를 경외함이 지식의 근본이라는 말씀처럼 하나님의 말씀을 따라 살아가면 우리의 계획보다 더 크고 깊은 뜻으로 인도받게 된다. 프로이트의 정신구조 이론에서 초자아, 자아, 원초아는 각각 본능적 욕망과 도덕적 규범, 현실적 판단을 뜻한다. 원초아는 '지금 당장 하고 싶다'고 하고, 초자아는 '그건 옳지 않아'라며 규제한다. 자아는 그 사이에서 '조금 기다려 보자'라며 조절한다. 이처럼 세 목소리가 공존하며 우리를 선택하게 한다. 때때로 이런 내적 갈등으로 인해 분열된 자아는 일관되지 않은 선택을 하며 혼란스러워한다. 하지만 건강하고 긍정적인 해석과 말씀으로 나아가야 한다. "권고를 듣고 훈계를 받아들여라 그리하면 네가 필경은 지혜롭게 되리라."(잠언 19:20) 우리 계획은 많지만 결국 그 뜻을 인도하시는 분은 하나님이시다. 초자아의 비판적인 목소리가 '하나님은 너를 사랑하지 않아'라고 말할 때, 말씀은 '아니야, 나는 사랑받는 자녀야'라고 응답한다. 복음은 혼돈에서 회복으로 나아가는 길을 열어 준다. 하나님은 우리를 통해 자신의 뜻을 이루신다. 세미하게 들려오는 하나님의 인도하심에 귀 기울이고 순종하는 삶은 혼란 속에서도 길을 열어 간다.

인간은 종종 과거의 상처와 결핍 속에서 살아간다. 그 기억은 현재의 상황을 왜곡하게 만들고, 혼돈을 인식하지 못한 채 에너지를 낭비하게 한다. 자신이 어떤 마음으로, 어떤 동기로 선택을 하고 있는지도 모른 채, 불안과 두려움, 왜곡된 욕망에 이끌려 중요한 결정을 내리곤 하는데, 우리가 먼저 해야 할 일은 완벽하지 않은 자신의 모습을 솔직하게 인정하는 것이다. 그리고 동시에, 완전하신 하나님의 음성에 귀 기울이고, 그분의 도우심을 겸손히 구할 때, 비로소 혼돈 가운데서도 바른 선택을 할 수 있는 지혜가 열리기 시작한다. 결정의 순간마다 우리는 자문해야 한다. "예수님이라면 이 상황을 어떻게 하셨을까?" 이 물음은 우리의 좁은 자아의 시점에서 벗어나게 하며, 그분의 성품과 말씀의 기준 안에서 더 분별력 있는 판단을 할 수 있도록 인도한다. 하나님의 뜻을 구하며 묻는 자는, 실수 없는 선택에 한 걸음 더 가까워질 수 있다. 삶 중심에 말씀이 놓여 있다면, 우리는 어떠한 혼돈 속에서도 쉽게 흔들리지 않는다. 문제는 우리가 말씀을 몰라서가 아니라, 알고 있음에도 불구하고 자주 속고, 쉽게 무너진다는 데 있다. 그것은 우리 안의 왜곡된 욕망이 말씀보다 앞서 있기 때문이다. 자아의 고집과 욕망은 하나님의 뜻을 가장한 채 그럴듯한 명분을 내세우고, 결정 후에야 그것이 잘못된 길이었음을 뒤늦게 깨닫게 되는 경우가 많다.

하나님의 음성은 혼란스럽지 않다. 그분의 인도하심은 언제나 기준이 분명하고, 말씀에 부합하며, 마음에 평강을 준다. 우리가 그 음성을 들으면서도 순종하지 못하는 자신을 마주할 용기가 부족한 분이다. 바울은 "그리스도의 평강이 너희 마음을 주장하게 하라."(골로새서 3:15) 그리스도의 평강이 우리 안에서 선택의 기준이 될 때, 욕망이 아닌 진리가 중심이 된 분별력 있는 삶을 살아갈 수 있다. 참된 평강은 순종의 결단 속에서 온다는 사실을 잊지 말아야 한다. 자기 욕망과 하나님의 뜻을 분별하기 위해 말씀에 귀 기울이는 주님과의 교통은 빛으로 나아가는 삶이다. 다만 초자아가 강한 사람들은 하나님 음성 대신 자기비판과 정죄의 목소리를 들을 수 있으나, 하나님은 사랑과 자비로 우리를 기다리시는 선하신 분이시다. 하나님은 사랑이시면서 동시에 공의로우시다. 징벌은 벌을 주기 위함이 아니라 관계 회복을 위한 사랑이시다. 예수님이 희생하셨듯, 우리를 회복과 새 질서로 이끄시는 선한 하나님의 자비 안에서 책임감 있는 건강한 자아를 회복해야 한다. 왜곡된 하나님의 이미지는 자기 내면의 왜곡이며 혼란의 원인이지만, 하나님은 혼돈에서 질서로 나아가도록 우리를 회복시키시고 성화의 길로 인도하신다.

4) 고뇌로 열린 자아의식

고뇌(苦惱)가 왜 자아를 깨우는가? 고뇌는 깨어 있는 자만이 겪을 수 있는 경험이기 때문이다. 자신을 묻고 답하는 습관은 인간으로서 성숙한 삶의 중요한 자세이며, 열린 자아의식을 갖고 살아가는 지혜자의 길로 인도한다. 고뇌를 통해 익숙한 자아의 틀을 깨뜨리기 때문이다. 평안할 때의 자아는 습관적으로 무의식에 의해 살아가지만, 고뇌는 그 익숙함과 직면하게 하여 자신이 붙잡고 있던 거짓된 자아의 허상을 무너뜨리고 진실을 마주하게 한다. 고뇌로 열린 자아는 혼돈과 공허를 지나 어둠 속에서 빛을 보는 의식화의 과정이다. 말씀 앞에서 듣고도 외면했던 자아, 즉 순종을 피하고 싶었던 자아가 이제는 자기기만에서 깨어난다. 고뇌를 통해 우리는 하나님의 형상으로 다시 지어지는 중이다. 회복으로 가는 성화의 길을 누구나 원하지만, 고뇌는 본능적으로 피하고 싶어 한다. 영광은 받고 싶어도 고난은 피하려 하는 것이 인간 본성이다. 그러나 성경의 많은 인물들은 원치 않는 고통을 겪으며 하나님을 만나고, 하나님의 뜻을 이루며 나아갔다.

모세는 애굽 사람을 죽이고 광야로 도망쳐 40년간 고뇌하는 시간을 보냈고, 욥은 고통을 통해 귀로만 듣던 하나님을 눈으로 보는 고백을 했다. 다윗은 밧세바 사건으로 인해 고뇌하며 시편 51편을 썼고, 베드로는 고뇌 중 닭 울음소리에 통곡했다. 고뇌는 새로움을 향한 출발이며, 혼돈 속에서 새로운 길이 열린다. 고뇌는 영혼이 무너지는 것이 아니라, 하나님 앞에서 새 자아로 나아가는 진통의 시간이다. 자기중심적 자아는 이제 내 고통에만 머무르지 않고, 다른 이의 고통도 외면하지 않고 함께 울 줄 아는 성숙한 자아로 성장한다. 자기기만은 말씀 앞에서 깨어진다. 자신만 옳다고 정당화하던 생각과 행동이 무너지고, 자기 자신을 바로 보게 된다. 코헛은 진정한 자기회복은 고통을 직면한 후에 가능하다고 했다. 고뇌는 자아가 깊은 진리를 통합하기 위한 진통이며, 고뇌의 터널을 통과한 자에게는 열린 자아의식이 찾아와 모든 것이 새롭게 보인다.

피조물 전체의 타락과 허무가 인간 개인만의 문제가 아님을 바울은 깨달았다. 죄의 파급력은 우주 전체의 회복과 연결되어 있다. 고뇌를 통해 성숙해 가는 자는 자신뿐 아니라 타인의 고통과 상처에 공감하는 폭넓은 이해를 갖게 된다. "피조물이 다 이제까지 함께 탄식하며 함께 고통을 겪고 있는 것을 우리가 아느니라."(로마서 8:22) 이는 모든 피조물이 함께 이 고통을 겪는 연대적 의미를 담고 있다. 다른 사람의 고통을 함께 짊어지고 나아가며, 온 우주가 죄의 결과로 고통 속에 있음을 말한다. 고통 없는 새 생명은 없듯, 새로운 자아도 고통을 통과할 때 비로소 빛을 보게 된다. 신앙의 여정은 결국 고통을 충분히 겪어야 비로소 더 넓은 마음으로 나아간다. 고통으로 커진 마음은 대상들을 이해하고, 하나님의 시선을 의식하며, 그 시선에 동참하는 은혜의 통로가 된다.

성화의 여정에서 고뇌는 내면 성장의 위치에 따라 다르게 나타난다. 어린아이는 그 나이에 맞는 생각을 하고, 어른은 어른으로서의 각기 다른 생각을 한다. 혼돈에 갇힌 고뇌는 자기 문제를 푸는 데 급급하지만, 자기 인생을 돌아보며 무엇을 의지하고 살아왔는지 자각한다면 은혜는 시작된다. '나는 누구인가'라는 자아해체는 다시 세워지는 자아의 출발점이다. 고뇌는 자기 자신을 바라보며 새로운 삶으로의 결단을 돕는다. 하나님의 사랑은 잠자는 자아를 깨우고, 빛으로 인도한다. 성공을 위해 애쓰고 힘쓰는 인생도 훌륭하지만, 잘못된 길목에 와서 돌아가야 한다면 그것이 얼마나 후회스러운 일인가? 잘못든 길은 빨리 되돌아가는 것이 최선이다. 고뇌는 인생이 답을 빨리 찾도록 돕는 최고의 도구다. 기도와 묵상, 자기 생각과 말과 행동을 돌아보며 주님께 묻는 동행의 습관은 후회 없는 인생길로 인도한다. 물론 인생은 반복되는 후회를 통해 성장한다. 들어도 듣지 못하고 보고도 보지 못하는 자아는 고뇌하는 자아를 통해 답을 찾고 자유와 해방감을 경험한다.

엠마오로 가던 두 제자는 예수님을 알아보지 못했다. 그들의 생각이 자기 문제로 가득했기 때문이다. "우리는 이 사람이 이스라엘을 속량한 자라고 바랐노라."(누가복음 24:21) 그들은 로마의 압제로부터 구원할 메시아를 기대했으나, 십자가의 죽음을 실패로 여기고 예루살렘을 떠나 엠마오로 가고 있었다. 예수님은 모세와 선지자의 글을 풀어 설명하시며 그들의 기대가 잘못되었음을 깨닫게 하셨다. 십자가의 고난은 부활을 통해 참된 구원이 완성된다는 새로운 관점으로 초대하셨다. "그들과 함께 떡을 떼실 때 그들의 눈이 밝아져 그 인줄 알아보더니 예수는 그들에게 보이지 아니하시더라."(누가복음 24:30-31) 우리도 자기 문제에 갇혀 예수님을 보지 못할 때가 많다. 하지만 하나님의 더 큰 그림은 우리의 좁은 생각을 초월한다. 우리는 순종으로 그 길을 따라갈 때, 후회 없는 삶으로 인도받는다. 눈이 가려졌던 우리의 영적 눈이 열리고, 예수님의 말씀을 깨닫는 은혜가 임한다.

4. 의식화의 마음 변화

의식화(conscientization)란 자신의 내면을 성찰하며 깨어나는 마음의 변화를 의미한다. 성화의 삶에 있어서 의식화는 단순한 선택이 아니라 기본적인 생활 습관이 되어야 한다. 고뇌 없는 변화는 없다. 마음과 생각, 감정과 행동은 서로 얽혀 하나의 삶을 이루게 되는 것으로 변화되기를 원한다면, 반복되는 패턴을 성찰하고 해석하여 그것을 끊어내야 한다. 반복되는 생각의 틀을 깨고 새로운 인식으로 나아갈 때, 왜곡된 사고의 구조는 해체되고, 새로운 삶의 구조가 만들어진다. 뇌 과학은 이를 뒷받침하는데 무엇을 반복해서 생각하느냐에 따라 신경회로가 재구성되기 때문이다. 뇌는 끊임없이 미래를 예측하며, 내가 어떤 결과를 기대하느냐에 따라 그에 맞는 감정과 행동을 준비한다. 생각, 감정, 행동은 순환구조를 이루며, 긍정적 방향의 선순환 구조를 만들어갈 때 실제 삶의 안정과 부요함이 따라오게 된다. 하나님은 언제나 우리와 함께하신다. 말씀 묵상과 믿음의 고백은 뇌 안에서 실제적인 변화를 일으킨다. 믿음으로 새겨진 신경회로는 심리정서적 안정감을 형성한다. 신앙 안에서 감정이 주도하는 삶을 벗어나, 말씀과 성령을 통해 믿음이 감정을 이끄는 삶으로 전환된다. 하나님의 말씀이 정서 반응을 새롭게 재구성하는 것이다. 진리의 말씀이 마음에 임할 때, 왜곡된 자아의 틀은 깨어지고 새로운 사고의 구조가 형성된다. 새로운 선택은 삶의 방향을 재설정하게 하며, 그로 인해 인생길이 새롭게 열려지는 것이다. 생각은 삶을 이끌어 간다. 그렇기 때문에 평소 자신의 말과 감정, 행동이 부정적이라면, 하나님의 사랑으로 자신을 다시 회복시키는 것이 새로운 현실을 여는 출발점이 된다.

'나는 할 수 있다'는 믿음은 곧 되는 현실이 되지만, 반면 '나는 안 된다'라는 생각은 안 되는 실패를 자초하게 되는 것이다. '주님이 함께하시면 나는 할 수 있다'는 믿음은 능력의 출발이다. 영적 성장으로 나아가기 위한 의식화는, 우리의 감정과 사고, 행동을 변화시키는 거울이 되어야 한다. 우리는 이 거울로 자신을 비추며, 부정을 긍정으로, 절망을 소망으로 전환하는 길에 들어선다. 성령은 우리를 깨닫게 하시며, 자기 존재를 하나님의 진리 안에서 새롭게 인식하도록 이끄신다. 의식화는 자기 자신을 정직하게 마주하는 영적 성찰의 과정이다. 타인이나 환경을 탓하는 반복적 반응은 결국 무기력과 자기 파괴적인 부정성으로 이어지고, 부정적인 자기 습관을 더욱 강화시킨다. 이제 우리는 자신을 자각하고, 감정을 억누르기보다 정직하게 수용하는 법을 배워야 한다. 분노, 슬픔, 수치심, 죄책감과 같은 다양한 감정을 하나님 앞에 내어놓고 직면해 보는 시간은 의식화의 중요한 과정이다. 고뇌 가운데 감정을 느끼고, 그 감정이 어디에서 비롯되었는지를 묻는 순간, 자아는 깨어난다. 남의 말을 잘 듣지 않는 자신을 의식한다면 그 안에는 어린 시절 부모의 권위를 거부하고자 하는 무의식적 분노가 숨어 있을 수 있으며, 자신이 모든 것을 다 잘못했다는 고백 뒤에는 대상이 떠날 것 같은 두려움이 있다. '다 내 잘못이다, 나 때문에 이렇게 된 거야'라는 고백 속에는 끊임없이 자기를 정죄하는 자아가 자리 잡고 있다. 죄책감이 크면 자아를 갉아먹는 공허만 남겨질 뿐이다. 쓸데없는 부정적인 생각들을 이제 다 내려놓고 하나님은 나를 정죄하지 않으시고 용서하셨다는 복음 앞으로 나아가자. "그러므로 이제 그리스도 예수 안에 있는 자에게는 결코 정죄함이 없나니"(로마서 8:1)

　생각은 우리를 끌고 다닌다. 그래서 우리는 늘 생명의 말씀과 함께하며 주님과 동행할 때 복음 앞에서 자기 정죄와 판단은 무너지고 은혜로 구원받은 자신을 긍휼히 여기시는 주님의 마음이 자기 정죄를 무너뜨리고 자유로 갈 수 있게 되는 것이다. 이제 우리는 어떤 생각을 하며 살아가야 할지 분명해진다. 의식화된 깨달음은 고뇌를 동반하지만, 그 고뇌는 결국 행동으로 이어져야 한다. 그러기 위해 우리는 성령의 은혜를 의지해야 한다. 성령은 전 과정에 개입하시며, 우리를 하나님의 형상으로 회복시키신다. 정결하고 거룩한 삶이 어렵다고 두려워할 필요는 없다. 우리의 연약함을 아시는 성령께서, 끊임없이 우리를 이끄시고 동행하시기 때문이다. 그분은 우리 안의 숨겨진 상처까지 비추시며, 회피 대신 직면의 길로, 자기합리화 대신 회개의 자리로, 우리를 이끌어 가신다. 이것이 바로 회복의 시작이며, 성화의 여정이다. 조나단 에드워즈(Jonathan Edwards)에 따르면, 참된 신앙은 거룩한 감정 안에 있으며 지성, 감정, 의지 모두가 하나님께 감동 받고 변화될 때 진정한 신앙이 나타난다고 말한다. 영적 깨달음은 하나님의 거룩하심에 대한 전인격적 반응이며, 지성과 감정, 의지가 하나님 앞에 굴복하고 변화되는 사건이다. 신앙은 반드시 전인격적 변화를 포함해야 한다. 성령의 인도하심은 단지 관념이 아닌, 실제로 삶을 변화시키는 힘이다. 전적으로 타락한 인간은 하나님의 주권적 은혜 없이는 구원에 이를 수 없고, 참된 변화 또한 기대할 수 없다. 오직 하나님의 은혜만이 우리를 구원과 거룩으로 이끄신다. 그러므로 우리는 자신의 마음을 정직하게 들여다보고, 그 안의 혼란과 쓰레기를 하나님 앞에 내어놓아야 한다. 고뇌의 기도 속에서 은혜를 구하는 이 여정은 곧 성화와 회복의 길이 된다. 하나님은 자신의 백성을 구원하시기 위해 언제나 함께하시며, 말씀을 통해, 환경을 통해 끊임없이 말씀하신다. 걱정하거나 포기하지 말자. 하나님은 어둠 속에서 빛을 비추시고, 우리를 하나님의 형상으로 회복시키시는 분이시다.

1) 빛을 통해 드러난 자아

어둠 속 무의식은 빛이 들어오는 그 순간부터 비로소 깨어나기 시작한다. 어두운 방에 불이 켜지면 거울 속 자신의 모습이 드러나듯, 말씀의 빛이 우리 내면을 비출 때 자아는 자기 상태를 자각하게 되고, 변화로 가는 성화의 여정은 그 자리에서부터 시작된다. 이는 단지 새로운 정보를 알게 되는 차원이 아니라, 이전에는 알 수 없었던 자기 존재의 실상과 마주하는 깊은 내적 경험이다. 성령의 조명과 진리의 말씀이 내면 깊은 곳까지 스며들 때, 우리는 단지 생각의 차원을 넘어 각성을 경험하게 된다. 이 각성의 경험은 성화의 여정에서 가장 중요한 첫걸음이다. 성경에서 빛은 하나님의 임재이자, 살아 있는 말씀이며, 성령의 역사를 상징한다. 빛이 비추기 전까지 사람은 자신의 상태를 보지 못한다. 그러나 혼돈과 갈등으로 뒤엉킨 삶 속에서 말씀이라는 빛이 들어와 자각의 순간을 맞이할 때, 우리는 그동안 자신을 방어하며 부인해 온 진실과 마주한다. '내가 이런 사람이었구나.' '이게 나였구나.' 이러한 인식은 성령의 조명을 통해 내면이 흔들리는 시작점이며, 하나님의 은혜 없이는 살 수 없다는 고백으로 나아가게 한다.

그 자각의 순간에 우리는 욕망과 불안, 분노, 허무 등 내면을 사로잡고 있던 감정들을 새롭게 인식하게 된다. 이 감정들은 억압되거나 무시되던 감정이 아니라, 오히려 나 자신을 파괴하는 것도 알아차리지 못했던 무의식의 그림자들이다. 그것은 단순한 자기 인식을 넘어, 때로는 자신을 향한 깊은 자괴감으로 이어진다. '나는 괜찮은 사람이라 생각했지만, 사실은 인정에 목말라 살아왔구나.'라는 통찰은 자기기만의 껍질을 깨는 고통스러운 경험이다. 우리는 종종 스스로 인식하는 '나'보다 훨씬 더 복잡하고 모순된, 무의식에 감춰진 또 다른 '나'를 안고 살아간다. 바울은 인간의 본성을 이렇게 진단한다. "기록된 바 의인은 없나니 하나도 없으며 깨닫는 자도 없고 하나님을 찾는 자도 없으며 다 치우쳐 함께 무익하게 되고 선을 행하는 자는 없나니 하나도 없도다."(로마서 3:10-12) 이는 인간 스스로는 결코 의로울 수 없으며, 참된 의식과 구원은 오직 예수 그리스도를 통한 은혜의 길밖에 없다는 선언이다. 바울 자신도 빛 앞에서 자기 실상을 직면했던 자로 "미쁘다 모든 사람이 받을 만한 이 말이여 그리스도 예수께서 죄인을 구원하시려고 세상에 임하셨도다 죄인 중에 내가 괴수니라."(디모데전서 1:15)라는 고백은 자기 부정의 자리에서 이루어진 회심의 열매였다.

"심령이 가난한 자는 복이 있나니 천국이 그들의 것임이요"(마태복음 5:3) 가난한 심령은 자기 의를 부정하고 하나님의 은혜에 의지하는 마음이다. 진정한 회복은 자기 수습이나 자기 개선이 아니라, 하나님의 전적인 은혜에 항복하는 데서 시작된다. 통회하는 자의 눈물은 자기애적 자아를 무너뜨리고, 은혜의 바닥에서 진정한 소망을 발견하게 한다. 엠마오로 향하던 두 제자도 부활하신 예수님의 말씀을 들은 후, "그들이 서로 말하되 길에서 우리에게 말씀하시고 우리에게 성경을 풀어 주실 때에 우리 속에서 마음이 뜨겁지 아니하더냐 하고"(누가복음 24:32)고 고백했다. 그 뜨거움은 단순한 감정이 아닌, 말씀을 통한 심령의 깨달음이요 각성이었다. 말씀이 그들의 내면을 뚫고 들어가 흔들었고, 회심의 시작점이 되었던 것이다. "주의 말씀은 내 발에 등이요 내 길에 빛이니이다."(시편 119:105) 하나님의 말씀은 우리가 지금 어디에 서 있는지를 깨닫게 하고, 다음 걸음을 어떻게 내디뎌야 할지를 비추어 주는 빛이다. 방향을 잃고 욕망을 좇던 인생 속에 말씀이 비춰질때, 우리는 더 이상 과거의 방향을 고집하지 않고 돌이키게 된다. 내면이 뜨거워진 두 제자는 곧바로 방향을 전환해 예루살렘으로 돌아간다(누가복음 24:33). 이 회심의 방향 전환은 진정한 회복의 표징이다.

회심은 단지 감정적 각성이나 신앙의 열심이 아니라, 자기 삶의 중심축이 바뀌는 전환점이다. 자기중심적인 자아는 늘 자기보호와 회피의 전략을 택하지만, 주님을 만난 자아는 삶의 방향이 바뀌는 전환을 경험한다. "잠자는 자여 깨어라, 죽은 자들 가운데서 일어나라, 그리스도께서 너희에게 비추시리라."(에베소서 5:14) 빛 되신 그리스도는 영적으로 무기력하고 무감각한 영혼을 흔들어 깨우신다. 죄로 인해 어둠 속에 허우적거리는 인생에게 빛은 단순한 위로가 아니라 생명의 능력이다. 이 빛은 죽음에서 생명으로 인도하며, 자기기만에 갇혀 있던 자아를 끌어내 다시 걷게 하는 힘이다. 그러나 이 깨달음의 자각은 누구에게나 주어지는 것이 아니다. 진정한 자각은 고뇌하고, 묵상하고, 내면의 어둠 속에서 씨름한 자에게 찾아온다. 그 영혼에게 어느 날 갑자기 말씀이 들리기 시작하고, 그 말씀 속에서 사랑으로 함께하시는 주님의 임재가 느껴지기 시작한다. 말씀은 가슴을 찌르고, 마음을 흔든다. 그날이 바로 회복의 시작점이다. 그분을 만나는 그 순간, 주님과의 동행은 모든 것을 가득 채운다. 부족함 없이 살아갈 수 있는 삶이란, 모든 조건이 다 갖춰져 있기 때문이 아니라, 그분이 내 안에 함께 계시기 때문이다. 생명수 되시는 주님의 말씀은 결코 마르지 않기에, 세상의 헛된 욕망에 갈증을 느끼던 심령도 이제는 더 이상 목마르지 않게 된다. 회복은 빛을 '보는 것'으로 시작하지만, 결국 그 빛을 '따라 걷는 것'으로 완성된다.

2) 자아의 붕괴와 해체

프로이트는 자아의 방어기제가 무너질 때 불안이 폭발적으로 증폭되어 자아 붕괴가 일어난다고 보았다. 그는 자아가 외부의 위협과 내면의 갈등을 조절하는 기능을 담당하지만, 그 한계를 넘는 불안 앞에서는 방어기제가 작동 불가능한 상태에 빠지며 자아 전체가 무너지는 경험을 하게 된다고 설명한다. 융은 인간이 사회적 적응을 위해 사용하는 가면인 페르조나(persona)가 붕괴될 때 비로소 진정한 자기(Self)를 향한 여정이 시작된다고 보았다. 자아가 더 이상 통합된 정체성을 유지하지 못하고 해체된다는 것은, 외부 세계에 적응하기 위해 구축한 가면과 자기 이미지가 실존적 위기나 내면의 고통을 통해 무너지는 깊은 내적 경험을 의미한다. 이러한 해체의 순간은 인간에게 있어 치명적으로 느껴질 수 있지만, 동시에 참된 자기를 만나는 새로운 문을 여는 계기가 된다. 억압된 감정과 기억은 방어기제를 통해 무의식 속에 가두어져 있지만, 그것이 터져 나올 때 우리는 더 이상 외면할 수 없는 진짜 '나', 즉 그동안 가려져 있던 실존과 마주하게 된다. 자아의 해체는 단지 위기 극복의 과정이 아니라, 왜곡된 정체성을 내려놓고 성숙한 자아로 나아가기 위한 존재론적 전환의 통과의례다. 지금까지 자신을 지탱해 온 자아의 성벽이 무너지는 이 과정은 단순한 심리적 변화가 아니라, 삶 전체의 기반이 흔들리는 총체적 해체의 순간인 것이다.

회복의 여정은 무너짐 없이는 시작되지 않는다. 처절하게 무너지는 참회의 자리에 이르러서야 비로소 방어기제와 가면은 벗겨지고, 자기 민낯이 드러나기 시작한다. 바울은 에베소서에서 "너희는 유혹의 욕심을 따라 썩어져 가는 구습을 따르는 옛사람을 벗어 버리고"(에베소서 4:22)라고 권면한다. 이는 과거의 죄성과 왜곡된 욕망, 자기중심적 삶의 패턴에서 벗어나 새로운 존재로 전환되어야 함을 의미한다. 자기 의에 기초한 자아는 하나님의 진리 앞에서 철저히 무너져야 하며, 회개는 바로 그 자아가 해체되는 거룩한 시간이다. 바울은 자신의 삶을 통해 이 자아 해체의 본질을 드러낸다. "내가 그리스도와 함께 십자가에 못 박혔나니 그런즉 이제는 내가 사는 것이 아니요, 오직 내 안에 그리스도께서 사시는 것이라."(갈라디아서 2:20) 이는 단순한 윤리적 개선이 아니라, 자기중심을 십자가에 못 박고 예수 그리스도의 생명으로 다시 태어나는 존재론적 전환이며, 그리스도와의 인격적 연합 속에서 이루어지는 정체성의 근본적인 변화인 것이다. 성화는 바로 이 자기 해체를 넘어 새로운 생명으로 나아가는 여정이며, 자아 중심의 삶이 끝나고 그리스도께서 내 삶의 주체가 되시는 삶의 출발점이다. 이러한 자아의 붕괴와 재구성은 인간의 의지만으로 가능한 일이 아니다. 성령의 개입 없이 자아 구조는 결코 스스로 무너지지 않는다.

성령은 인간 안에 뿌리박힌 자기 의를 깨뜨리며, 스스로를 방어하고 지키려는 자아의 요새를 하나님의 진리로 흔드신다. 억눌린 감정과 진실이 말씀을 통해 의식의 표면으로 떠오를 때, 우리는 내면 깊은 곳에서 진동하는 뜨거움을 경험한다. "그들이 서로 말하되 길에서 우리에게 말씀하시고 우리에게 성경을 풀어 주실 때에 우리 속에서 마음이 뜨겁지 아니하더냐 하고"(누가복음 24:32) 마음을 흔들어 눈물로 고백하는 진리의 통로인 회개는 단순한 도덕적 반성이 아니라, 자아의 붕괴를 통해 이루어지는 하나님 개입의 순간이며, 자아는 무너짐 속에 시작되는 회복의 시작점이 되는 것이다. 사울은 다메섹 도상에서의 자아 붕괴를 통하여 바울로 거듭난다. 그 이후 그는 "형제들아 내가 그리스도 예수 우리 주 안에서 가진 바 너희에 대한 나의 자랑을 두고 단언하노니 나는 날마다 죽노라."(고린도전서 15:31)며 그는 매일 죽고 다시 사는 삶을 살아갔다. 야곱은 자기 꾀와 자기 힘으로 살던 자아가 무너진 밤, 하나님과의 씨름을 통해 '이스라엘'이라는 새로운 이름을 얻게 되었고, 애굽의 왕자였던 모세는 광야에서의 긴 해체 과정을 통해 이스라엘의 구원자로 다시 태어났다. 이들의 공통점은 자아 붕괴로 하나님께서 주신 정체성과 사명을 온전히 감당할 수 없었다는 것이다.

사람은 누구나 자기 의에 기대어 스스로를 방어하며 살아가려 한다. 이러한 자기 확신은 무의식적 방어기제로 작용하며, 내면에 쌓인 거대한 자아의 바벨탑은 고통 없이는 결코 무너지지 않는다. 하나님은 우리가 스스로 무너지기를 기다리시고, 때로는 사단의 시험을 허락하셔서 우리의 의를 부수시고 참된 존재로 이끌어 가신다. 바울은 고난의 의미를 이렇게 밝힌다. "우리가 환난 중에도 즐거워하나니 이는 환난은 인내를, 인내는 연단을, 연단은 소망을 이루는 줄 앎이로다."(로마서 5:3-4) 고난은 자아 해체의 도구이며, 그 고난을 통해 우리는 자기 의에서 벗어나 하나님의 형상을 닮아가는 존재로 빚어져 간다. 요셉의 삶 또한 대표적인 예다. 젊은 시절 그는 자기 확신과 꿈으로 가득 차 있었지만, 형제들의 시기와 노예 생활, 감옥이라는 고난의 시간을 거치면서 철저히 꺾이고 낮아지는 자아의 과정을 겪었다. 그 과정을 통해 그는 자신의 꿈이 아닌 하나님의 섭리를 깨닫게 되었고, 결국 형제들을 용서하고 하나님의 구속사를 완성하는 도구로 쓰임 받게 된다. 방어의 해체는 곧 회복의 시작이다. 그리스도 안에서의 회복은 자기 의의 종말이자, 은혜로 새롭게 태어나는 존재의 재탄생이며, 성화를 향한 본격적인 여정이 시작되는 지점이다.

3) 사슬에서 풀린 방어기제

자아는 상처받지 않기 위해 다양한 방어기제를 사용한다. 프로이트는 이러한 방어기제를 자아가 불안을 피하기 위해 동원하는 무의식적 전략으로 보았다. 방어기제는 개인이 외부의 충격이나 내면의 고통을 감당하기 어려울 때 자신을 보호하기 위해 작동한다. 그러나 이는 자아를 지켜 주는 것처럼 보이지만, 회복과 성장을 향한 길에서는 걸림돌이 되기도 한다. 자아는 방어기제를 통해 외부의 비난이나 내면의 수치심을 막아내지만, 그 대가로 자기 자신과의 진정한 만남을 잃게 된다. 방어기제는 일시적 안정은 제공하지만, 결국 성장을 가로막는 장애물이 된다. 합리화는 자신을 정당화하게 만들어 변화의 필요성을 외면하게 하고, 회피는 고통의 근원을 마주하는 일을 미루어 상처 치유의 기회를 잃게 한다. 따라서 치유와 회복은 자기 방어를 내려놓는 순간부터 시작된다. 변화와 성숙을 향한 첫걸음은 방어를 벗어던질 용기에서 비롯되며, 이는 고통스럽지만 자기 직면의 과정을 반드시 거쳐야 한다. 내면의 문제를 회피하지 않고 직면할 때 억눌린 감정과 기억, 욕망이 의식의 장으로 떠오르며, 새로운 이해와 통합이 가능해진다.

진실과의 직면은 존재의 투명성을 요구하는 고통스러운 여정으로 하이데거는 인간이 자기 자신에게로 돌아가는 존재임을 강조하며, 진실한 존재로의 회귀를 실존의 본질로 보았다. 그러나 인간은 일반적으로 타인의 시선이나 사회적 기대라는 외부로부터 강요된 자기 모습을 통해 자기를 구성하고 유지한다. 이는 거짓 자아의 구축으로 진실한 자기를 은폐하는 방어이다. 사르트르는 이러한 자기기만을 불성실이라 명하며, 진실을 외면한 채 살아가는 인간의 자기 기만성을 비판한다. 방어기제를 내려놓는다는 것은 바로 이 불성실에서 벗어나 있는 그대로의 나를 마주하는 고통스런 실존의 순간인 것이다. 아담과 하와는 선악과를 먹은 후, 그들의 벌거벗음을 인식했고, 이는 곧 의식의 눈뜸이 죄의식과 수치심으로 이어졌음을 보여 준다. 그들은 자신을 가리기 위해 무화과나무잎을 엮어 수치심과 죄책감으로 얼룩진 몸과 마음을 가리었고, 하나님 앞에서 몸을 숨겼으며, 서로에게 책임을 전가했다. 이러한 반응은 오늘날 우리가 심리학적으로 정의하는 방어기제의 원형적 형태인 것이다.

인간은 자신의 죄와 부끄러움을 직면하는 것보다 그것을 외면하고 합리화하거나, 타인의 탓으로 돌리며 내면의 고통을 덜고자 한다. 프로이트는 이러한 방어기제를 자아가 불안을 줄이기 위해 무의식적으로 사용하는 전략이라고 정의했지만, 기독교적 관점에서 볼 때 방어기제는 인간이 하나님과의 단절 이후, 죄의식으로부터 스스로를 정당화하려는 영적 불안의 표현이다. 이것은 철학자 마르틴 부버가 말한 타인을 인격적인 주체로 존중하지 않고 도구화하며 자기중심적으로 관계를 형성하려는 태도와도 맞닿아 있다. 인간은 진정한 인격적 만남을 이루어야 하지만, 죄는 그 관계를 왜곡시켜 버린다. 그러나 하나님은 우리가 이러한 은폐를 걷어내고, 진실 앞에 서기를 원하신다. 시편 기자는 "주께서 중심에 진실함을 원하시오니 내 속에 지혜를 알게 하시리이다."(시편 51:6)라고 고백한다. 회개는 단순히 죄를 자백하는 행위 그 이상이며, 자기방어의 무장 해제를 통해 진실 앞에 무릎 꿇는 정직의 사건이다. 방어기제를 내려놓는다는 것은 단순히 심리적 건강을 위한 조치가 아니라, 영적 회복의 시작점이다. 우리는 무화과 나무잎으로 가릴 수 없는 존재이며, 하나님은 우리가 있는 모습 그대로 그분 앞에 서기를 원하신다. 직면은 영원한 회복을 가능케 한다. 진실과 직면은 고통스럽지만, 그 자리를 통해서만 성화의 길은 열리고, 참된 회복은 시작된다.

사도 바울은 "우리는 마음이 가리워졌으나 주께로 돌아가면 그 수건이 벗겨지리라."(고린도후서 3:16)고 말하며, 방어기제의 가면이 벗겨질 때 참된 자유와 해방이 시작됨을 선포한다. 이는 자기 의에 근거한 방어의 해체이며, 진리 앞에 노출된 존재로 서는 것이다. 이때 우리는 더 이상 내가 옳다는 집착이 아니라, 나는 죄인입니다 라는 고백 위에 서게 된다. "진리를 알지니 진리가 너희를 자유롭게 하리라."(요한복음 8:32)는 말씀은, 단지 지식으로서의 진리가 아닌, 존재 깊숙이 파고드는 고통스런 정직을 통해 풀어지고 주어지는 자유를 말한다. 회복은 그 진실을 향한 고통스러운 여정이며, 방어기제를 벗고 진리의 광야를 걷는 믿음의 길인 것이다. 성령께서 인간의 심령 깊은 곳을 비추실 때, 무의식 깊숙이 감추어져 있던 상처, 수치, 왜곡된 부정적 믿음들이 떠오른다. 이때 우리는 외면할 것인가, 아니면 진실 앞에 설 것인가? 많은 이들은 여전히 합리화와 자기 방어 속에 머물기를 원한다. 하지만 성화의 길은 방어기제를 철저히 해체하고, 참된 자기 자신과 마주하는 고통의 과정 속에서만 열린다. 말씀 앞에서, 성령의 조명 아래 우리는 결국 사슬에서 풀려난 자처럼, 더 이상 외면하지 않고 진실과 마주하며, 하나님의 은혜 안으로 들어간다.

4) 새 길을 향한 선택

모든 회복은 결단을 통해 구체적인 방향성을 갖는다. 방어기제를 내려놓고 진실을 직면한 자는 이제 두 길 중 하나를 선택해야 한다. 과거의 습관으로 되돌아가 다시 회피와 합리화의 삶을 살 것인가, 아니면 말씀의 부르심에 순종하여 새로운 길로 나아갈 것인가? 이 선택은 단순한 의지적 결심이 아니라, 인간 존재 전체가 방향을 바꾸는 존재론적 전환이며, 성화의 여정을 여는 시작점이다. 심리학적으로 이 순간은 의식의 전환(shift of consciousness)이라 할 수 있다. 융은 이를 자기(Self)의 부름에 응답하는 주체의 결단이라 표현하며, 내면의 진실과 만난 이후, 새로운 삶의 패턴을 받아들이는 것을 인간의 성숙이라 보았다. 회복은 감정의 정화만으로 이루어지지 않는다. 그것은 반드시 새로운 행동의 방향으로 이어지는 내면의 재구조화를 필요로 한다. 트라우마 치료나 중독 회복 과정에서도 핵심은 과거 회피의 반복에서 벗어나, 미래를 향한 능동적 삶의 설계로 나아가는 데 있다. 바로 이 지점에서 내면의 방향이 바뀌고, 이전과는 다른 자기 경험이 형성되기 시작한다.

철학적으로 선택은 인간 실존의 본질이다. 키에르케고르는 인간이 절망 가운데서도 스스로 선택함으로써 진정한 자아를 형성할 수 있다고 말한다. 그는 기독교적 결단이야말로 절망을 극복하고 새로운 삶으로 나아가는 길이라 보았다. 절망은 회피하려는 과거의 그늘 속에 머물러 있으려는 유혹이며, 결단은 그 어둠 속에서 하나님을 향해 걷기 시작하는 실존적 용기다. 이 용기야말로 인간이 진정으로 변화될 수 있는 가능성의 문을 연다. 하이데거의 표현을 빌리자면, 이는 자기 자신의 본래성에의 귀환이자 현존재(Dasein)가 자신의 존재를 향해 깨어나는 순간이다. 신학적으로 이 선택은 곧 회개인 것이다. 성경에서 말하는 회개는 단지 감정적인 슬픔이나 자책이 아니다. 방향의 전환이며, 삶의 주체가 자기중심성에서 하나님 중심성으로 변화하는 실존적 회심이다. 예수님께서는 "회개하라 천국이 가까이 왔느니라."(마태복음 4:17)고 선포하셨고, 이는 하나님의 나라에 들어가기 위한 첫 관문이 방향 전환임을 말해준다. 바울도 "형제를 생각지 않고 자기를 위해 사는 삶"에서 벗어나, "이제는 주를 위해 사는 삶"(로마서 14:7-8)으로의 전환을 말한다.

회개는 단순히 죄를 뉘우치는 것이 아니라, 새로운 삶을 향한 내면의 결단이다. 루터는 "회개는 단 한 번의 행위가 아니라, 신자의 전 생애에 걸쳐 지속되는 삶의 방식"이라고 말했다. 이는 성화의 여정

전체가 날마다의 돌이킴을 요구하는 과정임을 말하는 것이다. "너희
는 이 세대를 본받지 말고 오직 마음을 새롭게 함으로 변화를 받아 하
나님의 선하시고 기뻐하시고 온전하신 뜻이 무엇인지 분별하도록 하
라."(로마서 12:2)라는 말씀은 내면의 결단이 외적 변화로 이어져야
함을 선언한다. 회피는 반복을 낳고, 회개는 변화를 낳는다. 과거의
상처와 패턴으로 되돌아가는 것은 익숙하지만, 그것은 죽음의 길이
다. 성경은 이스라엘 백성이 애굽에서 해방되었지만, 광야에서 수없
이 애굽을 그리워하며 과거로 되돌아가려 했던 것을 반복적으로 보여
준다. 그들의 실패는 새 길을 향한 결단이 없었다. 그러나 믿음의 조
상 아브라함은 본토 친척 아비집을 떠나 하나님이 지시할 땅으로 가라
는 말씀에 순종하여 떠났다. 이는 철저한 불확실성 속에서도 하나님
의 약속을 붙잡는 내면의 결단이자 새 길을 향한 신앙의 선택이다. 익
숙한 옛길, 자기중심적 방어와 회피의 길을 다시 걸을 것인가, 아니
면 고통 속에서도 하나님을 향한 믿음의 발걸음을 내딛을 것인가? 성
령은 우리 안에서 이 결단을 가능케 하시며, 그 선택의 자리에서 우
리를 성화의 여정으로 이끄신다. "예수께서 이르시되 내가 곧 길이요
진리요 생명이니 나로 말미암지 않고는 아버지께로 올 자가 없느니
라."(요한복음 14:6)고 하신 주의 말씀은, 예수 그리스도를 따라 새
로운 길을 걷는 삶이야말로 진정한 회복과 생명의 시작인 것이다.

성령은 우리 안에서 이 결단을 가능케 하시며, 그 선택의 자리에서
우리를 성화의 여정으로 이끄신다. "예수께서 이르시되 내가 곧 길이
요 진리요 생명이니 나로 말미암지 않고는 아버지께로 올 자가 없느니

라.”(요한복음 14:6)고 하신 주님의 말씀은, 예수 그리스도를 따라 새로운 길을 걷는 삶이야말로 진정한 회복으로 나아가는 것으로 이 회복의 길은 개인의 심리적 안정이나 삶의 개선을 넘어, 존재 전체가 하나님 앞에서 새롭게 정의되는 것이다. 회개의 결단은 우리의 내면뿐 아니라 관계, 시간 사용, 가치 판단, 삶의 방향에 이르기까지 총체적인 변화를 요구한다. 이것은 하나님의 형상을 회복해 나가는 여정이며, 죄로 인해 왜곡된 자아가 점차 본래의 자리를 찾아가는 길인 것이다. 이 여정에서 인간은 매 순간 과거로의 회귀라는 유혹과 앞을 향한 전진이라는 부르심 사이에서 선택해야 하는데 회복은 한 번의 결단으로 완결되는 것이 아니라, 날마다 지금 여기에서 반복되는 실존적 선택인 것이다. 이처럼 회개와 결단은 반복과 지속을 통하여 우리 존재 안에 깊숙이 새겨지며, 결국 그리스도의 형상을 닮아 가는 변화를 낳는다.

제3장
변화(變化) : 성장과 죽음

변화는 지금까지 살아온 몸에 밴 삶의 방식의 익숙함과 자기중심성을 바꿔야 하는 여정으로 존재 전체를 흔드는 고통을 견디고 건너야 하는 과정이다. 진리를 깨닫는 순간 우리는 변화해야 한다는 인식을 하게 되지만 변화는 말처럼 그렇게 단순한 길은 아니다. 변화는 진리를 깨닫는 순간 일어나는 감정적 반응을 넘어 실제 삶에 적용하기 위한 자기 분석의 과정인 것이다. 실존의 깊은 곳에서부터 일어나는 붕괴와 고통의 통과 없는 재구성의 변화는 자기부인과 자기 혐오를 넘어 예수그리스도를 따르기 위해 자기를 내려놓는 선택으로 그 선택이 얼마나 어렵고 실제적인 것인지는 죄와의 영적 전투를 통하여 존재의 사고방식, 감정과 행동 패턴들을 해체하고 재구성하는 작업이다. 이 싸움을 싸우며 자아는 죽고 새로운 자아가 형성된다. 자아의 죽음은 단지 회개의 모습만은 아니고 존재 방식 자체가 새롭게 전환되는 것으로 처절하게 죽어본 자만이 비로소 새로운 삶의 여정으로 나아갈 수 있게 되는 것이다. 그리스도 예수 안에서 새 자아의 탄생은 죽음과 부활을 통과하는 깊은 성장과 죽음으로 나아가는 내적 변화의 길인 것이다. 진정한 변화는 단순한 결심이나 노력으로 이루어지지 않는다. 의식의 전환, 깨어남 없이는 회복도, 신앙의 성장도, 성화도 가능하지 않다. 성령께서는 말씀을 통하여, 때로는 고난을 통하여 우리가 외면하거나 숨겨 둔 내면의 깊은 것들을 드러내신다.

1. 고통 속에서 피어나는 성장

　고통은 삶의 어두운 이면처럼 보이지만, 그 속에는 성장의 씨앗이 숨어 있다. 그것을 어떻게 해석하고 받아들이느냐는 우리의 삶을 결정짓는다. 고통은 우리를 무너뜨리는 것이 아니라, 더 깊고 성숙한 인간이 되는 통로이기 때문이다. 그 고통을 받아들이는 순간, 비로소 진정한 성장이 시작된다. 삶은 언제나 평탄하지만은 않다. 누구나 크고 작은 고통을 마주하며 살아간다. 상실과 실패, 질병과 외로움 등 다양한 형태의 고통은 때로는 삶 전체를 무너뜨릴 듯 몰려온다. 하지만 어떤 사람들은 그런 고통의 순간을 무기력하게 받아들이기보다, 더 깊은 통찰과 내면의 성장을 이루어 나가기도 한다. 도대체 왜 어떤 사람은 고통 속에서 무너지고, 또 어떤 사람은 더욱 단단해지는 것인가? 고통은 어떻게 인간을 변화시키고, 성장의 밑거름이 되는 것인가? 심리학자 테데스치와 캘훈은 포스트 트라우마 성장(Post-Traumatic Growth)이라는 개념을 통해 이 물음에 답한다. 인간은 극심한 고통이나 외상을 겪은 뒤, 오히려 인생에 대한 새로운 의미와 가치를 발견하며 더 높은 수준의 성장을 이룰 수 있다는 것이다. 이는 단순한 회복이 아니라, 완전히 새롭게 피어나는 변화로, 예를 들면 심각한 질병을 겪은 사람이 생명의 소중함을 새롭게 인식하고, 타인에 대한 이해의 공감과 연민을 더 깊이 갖게 되는 변화는 PTG의 전형적인 사례다.

빅터 프랭클은 의미가 고통을 견디게 한다고 보았다. 「죽음의 수용소에서」에서 그는 '삶의 의미를 아는 사람은 어떤 고통도 견딜 수 있다'고 말한다. 고통이 아무리 크더라도, 그 안에서 진정한 의미를 발견할 수 있다면 인간은 다시 일어설 수 있다는 것이다. 이 관점은 고통을 단순히 피해야 할 괴로움이 아닌, 인간 존재의 본질을 성찰하게 하는 통로로 바라보게 만든다. 고통은 의미를 향한 갈망을 일깨우며, 그 의미는 곧 삶의 방향과 중심을 다시 세우는 힘이 된다. 니체는 고통을 삶의 불가피한 일부로 받아들인다. 그는 '나를 죽이지 못한 고통은 나를 더욱 강하게 만든다'고 말하며, 고통을 견디는 의지야말로 인간 존재의 본질이라 강조했다. 고통은 회피해야 할 대상이 아니라, 오히려 자기 삶의 의미를 확장시키는 계기가 된다. 고통을 통해 인간은 자신을 새롭게 바라보고, 삶을 더 깊이 이해하게 된다. 그렇다면 인간은 왜 쉽게 무너지지 않을까? 그것은 바로 회복탄력성 때문이다. 곧 죽을 것 같은 역경을 겪고도 다시 일어나고, 적응하고, 앞으로 나아가는 힘. 이 회복력은 타고나는 성향이라기보다 후천적으로 형성되고 강화될 수 있는 능력이다. 고통 속에서 무너지지 않고 더 강해질 수 있는 이유는, 인간 안에 내재한 이 회복탄력성 덕분이다. 이러한 심리적 회복력은 훈련과 경험을 통해 강화될 수 있고, 그 자체가 성장을 이끄는 하나의 과정이 된다.

심리학자 칼 융은 인간의 무의식 속에는 그림자라 불리는 내면의 상처와 결핍이 있다고 보았다. 고통은 이 그림자를 직면하게 만든다. 우리가 방어하고 외면해 왔던 상처, 두려움, 결핍 등을 인정하고 받아들이는 과정은 자기 이해의 깊이를 만들어 나가게 한다. 그 과정을 통해 인간은 진정한 자아에 가까워지게 된다. 여기서 한 걸음 더 나아가, 신앙의 관점에서 고통을 바라보면 또 다른 해석이 가능하다. 하나님은 왜 고통을 허락하실까? 사랑의 하나님이라면 인간을 고통 없이 변화시킬 수 있지 않을까? 하나님은 고통을 통해 인간을 연단하시고 성장시키신다. 말을 듣지 않는 청개구리와도 같은 인간을 변화시키는 것에 있어서 고통만큼 확실한 것은 없기 때문이다. 하나님을 사랑하는 자에게 있어서의 연단은 사랑에서 비롯된 엄격한 훈련으로 그것은 회복과 성화로 나아가도록 하기 위한 과정인 것이다. "주께서 그 사랑하시는 자를 징계하시고 그가 받아들이시는 아들마다 채찍질하심이라."(히브리서 12:6) 고통은 하나님의 사랑으로 사랑하지 않은 것은 아닌가? 가 아니라 오히려 하나님의 더 깊은 사랑의 방식인 것이다.

C.S. 루이스는 「고통의 문제」에서 이렇게 말한다. "우리는 하나님이 고통을 허락하심을 이해할 수 없을지라도, 그분이 우리를 사랑하신다는 진리는 십자가에서 분명히 드러난다." 하나님은 고통을 통해 억지로 인간을 바꾸는 것이 아니라, 자유를 존중하면서도, 그 안에서 사랑과 회복의 기회를 주신다. 그것은 인간이 참된 생명에 이르도록 이끄는 하나의 통로다. 가장 결정적인 증거는 예수 그리스도의 십자가다. 하나님은 고통을 멀리서 바라보는 분이 아니라, 그 고통을 함께 감당하신 분이다. 예수는 가장 깊은 외로움과 고통을 스스로 겪으셨고, 그를 통해 하나님은 인간의 고통에 침묵하지 않으시고 함께 우

시는 하나님이라는 것을 드러내셨다. 본회퍼의 말처럼, "하나님은 멀리서 바라보는 존재가 아니라, 함께 우시는 하나님"이시다. 하나님은 고통을 사랑 없이 주시는 분이 아니라, 그 고통을 통해서라도 우리를 포기하지 않으시고 우리를 다듬고 이끄신다. 때론 하나님도 나를 버렸나 하는, 고통이 잔인하게 느껴질 때도 있지만, 그 속에 담긴 하나님의 뜻과 사랑을 발견할 수 있다면, 우리는 더 이상 그 고통에 압도되거나 무너지지 않는다.

1) 진리 앞에 선 첫 발걸음

옛 자아의 붕괴는 새로운 자아로 나아간다. 기존 자아의 불안정한 구조는 경험을 통하여 한계가 드러난다. 바울은 옛사람의 십자가에 못 박힘을 통해 죄의 권세로부터 해방된 새로운 존재를 말하는데 이는 자아의 주도권이 무너지는 순간으로 말씀과 은혜를 통하여 새로운 자기 인식 전환이 일어난다. 그것은 자기중심적이 아니라 대상을 생각하는 정체감으로 재구성되는 것이다. 하나님의 자녀라는 정체성을 받아들이고 거짓 자기 에서 참 자기로 이동하는 과정인 것이다. 진리 앞에서 인간의 첫걸음은, 자기 무지를 인정하고 마음을 낮추는 겸손으로 진리는 언제나 우리 곁에 있었지만, 우리는 그것을 외면한 채 살아간다. 진리를 마주하는 순간은 대부분 고통스럽다. 외면해 온 감정, 피하고 싶었던 관계, 부정해 오던 나의 진짜 모습, 그 모든 것들 앞에 섰을 때, 인간은 흔들린다. 하지만 바로 그 흔들림 속에서 변화의 첫 걸음은 시작된다. 고통은 단순한 아픔이 아니라, 진실을 통과하는 문인 것이다. 진리 앞에 선 첫 발걸음은, 그렇게 흔들리면서도 변화로 나아가려는 용기의 또 다른 이름이다. 누구나 인생길을 걷다 보면 어느 순간 피할 수 없는 고통 앞에 멈춰 서게 된다. 그런데 그 고통은 종종 진실과 함께 찾아온다. 내가 감추고 외면했던 관계, 인정하고 싶지 않았던 나의 모습, 그 앞에 섰을 때, 인간은 두려워하고, 회피하거나 저항하며, 고통을 단순히 나쁜 것으로만 받아들이려 한다. 그렇게 혼란스러운 마음은 본능적으로 고통을 피하며 외면하고 싶지만, 고통은 제거해야 할 대상이 아니라 진리 앞에 직면하고 받아들여야만 한다. 그 길을 피하면 결코 회복과 성화로 나아가는 길은 멀어진다.

심리학의 관점에서 볼 때도 이러한 태도는 강조된다. 심리적 유연성은 스티븐 C. 헤이즈(Steven C. Hayes)가 개발한 수용전념치료(Acceptance and Commitment Therapy)의 핵심 개념으로, 고통을 없애는 것이 아니라 고통을 포함한 삶 전체를 유연하게 살아가는 능력을 기르는 데 그 목적이 있다. 고통을 제거하려는 시도가 오히려 고통을 더 키울 수 있기 때문이다. 하지만 고통을 있는 그대로 받아들이고 자신이 중요하다고 여기는 가치에 기반 한 행동으로 나아갈 때, 삶은 보다 깊이 있고 지속적인 변화를 이룰 수 있다. 고통은 우리가 붙들고 있는 무의식적인 두려움과 마주하게 하고, 그 두려움을 통과할 때 비로소 새로운 길이 열린다. 신앙의 여정도 다르지 않다. 고통 앞에서 우리는 질문하게 된다. '하나님, 왜 저에게 이런 고통을 주시는 건가요?' 이 질문은 단지 고통을 피하고 싶은 몸부림만이 아니라, 하나님의 뜻을 알고 싶어 하는 갈망에서 비롯된다. 기도와 말씀 묵상 속에서 그 물음을 풀어 가다 보면, 성령의 인도하심으로 내면 깊숙한 곳에서 무의식의 의식화, 곧 내가 알지 못했던 사실과 마주하는 은혜가 일어난다. 롤로 메이는 실존적 위기 속에서 인간은 불안과 고통을 피할 수 없는 존재라고 말한다. 그는 그 불안과 고통은 진짜 나를 발견하는 통로가 될 수 있으며, 그 고통을 회피하지 않고 직면할 때 비로소 성장은 시작된다는 것이다. 고통을 직면하는 것은 단지 견디는 것이 아니라, 나를 새롭게 재건하고 의미를 되찾는 창조적 행위인 것이다. 고통을 견디는 가운데 우리는 자유와 책임의 길로 들어서게 되는데 바로 그 지점이, 하나님 앞에 나아가는 첫걸음이 되는 것이다. 그 앞에 서 있는 자신의 참모습, 고통스러운 현실, 깨지고 무너진 관계, 기대와 다른 삶의 결과들을 정면으로 마주하는 일은 두렵고 혼란스럽다. 그러나 그 마주함 자체가 이미 변화의 시작인 것이다.

고통을 받아들이는 자세는 하나님의 손길을 신뢰하는 믿음의 태도이며, 변화와 성숙의 씨앗이 뿌려지는 순간인 것이다. 세상에 우연은 없다. 무엇인가를 심었다면 반드시 자라나게 되어 있고, 하나님의 뜻이 있다면 의인도 고난을 피할 수는 없는 것이다. 중요한 것은 그 모든 과정을 하나님의 인도하심으로 받아들이는 마음이다. 고통은 끝이 아니라 새로운 시작이며, 그 안에서 하나님의 뜻을 분별할 때 삶은 새로운 의미로 빛나기 시작한다. '고난은 유익이다'라는 말은 때때로 냉혹하게 들릴 수 있다. 그러나 고통의 무게만큼 인간은 깊어진다. 고난 자체가 유익한 것은 아니나, 고난을 어떻게 해석하고 받아들이느냐에 따라, 그것은 자기 성찰과 자기 성장의 기회가 되고, 삶의 본질적인 가치를 재정립하는 계기가 되는 것이다. 에릭슨은 모든 인생은 위기를 경험하는데 그 위기를 통과하면서 더 성숙한 정체감을 얻게 된다는 것이다. 사도 바울은 말한다. "다만 이뿐 아니라 우리가 환난 중에도 즐거워하나니, 이는 환난은 인내를, 인내는 연단을, 연단은 소망을 이루는 줄 앎이로다."(로마서 5:3-4) 환난을 피하지 않고 견디는 그 과정 속에서 인내가 자라고, 인내는 내면을 연단하며, 연단을 통해 흔들리지 않는 소망이 세워진다. 고난은 단순히 고통스러운 사건이 아니라, 하나님께서 우리를 빚어 가시는 성숙의 과정이다. 하나님은 자녀를 사랑하시기 때문에 때로는 고통이라는 훈련을 통해 우리를 연단시키신다. 이는 징벌이 아닌 사랑의 방식이며, 우리를 더 깊은 믿음과 성숙으로 이끄시기 이한 하나님의 섭리인 것이다. 그분은 우리의 연약함만이 아니라 우리 안에 감추어진 가능성과 잠재력을 누구보다 잘 알고 계신다. 그래서 때로는 우리가 이해하지 못하는 길로 인도하시며 더 큰 믿음의 사람으로 세우시기 위해 우리를 빚어 가신다. 이 여정에서 중요한 것은 우리보다 우리를 더 잘 아시는 하나님을 전적으로 신뢰하며 그분의 인도하심에 순종하는 것이다. 그분의 뜻을 따를 때, 지금 이 순간의 고통은 결코 끝이 아니며 부활 승리로 나아가는 길목이며 하나님의 손에 사용되는 귀한 재료인 것이다. 그분의 사랑 안에서 다시 빚어지고 더 온전한 존재로 새롭게 창조되어 간다. 오늘도 우리는 이 진리를 붙들고 하나님의 은혜를 믿으며, 비록 눈앞의 현실은 힘들고 이해되지 않을지라도 하나님이 함께하신다는 확신 속에서 우리는 담대히 걸어갈 수 있다.

2) 순종과 내적 저항의 갈등

기독교 신앙에서 순종은 단순한 덕목이 아니라 신앙에 있어서 중심축이라 할 수 있다. 순종은 외적인 행동의 문제만은 아닌 인간 존재의 정체성, 신념, 두려움, 상처 등과 아주 긴밀히 연결된 깊은 내면의 문제인 것이다. 하나님 뜻 안에서 자신을 온전히 내어 드리는 순종의 행위는 종종 자신이 평생 쌓아온 가치관 세계관을 넘어 자아 구조를 해체하는 아픔을 수반하는데, 이는 자기 존재 전체를 새롭게 구성해야 하는 과정이기도 하다. 하나님의 음성이 들려올 때 우리는 종종 두 감정에 직면하게 된다. 한편으로는 하나님의 뜻에 순종하고자 하는 경외감과 소명의식이 생기지만 또 다른 한편으로 그것을 회피하고 싶은 본능적인 두려움도 뒤따른다. 이러한 감정의 충돌은 결코 신앙심의 부족 때문만은 아니다. 오히려 하나님의 뜻이 우리 존재를 얼마나 깊이 건드리는지를 보여 주는 증거일 수 있다. 하나님의 명령은 종종 우리 내면 가장 깊숙한 곳까지 도달하며, 단지 삶의 방향을 조정하는 수준이 아니라, 존재 자체를 새롭게 하라는 부르심이기 때문이다. 심리학적으로 볼 때, 이러한 갈등은 자아(ego)가 초자아(superego)의 명령과 맞닥뜨릴 때 발생하는 전형적인 내면 구조다. 프로이트 구조 이론의 핵심개념은 긴장과 갈등으로 자아는 현실과 도덕 사이에서 가능한 해법을 찾으려 애쓰지만 실패하면 신경증적 불안이 생긴다. 이는 성화의 과정에서 초자아는 율법적 신앙생활과 유사한 면이 있는데, 초자아가 너무 강하면 율법을 지키지 못하는 자기 스스로를 자책하거나 자기비난으로 기울고, 초자아가 강하게 형성되면 하나님의 뜻에 온전히 순종하지 못할 경우 극심한 죄책감과 자기 비난에 빠지기 쉬우나 반대로 건강한 자아가 발달하며 초자아의 도덕 기준을 비판적으로 성찰하며 자기 통합의 기회로 삼을 수 있다.

자율성과 생존 본능은 자신을 보호하려는 본능적인 기제로 작동하며 변화의 고통과 상실의 위협 앞에서 저항하거나 회피하려 한다. 순종은 이런 내면의 긴장 속에서 실현되는 영적 행위로 인간의 자유의지와 하나님의 뜻 사이에서 이루어지는 끊임없는 대화와 씨름의 결과인 것이다. 결국 참된 순종은 억지로 자신을 억압하는 것이 아니라 하나님의 뜻 앞에서 자신의 두려움과 상처, 자아의 욕망을 직면하고 그것들을 정직하게 내어놓고 하나님께 드리는 용기에서 시작된다. 그 과정을 통해 성도는 자기 존재를 하나님의 형상대로 재구성해 나아가게 되는 것으로 순종은 복종을 넘어서는 자유를 통한 자기 초월인 것이다. 신앙의 여정 가운데 가장 깊은 고통 중 하나는 바로 이 순종의 의지와 현실을 회피하고 싶은 인간 본능 사이에서 일어나는 내적 충돌이다. 겉으로는 '주님, 뜻대로 하옵소서'라고 하지만, 마음 깊은 곳에서는 '왜 저에게 이런 고통을 허락하시는지요?'라는 의문이 멈추지 않는다. 이러한 갈등은 믿음부족으로가 아닌 고통이라는 실존의 무게를 피할 수 없기 때문으로 순종을 어렵게 만드는 요인 중 하나는 과거의 상처와 결핍이 뒤따른다. 어린 시절 부모에게 강요당했던 기억은 하나님께 순종하는 것조차 억압으로 느끼며 또 어떤 이들은 '고통을 통해 순종을 배운다'는 말을 이해하면서도 실제 고통이 닥치면 그것을 피하고 싶은 마음이 앞선다. 결핍 기반의 신앙은 순종을 강박으로 만

들고, 저항을 죄책감으로 몰아간다. 하나님의 뜻에 순종하려 할수록,
내면 깊은 곳에서 저항하는 또 다른 목소리가 들린다. 그 목소리는 두
려움, 상처, 자존심, 혹은 오래된 결핍에서 비롯된다.

우리는 하나님의 뜻이 고통을 통한 연단임을 머리로는 동의하지만,
실제 고통이 다가오면 그것을 피하고 싶은 것이 솔직한 인간의 반응이
다. 순종은 이해되지만, 감정적으로 받아들여지지 않는 경우가 많다.
바울은 이렇게 고백한다. "내 속사람으로는 하나님의 법을 즐거워하
되, 내 지체 속에서 한 다른 법이 내 마음의 법과 싸워 내 지체 속에
있는 죄의 법으로 나를 사로잡는 것을 보는도다."(로마서 7:22-23)
바울 역시 하나님의 법을 사랑하면서도 죄의 법에 끌려가는 자신을 발
견한다. 이는 단순한 윤리적 약함이 아니라, 존재 깊은 곳에서 일어
나는 영적 씨름이자 인간 내면의 이중성에 대한 깊은 통찰이다. 이 구
절은 우리 모두가 경험하는 순종과 저항 사이의 갈등이 믿음이 없기
때문이 아니라 믿음의 여정 속에 있는 자연스러운 실존의 모습임을 보
여 준다. 결국 우리는 이러한 갈등을 통해 성장한다. 하나님은 이 갈
등의 자리에서 우리를 기다리시며, 우리가 내면 깊은 곳의 동기와 상
처, 믿음 없는 두려움을 마주하도록 이끄신다. 참된 순종은 억압된
감정을 억누르는 것이 아니라, 저항하는 마음까지도 주님 앞에 정직
하게 드러내는 데서 시작된다. 거기서 하나님의 뜻을 받아들이는 용
기와 자유가 생겨난다. 바울은 다시 고백한다. "내가 원하는 바 선은
행하지 아니하고, 도리어 원하지 아니하는바 악을 행하노라."(로마서
7:19) 이 고백은 갈등을 부끄러워하기보다, 그 갈등 속에서 하나님

을 더욱 간절히 찾는 영적 진실성이 드러난다. 하나님은 우리가 완벽히 순종할 때보다, 오히려 갈등하며 씨름할 때 더 가까이 계신다. 성화는 갈등이 사라지는 것이 아니라, 그 갈등을 직면하고 진실하게 마주하며, 그 가운데 하나님의 뜻을 선택하는 여정이다.

3) 믿음의 근육을 단련하는 고난

삶을 살아가다 보면 누구나 피할 수 없는 문제로 고통과 시련을 겪는다. 문제는 예상하지 못한 순간에 갑작스럽게 찾아오기도 하고, 때로는 오랜 시간 지속되기도 하며 인내심을 시험하기도 한다. 하지만 이 시련은 단순히 우리를 아프게 하고 상처 입히는 것으로 끝나지 않는다. 신앙의 여정 안에서 고통은 믿음의 근육을 단련시키는 계기가 되기도 하며, 믿음을 더욱 단단하게 만드는 하나님의 뜻 가운데서 겪는 훈련 과정이기도 하다. 몸의 근육은 반복적인 무게 저항을 견디면서 점점 더 강하고 단단해지듯, 신앙도 고통이라는 무게를 견디는 과정 속에서 성장으로 나아간다. "환난은 인내를, 인내는 연단을, 연단은 소망을 이루는 줄 앎이라."(로마서 5:3-4) 고난의 과정은 고통 그 자체보다도 그 속에서 길어지는 인내와 연단, 소망에 주목해야만 한다. 고통은 단순한 시련이 아닌 영적인 내공과 중심을 키워 주는 훈련장이며 하나님께서는 자녀들을 하나님의 형상으로 빚어 가시는 섭리 중 하나인 것이다. 신앙의 근육은 바로 이러한 시련을 통과하며 자라간다. 고통은 인간의 자아를 깨뜨리고, 자신을 의지하던 삶에서 벗어나 하나님을 전적으로 신뢰하며 나아가게 만든다. 고난과 시련은 결코 실패가 아니다. 오히려 하나님의 은혜가 스며들 수 있는 틈이며, 하나님과의 친밀함이 더욱 깊어지는 계기가 된다. 인간은 고통 속에서 마음은 더 민감해지고, 하나님의 음성을 향한 감수성은 살아난다. 예수님은 제자들에게 "누구든지 나를 따라오려거든 자기를 부인하고 자기 십자가를 지고 나를 따르라."(마태복음 16:24)고 하셨다. 이 말씀은 신앙생활의 핵심으로 자기중심적인 삶을 내려놓고 예수님의 뜻과 길을 따르는 제자의 자세를 강조하는 것으로 단순히 고통을 감내하라는 의미를 넘어, 고통 가운데에서도 하나님과 동행하는 삶을 선택하라는 것이다.

제자의 길은 언제나 쉬운 길이 아니며, 고난은 피해야 하는 장애물이 아니라 견디며 나아가 예수 그리스도와 동행하는 성숙의 길이다. 성경에는 연단을 거친 믿음의 사람들이 반복해서 등장한다. 고난과 시련 속에서 거짓과 위선은 벗겨지고 진실하고 순결한 참자아가 드러나게 된다. 믿음의 여정은 단거리 경주가 아니라 마라톤 경주인 것이다. 속도가 아니라 방향이 중요하고 인내의 여정인 것이다. 요셉은 형들에게 배신당하고, 억울한 누명을 쓰고, 감옥에 갇히는 등 참으로 많은 고통을 겪었지만, 그 모든 고난은 결국 하나님의 계획안에서 선으로 바뀌었다. 고통은 하나님의 선하신 섭리를 품은 도구였고, 요셉은 그 안에서도 하나님을 신뢰하며 인내했다. 고난 속에서 결과가 보이지 않을 때 더 큰 신뢰와 믿음은 요구되는데 바로 그러한 지점에서 믿음의 근육은 생겨나고 마음은 더 성숙해져 가게 되는 것이다. 끝까지 달려갈 수 있는 내면의 힘은 고통을 통해 길러진다. 신앙에서는 회복탄력성이 하나님과의 관계에서 오는 내적 힘으로 문제에 잘 대처하며 스트레스를 이겨 내고, 마음의 건강을 유지하는 정신적 안정과 자기 성찰과 성장의 기회로 삶의 충격과 상처 속에서도 빠르게 회복하고 더 나은 모습으로 나아갈 수 있는 힘이다. 그러나 단순한 심리적 회복을 넘어 하나님의 은혜에 기대는 회복력인 것으로 그 은혜는 고통 속에서 하나님의 뜻을 묻고 간구하며 그 뜻을 받아들이는 과정 속에서 실현된다. 믿음은 바로 그 과정에서 더욱 견고해지고 흔들림 없는 중심을 세워나가게 된다.

빅터 프랭클은 인간이 고통을 이겨 내는 가장 큰 힘은, 고통 속에서도 삶의 의미를 발견하는 데 있다고 말했다. 이 말은 신앙의 본질과도 같은데 신앙은 고통을 무의미하게 방치하지 않으며 오히려 고통 속에서 하나님의 뜻을 발견하게 하고, 그 안에서 삶의 진정한 의미를 깨닫게 만들기 때문이다. 우리는 고난 속에서 하나님의 섭리는 분명히 존재한다. 모세는 미디안 광야에서 40년의 시간을 보내며 사명자로 재탄생했고, 요셉은 억울한 고난 끝에 이스라엘을 구하는 도구가 되었다. 고통은 늘 피하고 싶은 대상이지만, 하나님을 신뢰하는 믿음이 있다면 그 고통조차 하나님의 뜻을 이루는 귀한 통로가 된다는 것을 알 수 있다. 그래서 고통의 길을 묵묵히 걷는 것, 그것이 믿음이다. 고통은 새로운 관점과 가치를 낳는다. 그리스도인의 신앙은 시련 속에서 더 깊어진다. 자신의 한계를 인식하고, 그 한계를 넘어서기 위해 하나님을 의지하게 되는 그 과정 속에서 진정한 영적 성숙이 일어난다. 이런 체험은 단순한 회복을 넘어, 삶의 전환점이 되고 신앙의 전환점이 된다. 결국 고난은 우리 삶을 무너뜨리고 믿음을 무너뜨리는 적이 아니라, 믿음을 세우고 삶을 다시 세워나가는 하나님의 인도하심이다. 믿음의 근육은 고통을 견디는 훈련 속에서 자라나고, 그 근육은 인생이라는 긴 여정 속에서 마주하는 수많은 문제들인 것이다. 믿음의 사람은 고난의 시련 속에서 무너지지 않는다. 오히려 그 속에서 더 굳건하게 세워지고, 깊어지고, 성숙해진다. 이것이 바로 고난이 만들어 내는 힘인 것이다.

4) 고난 속에서 자라나는 인격

고통 속에서 우리는 종종 하나님의 부재를 느낀다. 기도는 응답되지 않고 상황은 점점 더 나빠지며 마음은 점점 더 메말라 가는데 침묵하시는 하나님을 보게 된다. 하지만 진짜 신앙은 바로 그 지점인 절망의 자리에서 새로운 깨달음으로 나아간다. 고통 속에서 하나님은 침묵하시는 듯 보이지만 그 절망의 자리에서 새로운 깨달음을 주시며 함께하고 계시다는 것을 알 수 있어야 한다. 하나님은 우리의 고통을 멀리서 관찰하는 것이 아니라 인간의 몸을 입고 세상에 오셔서 가장 잔혹한 방식으로 고통을 겪으셨던 것을 알 수 있다. 하나님의 영광은 고통과 약함 속에서 드러난다는 십자가 신학은 역설적인 진리를 말한다. 루터는 인간이 하나님을 진정으로 알아 갈 수 있는 길은 십자가 신학을 통해서 가능하다고 보았다. 인간이 낮아지고 부서지는 자리에서 하나님의 사랑이 드러난다는 것이다. 고통은 결국 하나님이 함께 계신다는 사실을 가장 깊이 체험하게 하는 도구다. 무너지는 것 같지만 그 무너짐 속에서 내면은 더 깊어지고 하나님과의 관계는 더 진실해진다. 성령은 우리 마음을 새롭게 하여 내적 혼돈을 정리하고 새 질서를 세운다. 새로운 자아의 형성과정은 자아의 붕괴로 인하여 은혜에 의한 자기 인식이 변화되고 성령의 인도하심으로 내적 변화는 새로움으로 성숙해 간다.

고난은 파괴자가 아니라 우리들의 인격을 다듬는 조각가이다. 철들지 않은 거친 자아를 다듬고, 세워가며, 내면 중심을 깊고 단단하게 빚으시며 고통을 통과하여 하나님과 동행하게 하신다. 그 길에서 우리는 하나님의 사랑을 가장 깊이 경험한다. 그 사랑은 고통을 함께 짊어지고 끝까지 동행하시며 침묵 속에서도 우리와 함께 계시는 분이시다. 고통을 겪은 사람은 달라진다. 생각과 말투가 달라지고, 관계가 달라지고, 삶을 대하는 태도가 달라진다. 하나님 앞에서 자신의 위치를 제대로 알게 된다. 그래서 고통은 괴롭다고 생각하지만 절대로 헛되지 않다. 그 속에서 인격은 자라고, 영혼은 깨어나며, 자아는 성숙해진다. 그 과정을 기꺼이 통과한 자만이 깊은 평안과 의미 있는 삶에 도달할 수 있게 되는 것이다. 내면의 성숙은 고통 속에서 시작된다. 누구나 한 번쯤은 자신에게 질문을 던질 것이다. '나는 왜 이런 고난을 겪고 있는 것일까? 이 고난이 주는 의미는 무엇인가' 누구나 삶은 자기 뜻대로 흘러가지 않는다. 예상치 못한 문제로 인한 실패와 좌절, 관계의 갈등 등의 크고 작은 일들로 인하여 고난은 우리 내면을 끊임없이 흔들어 댄다. 그러나 이러한 흔들림 속에서 참 자아는 조금씩 깨어난다. 의식이 생겼다고 바로 변화되지는 않지만 말씀대로 살기 위한 실제적 시도와 그 가운데 겪는 고통이 변화를 시작하게 한다.

　인격은 바로 그 흔들림의 불편함 속에서 다듬어지고 자라 가는데 인간의 인격을 성숙하게 만드는 가장 강력한 도구 중 하나가 고통이다. 편안하고 아무 일 없는 날들 속에서는 발견할 수 없는 내면의 깊이가 고통의 시간 속에서는 선명하게 드러난다. 고난은 가면을 벗기고, 감정을 마주하게 만들고, 본질적인 가치에 눈뜨게 한다. 그것은 자아를 무너뜨리는 듯하지만 오히려 자아를 재구성하고 확장 시키는 힘이 있다. 융의 개성화과정(individuation process)은 분석심리학에서의 핵심개념으로 자신의 무의식과 의식을 통합하여 진정한 자아를 실현해 나가는 진정한 자기 자신이 되어가는 성장의 여정을 의미한다. 인간의 성숙은 단순한 성장이나 성공이 아니라 자신 안에 있는 무의식의 그림자와 마주하는 통합여정으로 고난은 이 개성화 과정을 촉진해 나아가도록 하는 촉매제인 것이다. 고통 속에서 자신의 한계와 욕망, 억눌린 감정들을 직면하게 되고 억압되어 있던 진짜 자기를 보게 된다. 그 과정에서 인격이 단련되고 달라지며 자기이해는 고통을 통과하면서 깊어지기 때문이다. 이전에는 외면하며 피하려 했던 감정과 상처가 고통의 계기로 떠오르고 그것을 마주하고 품을 때 인격은 더 깊고 넓어지는 방향으로 나아간다.

　고난은 회피하면 할수록 내면은 더 혼란스러워지지만 반대로 고난을 마주하고 인정하는 용기를 가질 때 인격의 성장은 시작된다. 사람은 자기 자신을 진정으로 이해할 때 타인도 이해할 수 있다. 고난을 통해 자기 자신을 있는 그대로 직면한 사람은 다른 사람의 상처와 연약함에도 훨씬 더 깊이 공감할 수 있게 된다. 그래서 고통은 단순히 개인의 성숙만을 위한 것이 아니라 대상들과의 관계 속에서 더 진실한 관계를 맺도록 돕는 인격적 기반이 되기도 한다. 인격의 성장은 나이만 먹는 시간의 축적만으로 이루어지지 않는다. 진짜 성장은 고통을 해석하고 소화하여 그 안에서 의미를 만들어 내는 내면의 작업을 통해 이루어진다. 융의 '인간은 상처를 통해 빛이 들어온다.'라는 말처럼 인격의 성장은 고통의 터널을 지난 뒤에야 비로소 완성된다는 사실을 말해 준다. 믿음 안에서 보면, 고통은 하나님이 인격을 빚어 가신다. 하나님은 고난을 통해 인간의 교만을 깨뜨리고, 잠자고 무뎌진 영혼을 일깨우며, 자기 의를 내려놓고 하나님 앞에서 더 순전하고 온전한 존재로 세워 가신다. 욥은 극심한 고난을 겪으며 인격적으로 붕괴되는 듯했지만, 결국 고난을 통하여 하나님을 귀로 듣던 것에서 '눈으로 뵈옵는' 인격적 체험으로 나아가게 된다. 고통은 인간을 진짜 어른으로 만든다. 단지 나이를 먹은 성인 아이가 아니라, 자신을 알고 자기를 다스릴 수 있는 성숙한 사람으로 만든다. 고난을 통해 겸손해지고, 타인의 눈물을 이해할 줄 아는 사람이 되고 스스로의 연약함을 고백하면서도 흔들리지 않는 중심을 가진 사람, 그것이 고통이 만들어 낸 인격이다.

2. 자기 부인의 실제

심리학에서 심리적 죽음 개념을 보면 에리히 프롬(Erich Fromm)은 성숙한 인간은 타율적 자아를 해체하고 자기 초월을 통해 진정한 자유를 얻는다고 말했으며, 라캉(Jacques Lacan)은 주체는 자신의 욕망이 어떻게 형성되었는지를 인식하고, 그 구조를 초월할 때 비로소 진짜 주체로 태어난다고 보았다. 융(C.G. Jung)은 인간의 자기실현은 자아가 자기중심성을 버리고 더 큰 자기를 향해 나아가는 과정으로 그 길에서 옛 자아는 죽어야 한다고 보았다. 이처럼 심리학에서도 성숙은 억압이 아니라 욕망을 의식하고 통합한 후 비우는 자기초월을 전제로 한다. 이것은 자기부인의 여정과 접점을 가지고 있다. 성숙한 자기부인은 죽기 위함이 아니라 살기 위함으로 예수님은 "누구든지 자기 생명을 구하고자 하면 잃을 것이요, 나를 위하여 자기 생명을 잃는 자는 찾으리라."(마태복음 16:25) 하신 말씀은 자신의 욕망과 집착을 내려놓고, 자기중심성의 자아를 하나님 앞에서 죽임으로써 진정한 생명을 얻는다는 초월의 선언이다. 성숙한 자기부인은 자아를 자유롭게 놓아주고 더 큰 목적을 향해 나아간다. 성화의 과정에서 반드시 거쳐야 하는 자기 죽음의 자리인 것이다.

자기부인은 자아를 포기하는 것이 아니라, 예수님의 길에 동참하겠다는 의지적 선택으로 자기부인은 신앙의 여정에서 반드시 마주하게 되는 과정이다. 자기부인이라는 개념이 자기혐오로 자신을 미워하거나 무가치하게 여기는 것으로 생각하지만 진정한 자기부인은 예수님을 따르기 위해 나를 비우는 의지적 결단으로 단순히 인간의 욕망을 억제하라는 것이 존재를 하나님 앞에서 다시 재구성하라는 것이다. "이에 예수께서 제자들에게 이르시되 누구든지 나를 따라오려거든 자기를 부인하고 자기 십자가를 지고 나를 따를 것이니라."(마태복음 16:24) 하셨다. 이 말씀은 자기를 증오하라는 것이 아니라 자기 우상화에서 벗어나 예수님의 뜻에 자신을 겸손히 맡기라는 것이다. 자기부인은 자기 존재를 무시하고 미워하는 것이 아니라, 존재를 하나님께 드리는 삶의 태도다. 내 뜻보다는 하나님의 뜻을 따르겠다며 자기를 하나님 앞에 내려놓고 하나님 중심으로 방향전환을 하여 자기를 정상적인 위치에 놓는 것이다. 욕망으로 얼룩진 자기중심적인 모든 것들을 다 내려놓고 예수로 가득 채워지는 것이다. 예수님도 겟세마네 동산에서 피하고 싶었던 사명을 내려놓고 아버지의 뜻을 따랐다. 자기부인은 하나님의 명령이 자신이 생각과 맞지 않아도 하나님을 믿는 믿음으로 믿고 따르는 태도인 것으로, 내 뜻은 죽고 아버지의 뜻이 이루어지기를 기도하며 자신의 욕망을 내려놓는 것이다.

노아는 비가 오지도 않던 시대에 말씀에 순종하여 100년 동안 방주를 지었다. 이해될 수 있는가? 그러나 사람들의 야유를 다 물리치고 순종했던 결과 가족들 모두 구원을 받게 되었으며 아브라함은 아들을 바치라는 명령 앞에서 순종했다. 주실 때는 언제고 바치라고 하시는 하나님의 의도는 궁금하지 않았다. 순종은 자기 판단보다 하나님의 말씀을 더 신뢰하는 행위인 것이다. 아브라함의 믿음의 깊이는 하

나님을 의심하지 않았으며 모든 주권이 다 하나님께 있다는 순종이었
던 것이다. 자기부인은 고통스럽다. 내가 익숙하게 붙잡고 있던 것을
놓는 일이기 때문이다. 하지만 자기부인은 동시에 자유다. 내려놓아
야 비로소 가볍게 걸을 수 있고, 포기해야 비로소 하나님의 것으로 채
워질 수 있기 때문이다. 자기부인의 길은 단순히 무언가를 잃는 길이
아니라 그것은 예수님의 마음을 얻고, 예수님의 삶을 따르는 길이다.
사도 바울은 "그는 근본 하나님의 본체시나 하나님과 동등 됨을 취할
것으로 여기지 아니하시고, 오히려 자기를 비워 종의 형체를 가지사
사람들과 같이 되셨고"(빌립보서 2:6-7) 그는 그리스도의 자기 비움
(kenosis)을 제자의 본보기로 제시한다. 이 자기 비움은, 인간이 따
라야 할 순종의 표준으로 자기부인은 신뢰의 행위인 것이다.

　자기부인은 신학적으로, 성육신과 십자가의 방식으로 자신을 낮추
신 예수 그리스도의 삶에 근거를 두고 있다. 예수님은 하나님의 본체
이시지만, 인간의 몸을 입고 이 땅에 오셨다. 이 성육신 사건은, '자기
를 부인 한다'는 것이 단순한 자기 포기가 아니라, 사랑을 위한 자발적
인 낮아짐임을 보여 주셨던 것이다. 예수님의 자기 비움은 우리에게
자기부인의 길을 보여 주신 본보기다. 우리가 그리스도를 따른다는 것
은, 그분처럼 스스로를 비우고 낮추는 삶으로 나아가는 능동적 선택으
로 결국, 자기부인은 그리스도의 자기 비움에 참여하는 제자의 삶인
것이다. 순종은 단순히 명령을 따르는 것이 아니다. 자기 이성과 감정
을 넘어, 하나님의 선하심을 신뢰하며 전 존재를 하나님께 내어드리는
헌신의 행위로 자기중심적 본성은 무너지고 그리스도의 사랑이 우리

안에 드러나게 되는 것이다. 나를 비우는 고통의 과정 속에서 하나님의 충만하심을 경험하게 되는 영적 여정이며, 우리 존재의 본래 목적을 회복해 가는 믿음의 길이다. 그 길에서 우리는 존재를 하나님께로 되돌리고, 예수 안에서 더 깊은 '진정한 나'를 발견하게 되는 것이다.

1) '나'와 '나'의 전쟁

하나님의 뜻을 따르려는 순간, 우리는 내면에서 격렬한 충돌을 경험한다. 이 갈등은 단순한 심리적 모순이 아니라, 육신에 속한 자아와 성령에 속한 자아 사이의 치열한 영적 전쟁이다. 프로이트의 원초아(id)는 본능적이고 충동적인 자아로서 쾌락 원칙에 따라 움직이며, 현재의 자기를 과거의 습관과 욕망으로 끌어내린다. 융이 말하는 그림자 또한 억압된 감정, 수치, 분노, 미성숙한 욕망의 형태로 무의식속에 잠재되어 있으며, 우리가 성장하고 변화하려 할 때 강하게 저항하는 힘으로 나오게 되는데, 하나님의 뜻에 순종하고자 할 때, 우리는 자기방어기제를 경험한다. 이는 항상성(homeostasis)을 유지하려는 본능적인 자아의 저항이며, 옛 자아는 지속적으로 이전 삶의 방식으로 우리를 끌어당기기 때문이다. 새 자아는 하나님을 향해 나아가려 하지만 자신도 모르게 세상에 끌려가고 있는 모습을 의식하며, 날마다 죽는 삶은 결코 쉬운 여정이 아니다. 사도 바울은 복음을 위해자신의 뜻과 욕망의 자아를 날마다 죽인다고 고백한다. 그것은 자기중심적인 삶을 버리고, 하나님의 뜻에 순종하는 삶을 선택한다는 의미이다. "형제들아, 내가 그리스도 예수 우리 주 안에서 가진 바 너희에 대한 나의 자랑을 두고 단언하노니 나는 날마다 죽노라.”(고린도전서 15:31) 이 고백은 바울 자신의 육신의 욕망과 죄의 유혹, 고난과 박해를 매일 이겨내기 위해 끊임없이 자기를 부인하고 낮추는 삶을 살았다는 것을 보여준다. 하나님의 은혜에 의지하여 우리 안의 옛 자아를 십자가에 못 박는 훈련은 필요하다.

자기부인의 여정에서 우리가 가장 먼저 마주하는 것은 옛 자아의 강력한 저항이다. 인간은 타고난 죄의 본성에 따라 자기중심적인 삶을 추구하는 본능을 지닌 존재로 사도 바울도 역시 이 내면의 갈등을 고백한다. “내 속, 곧 내 육신에 선한 것이 거하지 아니하는 줄을 아노니 원함은 내게 있으나 선을 행하는 것은 없노라. 내가 원하는 바 선은 행하지 아니하고 도리어 원하지 아니하는바 악을 행하는 도다. 만일 내가 원하지 아니하는 그것을 하면 이를 행하는 자는 내가 아니요 내 속에 거하는 죄니라. 그러므로 내가 한 법을 깨달았노니 곧 선을 행하기 원하는 나에게 악이 함께 있는 것이로다. 내 속사람으로는 하나님의 법을 즐거워하되 내 지체 속에서 한 다른 법이 내 마음의 법과 싸워 내 지체 속에 있는 죄의 법으로 나를 사로잡는 것을 보는 도다.”(로마서 7:18-23) 바울은 선한 것이 자기 안에 없음을 고백한다. 선을 원하고 선을 실천하고 싶으나 악을 행하는 자신을 보며 자기 자신의 죄 된 본성을 말하며 마음으로는 하나님 법을 따르고 싶지만 또 다른 법이 저항하며 싸우고 있다는 인간 존재 내면의 갈등을 보여주고 있다. 바울은 죄를 억압하지 않았다. 그는 죄와 욕망을 의식화하고 직면하며 맞서고 있는 것이다. 자아와 죄의 본성을 구별하고 자기중심적 자아를 내려놓는 정직한 싸움은 심리학적으로 내면의 분열을 의식한 것으로 성화의 길에 있어서 이는 반드시 거쳐 가는 고뇌의 자리인 것이다.

자기부인의 길은 고통스럽지만, 성령의 도우심 안에서 우리는 옛 자아를 이기고 참된 자유를 누릴 수 있다. 옛 자아는 우리가 하나님의 뜻을 따르려 할 때마다 우리 안에서 갈등과 분열을 일으키며, 마치 나와 나 사이에서 벌어지는 전쟁처럼 내면을 소모시키고 무기력으로 빠져들게 한다. 이 싸움은 단순히 욕망을 억누르는 차원이 아니라, 무너뜨리려는 죄의 본성과 따르려는 하나님의 뜻 사이의 실존적 충돌로 바울이 고백한 것처럼, "내가 원하는 바 선은 행하지 아니하고, 도리어 원하지 아니하는바 악을 행하는도다."(로마서 7:19) 자신을 발견하는 것은, 그리스도인에게 있어서 낯설지 않은 경험이다. 이러한 내면의 전쟁은 성숙으로 가는 여정의 필연적 과정으로 옛 자아가 죽지 않은 한, 우리는 끊임없이 자신 안에서 분열된 자아를 경험할 수밖에 없다. 하나님의 뜻을 따르려는 마음이 자라날수록, 그 뜻에 저항하는 옛 자아는 더욱 강하게 반응한다. 이로 인해 믿음의 여정은 때로 평안이 아닌 고통과 분열을 동반하며, 진정한 순종은 자기 내면의 전쟁터를 거쳐야만 가능한 것이다. 이 과정은 단순한 심리적 회복이나 윤리적 결단을 넘어서, 영적 자기분석과 의식화, 자기관찰을 통한 자기수용, 옛 자아의 감정과 욕망을 억누르지 않고 진실하게 직면함으로써 가능하다. 그 위에 말씀과 은혜로 해석하고 이해하는 것이 곧 성령 안에서의 회복과 성화의 길이다.

그리스도인의 내면 갈등은 단순한 도덕적 선택의 문제가 아니라, 깊은 내적 해체와 재통합의 과정을 포함한다. 기도와 말씀, 회개와 찬양으로 구성된 예배의 구조화된 삶은 내면의 심리적 분열을 치유하고, 옛 자아를 십자가에 못 박으며, 성령 안에서 새 자아가 자라나도록 돕는 영적 통로다. 우리는 성령의 도우심을 받아 매일 옛 자아와의 싸움을 이어 가야 하며, 그 싸움은 우리의 결단이 아니라 하나님의 은혜로 승리하는 싸움임을 잊지 말아야 한다. 그러므로 그리스도인에게는 늘 예배의 구조화가 필요하다. 기도, 말씀, 찬양의 영적 실천을 통해 우리는 날마다 내적 분열을 정직하게 마주할 수 있으며, 하나님의 은혜로 옛 자아를 날마다 십자가에 못 박는 훈련을 지속해야 한다. 과거의 상처와 두려움, 자기 보호 본능은 끊임없이 옛 자아를 가동시키지만 성령은 자연스럽게 우리를 변화로 인도하신다. 성령은 우리를 자기의 재통합 과정으로 이끌어 가며, 그 여정 가운데 고통과 저항을 동반할 수 있으나, 그것을 통과함으로써 우리는 새 자아로 나아가게 된다.

2) 따름을 위한 자기 비움

자기부인의 핵심은 단순히 억제하는 자제력이 아니다. 의지를 억누르거나 감정을 억제하는 절제만으로는 진정한 변화는 일어나지 않는다. 자기부인의 본질은 자아를 비우는 케노시스(kenosis), 곧 의지적이고 인격적인 자기 비움으로 이 자기 비움은 자기포기가 아니라 하나님 앞에서 자신의 욕망과 의지, 자존심 등을 내려놓고 주도권을 하나님께 맡기는 영적 결단인 것이다. 예수님은 본래 하나님의 본체이셨으나, 스스로 비워 종의 형체를 입으시고 사람들과 같이 되셨다는 바울의 고백은, 자기부인을 가장 분명하게 보여 준다. "그는 하나님의 모습을 지니셨으나 하나님과 동등함을 취할 것으로 여기지 아니하시고 오히려 자기를 비워 종의 형체를 가지사 사람들과 같이 되셨고 사람의 모양으로 나타나사 자기를 낮추시고 죽기까지 복종하셨으니 곧 십자가에 죽으심이라."(빌립보서 2:6-8) 자기 비움은 억압이 아니라 능동적 사랑의 선택이며, 자기 소유와 집착을 내려놓음으로 타자와 하나님을 위한 자리를 내어 주는 행위인 것이다. 성숙한 자기부인은 단순한 금욕이나 수동적인 희생만은 아니라, 자기 인식에 기초한 자유로운 자기 초월인 것이다. 우리가 자아를 내려놓을 때, 성령은 우리의 존재 중심에 임하시고, 참된 자유와 평안을 허락하신다. 하지만 자기 비움은 일회적 사건이 아니다. 그것은 날마다 이루어지는 선택의 연속이며, 일상 속의 반복된 결단으로 우리는 매 순간 내 뜻과 하나님 뜻 사이에서의 선택을 해야만 한다.

예수님은 겟세마네 동산에서 "이르시되 아버지여, 만일 아버지의 뜻이거든 이 잔을 내게서 옮기시옵소서. 그러나 내 원대로 마시옵고 아버지의 원대로 되기를 원하나이다."(누가복음 22:42)라는 예수님의 기도는 자기 비움의 본질을 가장 잘 보여 주고 있다. 이 기도는 욕망과 감정을 억지로 억누르는 것이 아니라, 고통을 정직하게 마주하며 예수님의 뜻을 내려놓고 하나님의 뜻에 자기 전 존재를 맡기고 내어드리는 기도인 것이다. 예수님의 이 기도는 두려움 가운데서도 신뢰를 선택하는 자기 비움의 전형으로 오늘을 살아가는 그리스도인들에게도 동일한 부르심으로 다가온다. 주를 따르기 위한 자기 비움은 기도로부터 시작된다. 기도는 자아를 통제의 중심에 두는 것이 아니라 하나님 앞에 내 자아를 열어드리는 행위로 내 뜻을 이루기 위한 수단이 아니라 하나님 뜻 앞에 내 자아를 드러내고 그분의 주권을 받아들이는 과정이다. 이는 하나님을 내 뜻대로 통제하려는 것이 아닌 항복의 언어이며 자기주장이 아니라 경청하고 비우는 방식인 것이다. 예수님의 기도를 보면 "이르시되 아버지여 만일 아버지의 뜻이거든 이 잔을 내게서 옮기시옵소서 그러나 내 원대로 마시옵고 아버지의 원대로 하옵소서 하니"(누가복음 22:42) 예수님도 자기의지를 의식하고 하나님 앞에 자기를 내려놓는 인격적 순종을 하셨다. 기도는 억압이나 감정의 회피가 아니라 자기를 의식하고 정직하게 다시 재구성해 나가는 것이다.

자기 비움의 길에 있어서 말씀 묵상은 필수다. 말씀 묵상은 하나님의 뜻을 분별하게 하며, 자아가 붙들고 있는 집착과 욕망이 무엇인지를 드러내어 보여 주신다. 성령이 말씀을 통해 우리 내면을 비추실 때 무엇을 내려놓아야 할지, 모든 상황 속에서 어떻게 자기를 부인해야 할지 깨닫게 된다. 묵상은 하나님의 뜻을 내 안에 받아들이는 영적 호흡인 것이다. 내 자아를 말씀 앞에서 드러내고 하나님의 진리에 비추어 내려놓고 순종하기 위한 준비과정으로 자기 비움은 무조건적인 포기가 아니라 하나님의 말씀이 드러내시는 빛 안에서 무엇을 비워야 하는지를 알아가는 분별의 과정으로 그 과정에서 성령은 우리의 깨달음을 도우신다. 우리는 본능적으로 삶을 통제하려 한다. 미래를 계획하고, 관계를 정리하고, 감정을 통제하며 스스로의 가치를 지키고자 하지만 자아 비움은 이 통제의 욕망을 내려놓고 하나님의 주권을 받아들이는 것이다. 하나님의 임재는 내가 내려놓으면 놓을수록 더 깊이 우리의 삶에 들어오시지만 자기로 가득한 마음에 하나님이 머무를 자리는 없다. 자기 비움은 성령의 임재를 위한 공간을 만드는 작업이다.

심리학적으로도 자아 비움은 쉽지 않은 작업이다. 우리의 자아는 통제를 통해 정체성을 유지하고자 하며, 자기 상실을 가장 큰 위기로 여긴다. 인간은 스스로의 존재를 통제력과 동일시하기 때문이다. 하지만 역설적이게도 자아를 내려놓을 때 진정한 자기를 발견하게 된다. 예수께서 말씀하신 "누구든지 자기 목숨을 구하고자 하면 잃을 것이요, 잃는 자는 얻으리라."(마태복음 16:25)는 선언은 이 신비를 드러낸다. 자아 비움은 자기 소멸이 아니라 참된 자기 회복의 길이다. 그것은 고통스럽지만, 치유적이다. 자아의 죽음은 거짓 자아의 붕괴이며, 참 자아의 탄생이다. 성령은 우리 안에서 자기 비움을 통하여 참 자아로 우리를 인도하신다. 그 길은 두렵고 고통스러운 여정이지만 성령은 그 저항을 통하여 우리를 하나님 중심의 사람으로 빚어 가신다. 우리는 자기 비움을 통하여 통합자아로 나아가며 회복과 성화를 경험하게 된다. 결국 자아 비움은 자기를 부정하는 것이 아니라, 참된 자기를 향한 하나님의 은혜로 자기 자신을 내어 보이는 것이다. 예수께서 보여 주신 케노시스는 우리로 하여금 그분의 형상을 따라 살아가게 하는 길이요, 복음의 삶이 실제가 되는 자리로 우리는 날마다 자기를 비우는 훈련을 통하여, 성령 충만함과 하나님 다스리심 안에 거하는 법을 배워야 한다. 이것이 곧 회복으로 가는 성화의 길이 며, 제자의 삶이기 때문이다.

3) 그리스도를 닮는 여정

예수 그리스도를 닮는다는 것은 단순히 그분의 행동을 모방하는 것 이 아니라, 그분의 마음과 성품, 자기비움의 본질을 내면화하는 것 이다. 자기중심적 자아가 깨어지고 그 자리에 그리스도의 형상이 새 겨지는 내적 변형의 과정으로 예수 그리스도는 하나님의 본체이시지 만, 스스로를 비워 종의 형체를 취하셨고, 죽기까지 순종하셨다. "그 는 근본 하나님의 본체시나 하나님과 동등됨을 취할 것으로 여기지 아 니하시고 오히려 자기를 비워 종의 형체를 가지사 사람들과 같이 되셨 고 사람의 모양으로 나타나사 자기를 낮추시고 죽기까지 복종하셨으 니 곧 십자가에 죽으심이라."(빌립보서 2:6-8) 그분을 닮는다는 것은 곧 자신의 권리와 의지를 내려놓고, 하나님 아버지의 뜻에 자신을 온 전히 맡기는 삶을 살아가는 것이다. 내가 주도하며 내 의지대로 살아 가는 삶에서 주님이 원하시고 뜻하시는 삶으로 전환되는 것으로 자기 비움과 복종을 통하여 이루어지는 존재의 변화인 것이다. 자기부인은 단지 한순간의 의식적 결단이 아니다. 그것은 우리 존재의 근본적인 변화이며, 곧 삶 전체에 걸쳐 드러나는 실존적 방식이다. 날마다 자 신을 부인하며 살아가는 지속적 자기포기의 여정으로 이는 신앙의 한 지점에서 멈추는 것이 아니라, 삶의 매 순간 새롭게 선택되고 실천되어야 하는 영적인 운동이다.

  예수님은 "아무든지 나를 따라오려거든 자기를 부인하고 날마다 자기 십자가를 지고 나를 따를 것이니라."(누가복음 9:23) 고 말씀하신다. 이는 자기를 비우고 주님을 따라 사는 존재 방식으로 자기를 비우는 실존적 헌신을 뜻한다. 자기중심성을 내려놓고 하나님의 뜻을 향한 순종의 시작으로 이 길은 더 이상 자신을 위한 삶이 아니다. 개인의 유익이나 성공 안전을 쫓는삶이 아니라 타인을 위해 자신을 내어주는 삶인 것이다. 손해를 감수하고 억울한 일을 침묵하고 견디며 불이익 속에서도 사랑을 선택해야만 하는 험난한 길로 이 길은 외롭고 눈물겹지만 그 안에 담긴 복음의 진리는 그리스도의 형상을 닮아 작은 예수로 살아가는 여정인 것이다. 세상 기준으로 보면 이러한 삶은 어리석고 무기력해 보인다. 그러나 바로 그 약함 속에서 예수 그리스도의 형상이 우리의 내면에 새겨지는 은혜의 역설이 일어난다. 우리는 버림받는 듯한 자리에서 하나님의 임재를 경험하고, 상처받은 마음속에서 치유의 능력을 맛보게 된다. 세상의 눈에는 실패처럼 보이는 그 길이, 하나님 안에서는 성숙과 성화로 나아가는 은혜의 길인 것이다.

  사도 바울은 "나의 자녀들아 너희 속에 그리스도의 형상이 이루기까지 다시 너희를 위하여 해산하는 수고를 하노라."(갈라디아서 4:19) 라고 고백했다. 그리스도의 형상이 내 안에 이루어지는 과정은 결코 빠르고 편안한 길이 아니다. 그것은 내면이 깎이고, 자아가 무너지고, 자기 권리를 내려놓으며, 고난과 비움의 시간을 통과해야 하는 실존의 해산과 재탄생이다. 우리는 존재의 근본이 흔들리는 고통 가운데서야 비로소 그리스도의 성품을 입기 시작한다. 예수님이 십자가 위에서 완전한 사랑과 순종을 보여 주셨듯이, 우리 또한 자신의 감정과 욕망을 십자가에 못 박으며, 하나님의 뜻에 순종함으로 그분을 닮아 가야만 한다. 그 길은 자기 연민을 버리고, 하나님의 시선으로 나와 세상을 바라보는 영적 훈련의 길이다. 세상은 이러한 삶을 실패라 말하고, 어리석다고 여긴다. 그러나 성경은 분명히 말한다. "나에게 이르시기를 내 은혜가 네게 족하도다. 이는 내 능력이 약한 데서 온전하여짐이라 하신지라. 그러므로 도리어 크게 기뻐함으로 나의 여러 약한 것들에 대하여 자랑하리니, 이는 그리스도의 능력이 내게 머물게 하려 함이라. 그러므로 내가 그리스도를 위하여 약한 것들과 능욕과 궁핍과 박해와 곤고를 기뻐하노니, 이는 내가 약한 그 때에 곧 강함이라."(고린도 후서 12:9-10) 이 말씀은 자기부인의 역설로 스스로를 비워야 그리스도의 능력이 임하고 하나님의 임재가 자리 잡는 다는 것으로 자기의지는 깨어지고 오직 하나님의 능력에 의존하는 자리로 들어가는 과정이다.

그리스도를 닮는 여정은 우리의 무능함을 통과해 하나님의 능력을 경험하는 은혜의 통로다. 그 은혜는 침묵 속에서 역사하고, 용서 속에서 살아 움직이며, 섬김을 통해 그리스도의 영광을 드러낸다. 작은 인내와 상처는 그리스도의 빛과 위로를 전하는 통로가 되며, 약함은 더 이상 부끄러움이 아니라 하나님의 능력을 위한 공간이 된다. 십자가는 패배가 아닌 하나님의 승리 방식으로 세상에서 가장 낮은 자리에서 하나님은 가장 높은 길을 여셨다. 그러므로 십자가는 두려움의 대상이 아니라 참된 생명으로 들어가는 문이며, 성화와 회복의 길인 것이다. 낮아짐을 선택할 때, 우리는 하나님 안에서 참된 높아짐을 경험한다. 십자가의 길은 단순한 신앙 고백이 아니라 매일 삶 속에서 살아내야 할 실존의 현실이다. 자존심을 꺾는 선택, 복수 대신 용서를 택하는 용기, 내 유익보다 타인을 세우는 태도, 이 모든 것이 십자가에 참여하는 구체적인 방식이다. 복음은 말이 아니라 삶으로 드러나며, 그 삶을 통해 세상은 그리스도를 보게 된다. 이 길은 쉽지 않지만, 그 끝에는 부활의 능력과 하나님 나라의 생명이 있다. 자기부인의 고통과 침묵 속에서 우리는 그리스도의 생명을 더 깊이 체험하고, 세상이 줄 수 없는 평안과 자유를 누리게 된다. 그래서 우리는 십자가의 길을 회피하지 않고, 기꺼이 선택할 수 있다. 그 길은 곧 주님께로, 회복과 성화의 여정으로 이끄는 길이기 때문이다.

4) 자아초월의 자유

자아초월의 자유는 더 이상 자기를 지키기 위해 애쓰지 않아도 되는 자유다. 누구랑 비교하지 않아도 괜찮고, 증명하지 않아도 불안하지 않으며 타인의 시선과 평가에서 벗어나, 하나님의 시선 안에 머무는 평안으로 이 자유는 자기부정이나 자기포기의 강요가 아니라, 자기를 비우고 하나님 안에서 자기를 다시 찾는 깊은 은혜다. 이는 자기가 더 이상 주인이 아니라, 하나님의 뜻에 열린 통로가 되는 상태로 이 자유를 누리는 사람은 섬김을 통해 자유롭고, 용서를 통해 해방되며, 자기의 연약함조차도 타인을 위한 위로의 자산으로 여긴다. 자아를 초월한 자리, 거기서 우리는 진정한 자유와 평안을 경험한다. 그 자유는 곧 하나님 사랑에 완전히 붙잡힌 사람만이 누릴 수 있는 해방의 상태인 것으로 자기를 내려놓았기 때문에, 더 이상 잃을 것이 없고, 하나님 안에 있기에, 더 이상 채울 것도 없는 자유인 것이다. 자기부인의 여정은 결국 자아초월(Self transcendence)이라는 자유로 우리 삶을 이끈다. 이것은 단순히 자신을 억압하며 나아가는 금욕적 훈련이 아니다. 오히려 자기 안에 있는 참된 자아를 찾아가는 내면의 변화 과정이다. 이 여정은 점점 자기중심적인 삶을 내려놓고, 하나님의 사랑과 진리 안에 뿌리내리는 존재로 자라나는 성숙으로 나아간다. 무의식적 욕망과 상처 왜곡된 방어기제는 점차 회복되고 자유롭게 자기를 수용하게 된다.

자기를 포기함으로써 나보다 크신 하나님 안에서 진정한 자아를 새롭게 발견하는 영적 전환으로 예수님은 "누구든지 자기 목숨을 구하고자 하면 잃을 것이요, 누구든지 나를 위하여 자기 목숨을 잃으면 찾으리라."(마태복음 16:25)고 말씀하셨다. 이는 자기보존 본능을 넘어서는 자아초월의 자유를 말하는 것으로 자아를 붙들수록 우리는 잃고 그 자아를 내려놓을 때 진정한 생명과 자유를 얻게 된다는 것을 가르치시는 것이다. 자신의 뜻과 욕망을 하나님께 맡길 때 오히려 더 본질적이고 참된 자아를 회복하게 된다는 복음의 역설을 드러낸다. 이 초월은 더 이상 세상의 기준이나 자기 욕망에 얽매이지 않는 자유를 말한다. 사람들의 인정에 목말라하거나, 타인과 자신을 끊임없이 비교하며 절망하거나, 자신을 과시하며 가치를 증명하려는 강박에서 벗어나는 것이다. 그 대신, 하나님이 나를 어떻게 보실까?가 나의 정체성이 되며, 그분의 사랑과 목적이 내 삶을 이끄는 새로운 질서가 내 안에 자리 잡게 되는 것이다. 이 자유는 오직 예수 그리스도 안에서만 가능하다. 내 삶의 중심 자리에 앉아 있던 자아를 내려놓고, 하나님을 참된 주인으로 모실 때 비로소 해방된 존재로 살아가는 삶이 시작되는 것이다.

자아초월은 하나님의 은혜를 의지하여 성령의 인도하심에 자기를 맡기는 믿음의 결단에서 비롯된다. 그렇게 자기를 내려놓고 하나님께 나아갈 때, 사람은 비로소 진실한 사랑을 할 수 있고, 기꺼이 용서할 수 있으며, 깊은 평안을 누리게 된다. 그 자유는 나를 넘어서 하나님의 영광을 드러내는 삶으로 나아가게 하고, 세상 속에서 사랑하고 섬기는 존재로 나아간다. 옛 자아를 벗어버리고 자기를 비우는 길을 넘어 주님과 동행하는 삶 속에서 자아초월은 내면의 성숙한 성화의 과정으로 이 과정은 그리스도 안에서 참된 자유와 깊은 영적 성숙으로 인도한다. 자아초월에 대한 심리학적 통찰은 아브라함 매슬로우에 의해 현대 심리학에서도 조명되었다. 그는 인간의 욕구를 단계적으로 설명한 욕구 위계 이론(Hierarchy of Needs)으로 잘 알려져 있으나 그의 사상은 후기에 이르러 자기실현을 넘어서, 인간 성장의 궁극적인 단계로 자아초월을 제시한다. 그는 자아초월을 '자기 자신을 넘어서 타인, 공동체, 혹은 초월적 실재로 신과 진리를 위해 살아가는 상태'라고 정의했다. 이는 단순한 생존이나 성공을 넘어서, 삶의 더 깊은 의미와 목적을 발견하고 그에 헌신하는 삶인 것이다. 사랑, 봉사, 헌신 속에서 인간은 자신을 넘어설 수 있으며, 이때 비로소 진정한 해방과 성숙을 경험한다.

매슬로우는 인간이 자기 자신을 넘어서 도덕적이고 영적인 가치에 헌신하고, 이웃의 고통에 공감하며 세상을 향해 기여할 때, 비로소 자기중심적인 삶에서 벗어나 깊은 내적 자유와 평안을 누릴 수 있다고 보았다. 자기 초월은 결국 하나님 중심으로의 존재 전환이다. 자기를 내려놓고 하나님을 신뢰할 때, 그 자리에서만 참된 자유와 평안, 하나님의 영광을 드러내는 삶이 시작되는 것이기 때문이다. 초월은 십자가를 통해 비워지고, 하나님의 생명으로 채워질 때, 자기 존재를 넘어서는 새로운 삶의 차원을 경험하게 된다. 아브라함은 믿음으로 하나님께 자신을 온전히 내어드린 자아초월의 본보기였으며, 모세는 애굽의 왕자 자리를 버리고 하나님의 부르심에 순종한 초월적 지도자였다. 요셉은 고난과 억울함 속에서도 하나님의 섭리에 자기를 맡긴 신뢰의 사람이었으며, 다윗은 자신의 죄와 욕망을 인정하고 회개함으로 하나님의 뜻에 순종했고, 사울을 죽일 기회를 두 번이나 넘기며 초월적 인내와 절제를 보여 주었다. 바울은 자기 의와 자랑을 버리고 복음을 위해 자신을 내려놓은, 그리스도 중심의 새로운 존재로 살아간 사도였다. 성경은 이처럼 자아초월을 인간의 의지가 아닌 하나님의 은혜로 이루어지는 변화로 제시하고 있다. 이처럼 자기를 비우고 하나님께 나아갈 때, 우리는 참된 자아를 회복하고 세상을 향한 사명의 존재로 빚어지게 된다.

3. 죄와 싸우는 영적 전투

변화의 길에는 끊임없는 영적 싸움이 따른다. 이 싸움은 자기 힘으로가 아니라 말씀과 성령의 도우심으로 이루어져야 한다. 변화의 길에서 죄와 싸운다는 것은 단순히 도덕적인 결심을 넘어선다. 이는 하나님의 말씀과 성령에 깊이 뿌리내린 치열한 내면의 전투로 이 싸움은 하나님의 뜻과 우리의 죄성, 자기중심적인 본성 사이에서 벌어지는 갈등이며, 더 나아가 건강한 자아와 상처로 인해 왜곡되고 방어기제로 가득 찬 자아 사이의 대립을 포함한다. 특히 죄는 특정 상황에서 반복적으로 나타나는 패턴을 가지며, 우리 내면의 상처 역시 특정 자극에 대해 고정된 감정적, 행동적 반응 경로를 형성함으로써 이러한 영적 싸움을 더욱 복잡하게 만든다. 죄와의 싸움은 하나님 앞에서 우리의 진정한 정체성, 즉 우리가 성도인가 아니면 여전히 죄인인가를 확인하는 영적전투다. 심리적 싸움은 우리 내면의 자아가 자기비난의 굴레에서 벗어나 온전한 자기존중을 회복해 나가는 과정이라 할 수 있다. 회복의 여정에서 우리가 마주하게 되는 가장 깊은 실체는 바로 '죄'다. 죄는 단순히 율법을 어기는 행위를 넘어, 하나님과의 단절을 초래하는 불순종의 근원으로 우리의 무의식 깊숙한 곳에 은밀히 자리 잡아 우리를 유혹하고, 교묘한 자기합리화로 포장되며, 궁극적으로는 우리 자아를 낙심시키고 하나님으로부터 멀어지게 만든다. 우리가 변화를 원하지만, 실제로 죄와 맞서 싸우는 것은 두려워한다. "너희가 죄와 싸우되 아직 피 흘리기까지는 대항하지 아니하고"(히브리서 12:4) 죄와의 싸움이 생명을 걸 만큼 치열한 영적 전투임을 히브리서 기자는 강조하면서 당시 성도들이 싸우지 않았다는 것을 지적하고 있다. 이 싸움은 결코 자기의지로 감당할 수 없으며 하나님이 함께하실 때 이겨낼 수 있는 영적 전투인 것이다.

죄는 단순한 나쁜 습관을 넘어 존재 중심을 차지한 타락한 본성으로 우리는 죄 앞에 무기력하다. 그래서 예수님은 십자가를 지셨고, 성령은 우리 안에서 언제나 함께 하시며 우리를 도우시기 위해 오셨다. 그러므로 우리는 성령 하나님을 의지해야만 한다. 진정한 변화는 결심이 아니라, 성령 하나님께 나를 맡기고 말씀에 순종하는 삶에서부터 시작된다. "내 속, 곧 내 육신에 선한 것이 거하지 아니하는 줄을 아노니, 원함은 내게 있으나 선을 행하는 것은 없노라."(로마서 7:18) 바울의 고백은, 아무리 내가 바르고 착하게 살고자 해도 결국은 지치고 낙심하고 정죄에 빠질 수밖에 없는 인간의 무력함을 보여 준다. 선을 이루고 싶은 마음은 있지만, 그 의지를 행동으로 이끌 힘이 없다. 그러나 이 고백이 절망으로 끝나지 않는 이유는, 그 무력함이 곧 은혜의 출발점이기 때문이다. 내가 아무리 노력해도 거룩하게 살 수 없다면, 성령께 의지하는 훈련을 새롭게 시작해야만 한다. 성령을 의지한다는 것은 하나님께 다 맡겨 버리고 하나님이 다 해 주시겠지? 가 아니라 그것은 내 모든 삶의 영역 속에 있는 습관, 사고방식, 신념, 가치관 등의 모든 주도권을 주님께 드리는 순종인 것이다. 우리는 종종 의지한다고 말하면서도, 내 뜻대로 되기를 기대한다. 그러나 성령의 인도는 내 생각과 다를 수 있고, 때로는 고통과 기다림을 동반하며 진행되기도 한다.

성령은 인격적인 분이시다. 우리를 억지로 끌고 가지 않으시며, 사랑으로 설득하시며 깨우치기를 기다리신다. 변화는 대부분 서서히, 뿌리 깊은 내면부터, 습관과 존재 방식 전체에 걸쳐 일어나지만 그 변화가 더딘 이유는 여전히 남아 있는 자기방어 때문이다. 성령을 의지한다고 하면서도 내가 지키고 싶은 것들을 내려놓지 못한다면, 하나님은 그 하나하나를 무너뜨리며 우리를 빚어 가신다. 때로 우리는 '하나님만을 의지하며 살아가고 있지만, 아무것도 바뀌지 않는 것 같아 지친다.'라는 고백을 하기도 하지만 하나님은 지금도 우리가 원하는 방식이 아닌, 하나님이 원하시는 형상으로 빚어 가고 계신다. 변화는 이미 일어나고 있지만 보지 못하고 있는 것일 뿐이다. 변화의 길에서 지치지 않고 믿음을 잃지 않도록 기도하지만 지금 현재는 외롭고 힘들어 보여도 성령은 결코 혼자 내버려 두지 않으시고 지금도 일하고 계시다는 사실을 알 수 있어야 한다. 성화는 말씀에 뿌리내리고 성령의 도우심에 순종하며 끝까지 나아갈 때 이루어진다. 성령의 인도함 없이 변화를 기대할 수는 없다. 성령의 인도하심을 따라갈 때 거룩함의 길은 가능해지는 것이다.

죄를 외면하거나 타협하는 것은 회복을 포기하는 것이며, 은혜를 값싼 것으로 만드는 길이다. 우리는 날마다 말씀 앞에 서서, 내 안에 숨겨진 죄의 실체를 직면하고 싸워야 한다. 이 싸움은 나를 파괴하려는 것이 아니라, 참된 자아로 회복되게 하는 치유의 과정이다. 신앙의 여정에서 우리는 이런 고민을 자주 경험한다. 온전한 그리스도인으로 살고 싶지만, 나는 왜 여전히 죄에 넘어지는 것일까? 이 실존적 탄식 속에서 우리는 깨닫게 된다. 죄로 물든 인간의 본성은 성령의 인도 없이는 결코 거룩함에 이를 수 없다. 많은 그리스도인들이 거룩을 자신의 의지와 결단으로 이루려 하지만, 성경은 거룩이 하나님의 은혜로 맺히는 열매라고 말한다. "오직 성령의 열매는 사랑과 희락과 화평과 오래 참음과 자비와 양선과 충성과 온유와 절제니, 이 같은 것을 금지할 법이 없느니라."(갈라디아서 5:22-23) 이 말씀은 거룩과 정결을 향한 갈망이 오직 성령의 도우심으로만 이루어질 수 있음을 명확히 보여 준다. 우리는 거룩하게 살기 위해 애쓰지만, 그 삶은 내 의지가 아닌 성령의 역사로 맺히는 열매로 거룩함은 율법을 잘 지키는 삶이 아니라, 성령의 통치 아래 순종함으로 맺어지는 삶이다.

1) 죄와 마주하는 자아

죄와 마주하는 자아는 진실 앞에 무너지고 은혜 앞에 깨어난다. 이제 더 이상 자기 자신을 변호하며 합리화하지 않고 하나님 앞에 벗겨진 존재로 서게 된다. 자기기만을 내려놓고 회개의 자리로 나아가며 자기 의는 깨어지고 십자가의 은혜를 붙드는 자아는 성령의 빛 앞에서 회복과 성화의 출발점이 시작된다. 성령은 우리 안의 어둠을 밝히시는 분이시다. 그분은 죄의식 없이 살아가는 우리에게 찾아오셔서, 말씀을 통해 우리 영혼을 찌르신다. 그 찔림은 단순한 양심의 불편함이 아니다. 그것은 숨기고 싶었던 죄의 실체를 하나님 앞에 드러내는 은혜의 시작이다. 이때 우리는 본능적으로 회피하거나, 자기합리화라는 방어기제에 빠지기 쉽지만 성령의 조명 아래 드러난 죄는, 파괴가 아니라 회복을 위한 시작인 것이다. 죄는 어둠 속에서만 힘을 가지며, 자기기만과 거짓된 자아를 통해 자신을 정당화하지만 참된 변화는 주님 앞에 그 죄를 정직하게 드러내는 용기에서부터 시작된다. 은혜를 의지하며 죄를 직면하는 행위는 자기를 정죄하려는 율법적 의식이 아니라, 성령의 초대로 인하여 회복의 문을 여는 복된 길인 것이다.

죄의 의식화는 심판을 위한 것이 아니라, 치유의 길로 들어서게 하는 하나님의 은혜로 빛 가운데 나아올 때 비로소 우리는 용서를 받고, 변화될 수 있으며, 새 사람으로 살아갈 수 있다. 그러므로 성령의 찔림은 두려워할 것이 아니라, 잠든 영혼을 깨우는 하나님의 자비로운 손길임을 기억해야만 한다. 은밀하게 숨어 있는 죄는 억압되어 의식되지 않은 채 무의식에 머물며, 죄책감, 수치심, 자기혐오, 불안 등의 형태로 삶에 영향을 미치게 만들지만 하나님 앞에서 숨길 수 있는 죄는 없다. 의식화는 죄책감이 아니라 회개로 이어져야 하며 변화의 시작은 거기서부터 일어난다. 성령은 말씀과 상황을 통하여 내면을 비추시며 죄를 드러나게 하시는데 이때 중요한 것은 죄는 드러내되 정죄하지 않으며 진실을 마주할 수 있도록 해야 한다. 야고보서는 "너희 죄를 서로 고백하며 병 낫기를 위하여 서로 기도하라."(야고보서 5:16)고 말한다. 죄의 의식과 직면은 인간의 깊은 내면을 성령의 빛 앞에 세우는 거룩한 여정으로 이는 회피에서 회개로, 수치에서 용서로 나아가는 과정이며, 심리적 자유와 영적 회복을 동시에 가능케 한다. 회복의 여정에서 우리는 종종 자기 죄를 알고 의식하면서도 실제 변화로 나아가지 못하는 자신을 발견한다. 죄를 인식하고 직면했다는 사실이 반드시 영적인 성장이나 변화를 보장하지 않기 때문이다. 빛을 보았지만 그 빛 속으로 나아가지 못하는 상태, 즉 의식의 눈은 뜨였으나 발걸음은 묶인 상태인 것이다.

　죄의 의식은 성령의 조명에 의해 주어진다. 하지만 이 의식이 복음 안에서 소망과 연결되지 않으면, 죄책감은 자기비난으로 변하고, 점차 자기혐오나 무기력, 형식적인 회개의 반복으로 이어질 수 있다. 이때 필요한 것은 죄책감에 머무르지 않고, 하나님이 내리신 용서와 회복의 선언을 붙들며 현실의 무기력함을 뚫고 죄의식에서 하나님의 은혜 앞으로 나아가는 온전한 존재의 결단이 요구된다. 키르케고르는 믿음의 도약을 언급하는데 이는 이해와 확신이 완전하지 않아도 하나님을 신뢰하고 그분께 자신을 던지는 선택을 뜻한다. '나는 아직 온전하게 변하지 않았으며, 또다시 넘어질지 모르지만, 그럼에도 불구하고 주님의 은혜를 믿고 나아갑니다.'라는 고백인 것이다. 왜 우리는 변화로 나아가지 못하는가? 그것은 죄가 일부가 되어 있기 때문이다. 변화는 죄책감의 깊이가 아니라 은혜에 대한 신뢰에서 시작된다. 용서받을 수 있다는 확신이 없다는 것은 은혜에 대한 불신이다. 바울은 누구보다도 죄의식을 강하게 느꼈다. "오호라 나는 곤고한 사람이로다. 이 사망의 몸에서 누가 나를 건져내랴?"(로마서 7:24) 고 절규했지만 그 뒤에 보면 "그러므로 이제 그리스도 예수 안에 있는 자에게는 결코 정죄함이 없나니"(로마서 8:1) 라고 선언했다. 이 복음의 선언을 믿고 한걸음 내딛으며 죄책감을 통과할 때 변화는 가능한 현실이 된다.

복음은 완전히 이해하거나 체험하지 못하더라도, 작은 순종과 정직한 고백에 하나님은 응답하신다. 믿어지지 않는다고 복음이 사라지는 것이 아니라, 믿어지지 않는 마음 가운데서도 역사하시는 은혜가 있기 때문이다. 하나님과의 사랑이 항상 느껴지지 않아도 지속되는 것처럼, 믿음도 때로는 느낌을 넘어서는 결단일 수 있다. 믿음은 모든 것이 확실해진 후 생기는 감정이 아니라, 그럼에도 불구하고 하나님을 향해 나아가는 정직한 고백에서 시작된다. '주님, 믿음 없는 저를 도와주옵소서.' 작은 고백이 하나님 앞에서 변화의 문을 여는 첫걸음이 된다. 믿어지지 않을 때 필요한 것은 솔직한 고백이다. 완전한 확신 속에서가 아니라 불확실 속에서도 하나님을 붙드는 선택으로, "주여, 내가 믿나이다. 나의 믿음 없는 것을 도와주소서."(마가복음 9:24)라는 고백이야말로 믿어지지 않는 현실 속에서 믿음의 시작이다. 믿음은 우리가 만들어 내는 것이 아니라 선물로 주시는 것이기 때문에, 우리는 '의심 없이 믿게 해 주세요'라고 간구해야 한다.

2) 유혹의 순환으로 낙심하는 자아

낙심하는 자아는 자신의 의지로 죄를 이기려 하지만 유혹으로 번번이 실패하며 결국 죄책감과 무가치감, 신앙적 열등감 속에 머무르게 되므로 낙심에 이르게 된다. 죄를 짓고 후회하고, 다시 유혹에 이끌려 무너지는 반복 패턴 속에서 자아는 점점 하나님 앞에 나아갈 자신감을 잃어버리고, 스스로를 정죄하며 회복의 문 앞에서 멈춰 버린다. "오직 각 사람이 시험을 받는 것은 자기 욕심에 끌려 미혹됨이니, 욕심이 잉태한즉 죄를 낳고, 죄가 장성한즉 사망을 낳느니라."(야고보서 1:14-15) 욕심에 미혹되어 죄를 지으며 사망으로 가는 악순환의 구조는 순환을 끊을 수 없다는 낙심으로 점점 더 무기력해져 간다. 심리학적으로 이 자아는 무기력 상태에 빠져 자기 조절 실패를 반복하면서 죄의 유혹 앞에 무력해지고 자기 비난과 절망으로 나아간다. 그것은 자아가 율법적 의를 붙들고 있기 때문이다. 하나님의 은혜를 붙들고 있는 것이 아니라 다 지키지도 못할 율법을 붙들고 자책한다. 하나님의 은혜를 보지 못하고 자신을 바라보며 죄책감에 시달리는 자아의 세상살이는 고달프다. "그러므로 이제 그리스도 예수 안에 있는 자에게는 결코 정죄함이 없나니 이는 그리스도 예수 안에 있는 생명의 성령의 법이 죄와 사망의 법에서 너를 해방하였음이라."(로마서 8:1-2) 자아는 여기서 완전히 새로운 정체성으로 나아가야만 한다. 유혹의 순환으로 낙심하는 자아는 죄를 끊어내려는 결심과 반복되는 실패 사이에서 절망하지만 성령의 능력으로 그리스도 안에서 자기를 바라보는 시선이 바뀔 때 유혹의 고리를 끊고 회복과 성화의 여정으로 나아갈 수 있는 것이다.

죄의 유혹과 실패는 누구나 겪는 여정이다. 중요한 것은 실패했는가가 아니라, 실패 후에 어디를 향하는가이다. 자기 낙심에 머무르지 말고, 반복 속에서도 다시 주님께 나아가야만 한다. 하나님은 우리가 완전해서가 아니라, 다시 주님을 바라보기 때문에 기뻐하신다. 자신을 정죄하는 마음이 크면 그만큼 죄책감도 크다는 증거로 죄책감이 복음의 은혜로 나아가지 못하게 막는다면 위험에 빠질 수 있다. 건강한 죄책감은 성령께서 주시는 양심의 깨달음에서 비롯되는 것으로 하나님께 용서를 구하고 깨달으며 하나님과의 관계 회복을 위한 방향으로 나아가야 한다. 그러나 자기 정죄의 죄책감은 "하나님도 날 싫어하실 거야"라는 생각으로 나아가며 은혜로 향하기보다는 무력감으로 인한 자기처벌과 낙심으로 나아간다. 그것은 하나님보다는 자기중심적인 신앙으로 기울어 가기 때문이다. 죄책감은 하나님께 나아가려는 마음보다 내가 잘해야 하나님께 나아갈 수 있다는 조건적 신앙의 틀에서 비롯된 것이다. 이를 복음의 시선으로 다시 생각해 보자. 하나님은 죄책감을 통해 우리를 구속하시는 분이 아니라 회개를 통하여 자유케 하시는 분으로 실패 속에서도 주님을 다시 바라보는 그 마음을 기뻐하신다. 우리의 죄책감 보다 더 크신 하나님의 긍휼을 바라보는 것이 복음의 능력임을 잊지 말자.

죄는 단순히 한 번의 잘못된 행동이 아니라, 훨씬 더 깊은 내면의 패턴과 습관의 문제다. 유혹은 오랜 시간 반복된 기억처럼, 익숙한 길로 우리의 감정과 생각을 인도한다. 마음 한편에 자리를 잡고, 무의식적으로 죄 된 행동으로 이어지게 만든다. 한 번의 실수라도 단순한 실수로 끝나지 않는다. 스스로에 대한 실망과 자책, '나는 왜 또 이랬을까, 정말 나는 변할 수 없는 사람인가? 나는 안돼'라는 절망적인 질문들이 마음을 덮친다. 이 감정은 죄책감이라는 이름으로 자아를 짓누르고, 오히려 죄의 굴레를 더 단단히 조이게 만든다. 많은 이들이 이런 감정을 억누르거나 회피하려 한다. 그러나 성경은 감정을 감추는 대신, 하나님 앞에 솔직히 토로하는 것을 보여 준다. 시편의 저

자들처럼 우리는 자신의 실패, 두려움, 낙심을 있는 그대로 하나님의 긍휼 앞에 내어놓을 수 있다. 낙심은 우리를 하나님의 은혜로부터 멀어지게 만들지만, 믿음은 그 감정 속에서도 하나님께 다시 나아가게 만든다. 믿음은 무너지지 않음을 의미하는 것이 아니라, 무너진 자리에서 다시 하나님의 품으로 나아가는 힘이다.

　반복되는 유혹 앞에서 우리는 어떻게 반응하고 있는가. 유혹이 다가올 때, 그것을 미리 인식하고 피하려 하는가 아니면 아무런 준비 없이 무방비 상태로 쉽게 무너지는가. 유혹을 느낄 때, 즉시 하나님께 기도하거나 말씀을 붙드는가. 이런 질문을 스스로에게 던져 보라. 유혹은 늘 존재하지만, 그 유혹이 찾아오는 상황적 패턴을 인식하면 대응이 달라진다. 스트레스나 우울감, 분노가 밀려올 때 누군가와의 갈등, 비교와 열등감, 외로움이 커질 때, 나는 어떤 방식으로 죄와 타협하려 드는가의 상황을 구체적으로 돌아보면, 무의식은 점차 의식화되고, 죄의 반복은 성령 안에서 분별의 시작점이 된다. 회복은 바로 그 의식에서 시작된다. 유혹에 실패했을 때 우리는 어떻게 자신을 다루고 있는지. 자신을 정죄하는 것은 하나님의 은혜에서 멀어지게 만드는 것이다. 그러나 복음은 이렇게 선언한다. "그러므로 이제 그리스도 예수 안에 있는 자에게는 결코 정죄함이 없나니."(로마서 8:1) 이 말씀은 복음의 핵심이다. 예수 그리스도 안에 있는 자는, 자신의 죄를 회개하고 예수님의 십자가와 부활을 믿는 사람이다. 그 사람에게는 더 이상 어떤 정죄도 존재하지 않는다. 우리가 죄를 지은 후, 하나님의 긍휼을 구하며 다시 서려는 믿음이 진짜 회개의 열매인 것이다.

3) 회개를 향한 내적 전쟁

회개는 단순한 고백이 아니라, 내면의 깊은 투쟁 끝에 하나님의 긍휼을 붙드는 선택이다. 죄책감과 자기 정죄를 뚫고 나아갈 때, 비로소 회복과 성화의 여정이 시작된다. 죄의식에서 은혜로 가는 길목에서 벌어지는 투쟁으로 회개는 단순히 잘못을 인정하는 행위가 아니다. 그것은 자기 정당화하려는 마음과 무너진 자아가 하나님 앞에서 진실하게 서고자 하는 영혼의 깊은 갈등이다. 회개는 죄를 고백하는 순간만이 아니라, 그 고백까지 이르는 모든 내면적 싸움을 포함한다. 죄를 인식하는 순간 본능적으로 인간은 회피하거나 합리화하거나 정죄하는 반응을 보인다. 이러한 방어기제는 회개로 나가지 못하도록 막는다. 회피는 죄를 보지 않으려 하고, 합리화는 죄를 덜 나쁘게 만들고, 정죄는 자신을 포기하게 만든다. 신앙심이 깊을수록 자기기만과 자기정죄 사이의 싸움은 더 치열하다. '나는 하나님 앞에 설 자격이 없다' 이러한 생각은 겸손처럼 보이지만 사실은 하나님의 은혜보다 자기의 생각을 더 신뢰하는 교만인 것이다. 다윗은 "내가 입을 다물고 있을 때에, 온종일 신음하니, 뼈마디가 녹아내렸습니다."(시편 32:3)라고 고백했으며, 바울은 "오호라 나는 곤고한 사람이로다 이 사망의 몸에서 누가 나를 건져내랴"(로마서 7:24)라며 절규하는 내면의 전쟁을 치르며 결국 하나님 앞에 나아가 회개했다. 고백은 은혜를 향한 문으로 인도한다. 진정한 회개는 죄의식에서 벗어나 하나님께로 돌아가는 관계 회복인 것이다. 그것은 죄에 머무는 것이 아니라, 은혜 앞으로 나아가는 의지의 전환이며, 낙심 속에 있던 자아가 믿음으로 하나님을 다시 바라보는 돌이킴인 것이다.

회개는 죄를 안다고 해서, 죄를 깨달았다고 해서 곧 이루어지는 것이 아니다. 우리는 죄를 인식하면서도 여전히 그 죄를 붙들고 있는 자신을 자주 발견하게 되는데 진정한 회개는 단순한 감정적 후회가 아니라, 마음과 의지 전체가 하나님께로 돌이키는 깊은 내면의 싸움이다. 그 안에는 의지적 결단과 삶의 방향 전환이 포함된 전인격적인 변화의 투쟁이 담겨 있는데 이 싸움은 옛 자아와 성령의 붙드심 사이에서 끊임없이 일어난다. 옛 자아는 회개를 미루게 하고, 스스로를 합리화한다. 지금 있는 그 모습 그대로 살아가려 하며 바꾸고 싶지 않아 '이 정도는 괜찮아'라며 합리화하는 것이다. 내면의 속삭임은 회개의 결단을 흐리게 만들고, 영적 무감각에 빠뜨린다. 회개는 자기 정당화와 방어를 내려놓고, 하나님의 말씀 앞에서 자신을 정직하게 바라보는 고통이 따르지만, 그 고통이 바로 회개의 문이 되는 것이다. 회개는 죄를 후회하는 데 그치는 것이 아니라, 돌이켜 하나님께로 나아가는 능동적인 변화이다. 삶의 중심축이 죄에서 돌이켜 하나님께로 옮겨지는 것, 그것이 진정한 회개이다. 그러므로 회개는 감정적 고백이 아니라, 삶의 전환점이 되는 것이다.

하나님은 우리의 완전한 변화를 요구하지 않으시며, 그분은 먼저, 우리가 정직하게 우리의 죄를 자백하기를 원하신다. "너는 오직 네 죄를 자복하라 곧 네 하나님 여호와를 배반하고 네 길로 달려 모든 푸른 나무 아래로 가서 이방 신들에게 절을 하고 내 목소리를 듣지 아니하였음이라 여호와의 말씀이니라."(예레미야 3:13) 우리는 하나님 앞에 부끄러운 것들을 드러내기 주저할 때가 많다. 그러나 그 수치심 너머로 하나님은 이미 모든 것을 알고 계셨고, 보고 계셨다. 죄를 수없이 반복하면서, 이제는 회개도 의미 없어 라고 느끼는 저항감은 결국 우리로 하여금 죄를 붙든 채 회개의 문 앞에서 망설이게 만든다. 그러나 하나님의 은혜는 우리의 모든 저항보다 더 크고, 더 깊다. 그래서 회개는 우리를 누르기 위한 짐이 아니라, 하나님의 은혜로 들어가는 통로인 것이다. 하나님은 회개하는 자를 정죄하지 않으시고, 받아주시며 회복시키신다. 누가복음 15장의 탕자처럼, 죄를 짓고 돌아오는 아들을 아버지는 기쁨으로 맞아 주신다. 우리 하나님은 지금 우리가 회개하고 돌아오면 마찬가지로 잔치를 베풀고 채색옷을 입히고 금가락지를 끼워주고 송아지를 잡아 잔치를 여신다. 그러므로 진짜 회개는 죄책감 속에 머무는 것이 아니라, 하나님의 품으로 돌아가는 것이다.

우리는 종종 진심으로 회개했다고 말하지만, 생활 구조와 행동의 패턴이 바뀌지 않았다면 그 회개는 아직 깊이 뿌리 뽑히지 못한 것일 수 있다. 겉으로만 정리된 회개는 일시적 위로는 줄 수 있지만, 근본적 변화는 이끌어 내지 못한다. 그러므로 우리는 표면적인 정리에서 멈추지 않고, 깊은 회개의 자리로 들어가야 한다. 깊은 회개는 반드시 열매로 드러나게 되는데 죄의 본질을 숨기지 않고 정직하게 인정하게 되고, 발각된 수치심에 머무는 것이 아니라, 하나님 앞에서 마음이 아파진다. 죄로 향하던 발걸음은 의로 향하게 되고, 회복을 향한 갈망은 예배와 기도로 표현된다. '주님, 저는 회개했다고 말하지만 지금도 제 안에는 죄의 흔적이 남아 있어 죄를 반복하고 있음을 봅니다. 주님, 반복되는 후회가 아니라, 삶의 방향이 진정 주님께 향할 수 있도록 인도해 주옵소서. 정직하게 죄를 직면하고, 주님의 은혜를 더 깊이 붙들게 하옵소서. 성령님, 저를 인도하셔서 회개의 열매를 맺게 하시고, 자유하게 하옵소서.' 이렇게 회개했다고 말하면서도 여전히 죄책감이나 두려움이 남아 있다면 그것은 감정이 믿음을 따라오지 못하고 있는 자연스러운 현상이기도 하다. 하나님은 이미 우리를 용서하셨지만, 우리는 여전히 그 죄의 무게를 기억하고 있을 수 있다. 이럴 때는 반복해서 말씀의 진리로 내 마음을 묶는 훈련이 필요하다. 사단은 우리를 정죄하며 낙심시키지만, 성령은 회개로 인도하시고 은혜 안에서 우리를 자유케 하신다. 그러므로 지금 느끼고 있는 죄책감이 주님의 뜻인지, 사단의 속삭임인지 분별하고, 말씀의 진리 안에서 자유함으로 나아가야만 한다.

4) 말씀과 기도로 싸우는 삶

하나님의 말씀인 진리를 붙들고, 기도를 통하여 하나님과 교통하는 삶은 우리 안에서 반복되는 유혹과 죄, 자기중심적인 나태함에 맞서 싸우는 영적 전투의 삶이다. 이 싸움은 겉으로 드러난 외적인 적이 아니라, 내면 깊숙이 자리한 죄성, 즉 타락한 본성과의 싸움이다. 이러한 영적 전쟁은 단순히 감정이나 의지의 힘만으로 감당할 수 없다. 감정은 상황에 따라 쉽게 흔들리고, 의지는 시간이 갈수록 지치기 마련이다. 우리의 내면이 무너지는 결정적인 순간은 감정이 바닥나거나 의지가 약해질 때가 아니라, 말씀과 기도에서 멀어질 때이다. 그 순간부터 우리는 영적 방향을 잃고, 자기중심적 판단과 습관의 수렁에 빠져들기 쉽다. 말씀은 죄를 드러내는 거울이며, 기도는 그 죄를 하나님께 내어놓는 통로다. 말씀 없이 기도만 하면, 방향 없는 감정적 호소로 흘러갈 수 있고, 결국 자기 욕망을 포장한 기도가 되기 쉽다. 반대로 기도 없이 말씀만 붙들면, 은혜 없는 율법주의에 빠지기 쉽고, 말씀조차도 형식과 습관으로 굳어지며 마음은 점점 메말라 간다. 기도 없는 죄와의 싸움은 무기 없이 전쟁터에 나서는 것이며, 말씀 없는 자기반성은 나침반 없이 바다를 항해하는 것과 같다.

예수님도 시험 앞에서 하나님의 말씀으로 마귀의 유혹을 물리치셨다. 예수님은 자신의 감정이나 직관을 신뢰하지 않으셨고, 오직 기록된 말씀에 근거하여 반응하셨다. 또한, 십자가를 앞둔 밤에는 땀이 핏방울이 되기까지 간절히 기도하셨다. 말씀과 기도, 이 두 가지는 우리가 치르는 영적 전쟁에서 반드시 붙들어야 할 검과 방패다. 말씀으로 진리를 분별하고, 기도로 하나님의 능력을 의지할 때, 우리는 날마다 반복되는 죄의 유혹 속에서도 넘어지지 않고 서 있는 삶을 살 수 있다. 이 싸움은 고단하지만, 하나님의 임재 가운데 이루어지는 거룩한 전투다. 말씀과 기도로 싸우는 그 삶이 곧, 우리를 진정한 회복과 성화의 길로 이끈다. 말씀과 기도 없이 사는 신앙은 뿌리 없는 나무 같다. 처음엔 괜찮은 것 같아도, 바람이 불면 흔들리고, 비가 오면 쓰러지고, 결국 마른 나무처럼 말라 가게 된다. 말씀 안에서 방향을 정하고, 기도 안에서 하나님의 호흡과 연결될 때 우리는 단순히 이기는 것을 넘어서 하나님의 뜻 안에서 성숙해지는 전투를 경험하게 된다. 이 싸움은 영적 고통을 동반하지만 결국 생명을 살리는 전투다. 바쁜 일상이지만 잠깐이라도 말씀과 기도의 시간을 가져 보자. 그 작은 실천이 나를 살리고 전투에서 버틸 수 있는 힘이 되어 준다.

다니엘을 보자. "다니엘이 이 조서에 왕의 도장이 찍힌 것을 알고도 자기 집에 돌아가서는 윗방에 올라가 예루살렘을 향한 창문을 열고 전과 같이 하루 세 번씩 무릎을 꿇고 기도하며 그의 하나님께 감사하였더라."(다니엘 6:10) 왕의 조서가 내려졌다는 걸 알고도 다니엘은 멈추지 않았다. 사자 굴에 던져질 위험 앞에서도 그는 말씀과 기도로 자신을 지켰다. 이방 땅 바벨론 한복판에서 다니엘은 바벨론에 물들지 않고, 오히려 말씀과 기도로 바벨론을 이긴 것이다. 시대가 혼란하고 상황이 어렵다고 해도, 진짜 싸움은 바깥이 아니라 내 안의 말씀과 기도의 자리에서 시작된다. 예수님도 마찬가지다. "예수께서 힘쓰고 애써 더욱 간절히 기도하시니 땀이 땅에 떨어지는 핏방울같이 되더라."(누가복음 22:44) 십자가를 앞둔 그 밤, 예수님은 고통 속에서 도망치지 않고 기도로 준비하셨다. 이 기도는 단순한 인간적 고뇌를 넘어서, 전 인류의 죄를 짊어지기 위한 철저한 순종의 기도였다. 감정이 아니라 말씀과 기도로 예수님은 길을 열어 가셨다. 기도가 막힐 때, 멈추지 말라, 기도가 막히는 데에는 대체로 두 가지 근본적인 이유가 있다. 첫째는 죄가 하나님과 우리 사이를 가로막고 있을 때이다. 성경은 이렇게 말한다. "오직 너희 죄악이 너희와 너희 하나님 사

이를 갈라놓았고, 너희 죄가 그의 얼굴을 가리어서 너희에게서 듣지 않으시게 하였느니라."(이사야 59:2)

　기도는 하나님과의 교제를 위한 자리이기에, 죄는 그 통로를 막는 장애물이다. 하나님은 회개 없는 기도를 외면하시며, 죄를 붙든 채 드리는 기도는 닿지 않는다. 그래서 기도가 막히는 이유를 돌아볼 때, 먼저 내 마음 안에 숨은 죄와 쓴 뿌리를 살피는 정직함이 필요하다. 또한 기도의 방향이 하나님의 뜻이 아니라 내 뜻을 이루는 데 맞춰질 때이다. 주님은 기도를 가르치시며 이렇게 말씀하셨다. "아버지의 뜻이 하늘에서 이루어진 것같이 땅에서도 이루어지이다."(마태복음 6:10) 기도는 내 욕망을 관철시키는 수단이 아니라, 하나님의 뜻에 나를 맞춰가는 순종과 복종의 여정이다. 하지만 우리는 자주 하나님을 설득하여 나의 욕심을 채우려고 한다. 그럴 때, 기도는 힘을 잃고 막히기 시작한다. 또한 기도가 막히는 또 다른 이유는, 하나님의 응답이 없다고 느껴질 때 낙심하여 기도를 멈추기 때문이다. 우리는 하나님의 시간과 방법을 이해하지 못한 채, 응답이 없다고 느껴질 때 쉽게 포기하려 하지만 그러나 하나님은 말씀하신다. "내 생각은 너희의 생각과 다르며, 내 길은 너희의 길과 다르다."(이사야 55:8-9) 하나님의 침묵은 거절이 아니다. 기도가 잘 되지 않아도 기도의 자리를 지키며 하나님 앞에 나아가는 그 자리를 포기하지 말자. 하나님은 여전히 그 자리에 계시며, 우리가 돌아오기를 기다리고 계신다.

　죄와 싸우는 반복적인 영적 전투 속에서 인격이 다듬어지고, 고통 가운데 자신을 점검하며 겸손한 순종의 삶으로 이끌려간다. 그렇게 성령은 우리의 내면을 연단하시고, 서서히 거룩함의 삶으로 인도하신다. 진정한 변화는 단번에 완성되지 않으며, 오직 시간 속에서의 연속적인 훈련과 하나님의 은혜 속에서 이루어져 간다. 이것이 회복으로 가는 성화의 길이다. 고통 속에서 자라나는 인격은 내면의 저항을 극복한 자기부인의 열매이며, 반복되는 죄와의 싸움은 새로운 자아가 태어나는 산통과도 같다. 자아의 죽음을 통과한 자는 비로소 그리스도의 형상을 입고, 존재 전체가 새롭게 빚어지는 것이다. 본회퍼는 '하나님의 은혜는 값싼 것이 아니다. 그것은 예수 그리스도를 따르기 위해 자기 생명을 내어놓는 대가를 요구한다. 그리스도께서 우리를 부르실 때, 그는 죽으러 오라고 부르신다'고 말한다. 심리학적으로도 이는 의미 있는 통찰을 제공한다. 심리적 트라우마를 통과한 사람은 이전보다 더 깊은 자각과 강인함을 가지게 되며, 고통은 단지 파괴의 사건이 아니라 재구성의 기회가 된다. 새로운 행동패턴이 반복될 때 뇌의 신경회로는 새롭게 형성된다. 작은 선택의 반복은 습관과 변화의 기반이 되며 재구조화된다. 즉 다르게 생각하고 행동하는 연습이 곧 자아의 재형인 것이다. 새로운 자아의 형성과정은 위기를 통하여 옛 자아의 붕괴를 넘어 자기 인식과 의식화의 과정을 넘어 인정하고 수용하는 새로운 행동과 사고 패턴이 형성되어 통합된 정체감의 성숙으로 나아간다.

4. 새 자아의 탄생

새 자아의 탄생은, 옛 자아의 죽음에서 시작된다. 자기중심성과 죄의 욕망으로 가득한 옛 자아는 스스로 변화하지 않는다. 그 자아는 회개 없이도 살아남으려 하고, 은혜 없이도 의미를 찾으려 하며, 하나님 없이도 인생을 완성할 수 있다고 생각한다. 그러나 진정한 변화는 자기부인의 고통스러운 과정을 통과할 때 일어난다. 십자가 앞에서 옛 자아가 철저히 깨어질 때, 새 자아가 그리스도 안에서 다시 태어난다. "누구든지 그리스도 안에 있으면 새로운 피조물이라. 이전 것은 지나갔으니 보라 새것이 되었도다."(고린도후서 5:17) 새 자아는 내 뜻이 아닌 하나님의 뜻에 순복하는 자아, 내 주장이 아닌 하나님 말씀에 근거한 자아, 자기 보호가 아닌 성령의 인도에 민감한 자아다. 새 자아의 탄생은 단지 좋은 사람이 되는 것이 아니라, 그리스도와 연합하여 새로운 존재로 살아가는 근본적인 정체성의 변화인 것이다. 새 자아로 태어난다는 것은 인간적인 노력이나 결심으로 도달할 수 있는 것이 아니라, 하나님의 생명으로 태어나는 것으로 예수 그리스도 안에서 새로운 자아는 탄생할 수 있다.

옛 자아가 그리스도의 십자가에 못 박히고 그 자리 위에 예수그리스도의 생명이 심겨지는 일로 그 생명은 우리 안에서 성령의 능력으로 자라나기 시작한다. 그러나 이 변화는 단숨에 완성되지 않으며 새 자아의 여정은 말씀 안에서, 기도 가운데, 성령의 인도하심을 따라 점진적으로 이루어지는 인격적 변화의 과정인 것이다. 성령은 우리 내면을 다루시고, 말씀은 그 방향을 비추며, 기도는 우리를 하나님의 임재 안에 머물게 한다. 하나님과의 지속적인 만남 속에서 새 생명은 자라며 열매를 맺게 된다. 하나님은 우리가 단순히 좋은 사람이 되기를 원하시는 것이 아니라, 그리스도의 형상을 닮은 존재로 변화되기를 원하신다. 바울은 고백한다. "내가 그리스도와 함께 십자가에 못 박혔나니, 그런즉 이제는 내가 사는 것이 아니요, 오직 내 안에 그리스도께서 사시는 것이라."(갈라디아서 2:20) 이 고백은 단지 삶의 일부를 바꾸려는 노력이 아니라, 완전한 존재의 전환을 말한다. 나의 옛 자아가 철저히 죽고, 그 자리에 예수 그리스도께서 주인 되시는 삶이 시작되는데 이 새로운 삶은 성령 없이는 불가능한 일이다. 예수님께서는 니고데모와의 대화 속에서 거듭남의 본질을 설명하신다. "예수께서 대답하시되 진실로 진실로 네게 이르노니 사람이 물과 성령으로 나지 아니하면 하나님 나라에 들어갈 수 없느니라 육으로 난 것은 육이요 성령으로 난 것은 영이니라."(요한복음 3:5-6) 성령은 우리를 깨닫게 하시고, 죄를 회개하게 하시며, 하나님의 자녀로 다시 태어나게 하시는 분이시다.

새 자아는 바로 이 거듭남으로부터 시작되며, 그 이후에는 하나님의 말씀과 기도 가운데서 점점 견고하고 성숙해지는 여정을 걷게 된다. 새 자아의 탄생은 하나님과의 인격적인 만남으로 시작되며, 관계를 통하여 점진적으로 성숙해 간다. 성령은 그 여정 전체를 인도하시며, 말씀은 우리가 나아갈 방향을 밝히고, 기도는 하나님의 임재

안에 거하도록 우리를 이끌어 준다. 바울은 이렇게 선포한다. "그런
즉 누구든지 그리스도 안에 있으면 새로운 피조물이라. 이전 것은 지
나갔으니 보라 새것이 되었도다."(고린도후서 5:17) 새 자아는 단순
한 생각의 변화가 아니라, 예수님과의 인격적 만남을 통해 이루어지
는 존재의 변화다. 회개와 믿음, 성령의 강력한 역사 없이는 이 전환
은 일어날 수 없다. 그리스도 안에서 시작된 구원의 여정은 단순히 과
거의 죄에서 해방되는 데 그치지 않는다. 이 여정은 우리의 전 인격과
성품, 삶의 중심과 방향을 변화시키는 깊은 내적 변화를 포함하는 것
으로 이는 단순한 개선이나 자기계발이 아니라, 예수 그리스도의 성
품을 닮은 새 사람으로 자라 가는 거룩한 여정이며, 바로 이것이 새
자아의 참된 목적이다.

하나님께서 우리를 부르신 이유는 단지 구원받는 것에만 머무르게
하려는 것이 아니라, 구원 이후의 삶 속에서 그리스도를 본받는 존재
로 빚어 가시기 위함이다. 새 자아는 결코 고립된 개인의 노력으로 이
루어지지 않는다. 성령의 도우심과 인도하심 없이는 진정한 변화는
불가능하다. 성령께서는 말씀과 기도, 공동체와의 관계, 일상 속의
다양한 상황을 통해 우리의 옛 자아를 깨뜨리시고, 그리스도의 마음
을 본받은 새 자아로 다시 빚어 가신다. 성장은 관계 속에서 이루어진
다. 타인과의 관계 속에서 우리는 미성숙함과 연약함 그리고 숨겨진
죄성이 드러난다. 갈등과 오해, 실망과 상처는 피하고 싶은 현실이지
만, 성령은 바로 그 자리에서 회개와 용서, 인내와 사랑이라는 영적
훈련을 시작하게 하신다. 이는 단지 인간관계를 개선하려는 것이 아

니라, 우리 안에 그리스도의 성품을 형성하기 위한 하나님의 거룩한 작업인 것이다. 관계 속에서 드러나는 우리의 이기심과 온고함이 불편하게 느껴지지만 그 불편함은 오히려 성숙으로 나아가는 통로가 된다. 마찰과 갈등, 이해받지 못함과 참는 시간 속에서 우리는 자신을 돌아보게 되고, 하나님의 뜻 앞에 더욱 겸손히 순종하게 된다. 이것이 곧 그리스도를 본받는 삶이며, 하나님께서 우리 각자에게 기대하시는 참된 변화인 것이다.

1) 인식의 전환과 존재의 변화

존재의 변화는 자기 인식에서 시작된다. 그 핵심은 내가 중심이 아니라 하나님이 중심이라 라는 인식 전환인 것이다. 이러한 인식 전환이 일어날 때, 삶을 대하는 방식은 근본적으로 변화하는데 더 이상 내가 원하는 대로 살아가는 것이 아니라 하나님이 원하시는 대로 살아가고자 하는 내적 동기가 생기기 때문이다. 성경은 "우리가 아직 죄인 되었을 때에 그리스도께서 우리를 위하여 죽으심으로 하나님께서 우리에 대한 자기의 사랑을 확증하셨느니라."(로마서 5:8) 고 바울은 말한다. 사랑의 본질을 보여 주는 이 말씀은 우리는 하나님께 나아갈 자격이 없고, 예수님의 십자가 죽으심으로 하나님의 사랑이 드러났다는 선언으로 우리는 하나님의 은혜를 체험하고 정체성이 변화되며 말씀을 통하여 가치관의 변화가 생긴다. 하나님의 자녀로 불러주셨다는 것을 인식하면 율법적인 복종으로 가는 것이 아니라 사랑에서 비롯된 순종이 이루어지며 세상의 가치가 중요한 것이 아니라 하나님이 뜻을 이루어 나가기 위한 방향전환이 일어난다. 이 변화가 곧 하나님이 원하시는 대로 살고자 하는 인식 전환으로 나아가 존재의 변화는 시작된다.

인식이 존재를 형성한다. 나는 누구인가? 의 인식은 존재방식인 삶의 태도와 행동, 정체성은 근원적으로 변하게 되어 있다. 존재의 변화는 해체의 과정을 거쳐 자기방어기제가 무너지는, 옛사람은 십자가에 못 박고 존재의 재구성으로 새로운 자기 정체성이 형성된다. 변화된 인식은 삶의 중심이 달라져 존재의 변화를 이룬다. 신학적으로 그리스도 안에서의 새 정체성을 갖는 것이다. 옛 자아는 죽고 새 사람으로 다시 태어나는 것이다. 인격적 변화는 성령의 인도하심으로 죄와 자기중심적인 왜곡된 존재가 하나님의 형상으로 회복되는 과정이다. 이러한 인식전환은 존재가 새로워지는 사건이며 성화의 길인 것이다. 심리학적으로는 자기개념의 재구성이다. 무의식 의식화의 자기수용으로 나아가 자기의 감정과 사고 행동 패턴이 바뀌며 정체성이 확립된다. 자기 문제를 의식하고 자신의 한계와 상처를 깊이 느끼며, 더 나은 자아를 향한 욕구가 깨어나는 과정을 거쳐 기존 사고방식의 틀을 깨고, 인지 재구성 단계를 지나 자기 개념을 재정립하므로 자신의 정체성은 바뀐다. 지속적인 자기 점검의 메타인지는 고정된 상태가 아닌 지속적인 자기점검으로 새로운 인식을 받아들이게 된다.

인식 전환은 곧 새로운 자아로 나아가는 출발점이 된다. 변화는 하나님의 말씀 앞에 설 때 가능하다. 말씀은 단순한 정보가 아니라, 우

리 삶의 방향과 가치관을 완전히 뒤바꾸는 능력으로 말씀 앞에서 우리
는 우리 자신의 실체를 비추어 보게 된다. 스스로 인식하지 못했던 자
기중심성, 왜곡된 자아상, 억눌린 감정들이 드러나기 시작한다. 말씀
은 자아와 정체성의 기준을 세상의 평가가 아니라 하나님의 시선으로
바꾸어준다. 말씀은 자기 정체성의 변화를 가져다주며 혼란한 세상
속에서 담대하게 살아갈 수 있는 힘의 원천이 되는 것이다. 진정한 변
화는 영적 각성과 함께 정서적 회복이 병행되어야 한다. 우리는 삶의
목적, 존재의 의미에 대한 질문을 던지며 내면 깊은 차원으로 들어가
게 되는데 이때 중요한 것은 자기 수용이다. 있는 그대로의 나를 인정
하고, 감정과 느낌을 회피하지 않고 정직하게 바라보며 건강하게 표
현할 수 있는 용기를 갖는 것이다. 내면적 변화와 자기수용은 하나님
의 시선으로 자신을 바라보며, 죄와 상처 속에서도 회복과 성장의 가
능성을 발견하는 것이다. 정서적으로 안정된 사람은 대인관계에서도
더 건강하게 소통하고, 영적인 삶에서도 더욱 깊은 이해와 성숙을 이
루게 된다. 이전에는 상처와 분노로 반응하던 사람이, 이제는 용서와
절제로 살아가게 된다. 타인과의 관계에서 정직하고 따뜻하게 자신의
감정과 욕구를 표현하며, 진정한 만남을 추구하게 된다.

우리가 어떤 것을 보고 듣느냐에 따라 생각이 달라지고, 생각은 말
로, 말은 행동과 상황으로 이어진다. 그러므로 부정적인 생각에 사로
잡혀 있다면 의도적으로 말씀을 붙잡고 긍정적인 사고로의 전환을 시
도해야 한다. '나는 할 수 없다'는 생각은 현실을 가로막지만, 말씀을
통해 '나는 주 안에서 무엇이든 할 수 있다'는 믿음이 생기면, 현실도

변한다. 긍정은 말씀 위에 선 믿음의 고백이기 때문이다. 말씀 앞에 설 때, 우리는 진정한 자기를 만나고, 하나님 중심으로 살아가는 새로운 존재로 변화되어 가며 삶의 방식도 바뀐다. 이 변화는 정서, 관계, 영적 삶 전반에 걸쳐 일어나게 되며 말씀은 우리를 하나님의 뜻에 맞는 존재로 빚어가는 능력인 것이다. 변화를 향한 내적 동기는 성령의 감화 감동을 통해 일어난다. 성령님은 말씀을 통해 감정을 일깨우고 양심을 민감하게 하시며 하나님의 뜻을 분별하고 순종하게 하신다. 이 성령의 역사를 통해 우리는 하나님이 원하시는 대로 살고 싶다는 마음을 갖게 되는 것이다. "하나님은 너희 안에서 행하사 자기의 기쁘신 뜻을 위하여 너희에게 소원을 두고 행하게 하시나니"(빌립보서 2:13) 하나님이 원하시는 대로 살아가고자 하는 마음은 하나님의 사랑과 은혜를 체험하고 자신의 신분과 정체성을 재인식하며 말씀을 통해 가치관이 변화되고 성령님의 도우심을 통해 존재의 변화로 나아갈 수 있게 되는데 이는 단번에 이루어지는 것은 아니다.

2) 은혜로 빚어지는 성품

인간의 성품이 변화되는 과정은 단순한 습관의 교정이 아니라 내면의 근본적인 변화를 의미한다. 성품은 하나님과의 관계 속에서 말씀과 성령의 역사하심을 통해 서서히 바뀌어 간다. 인지행동치료(CBT)에서 인간은 생각을 바꾸면 변할 수 있다고 본다. 이 변화는 과학적으로 검증된 방식으로 임상 현장에서 그 효과를 입증해 왔다. 정신분석은 인간의 변화가 단순한 사고 수정이 아니라 무의식을 의식화하고 감

　회복으로 가는 성화의 길

정을 통합하는 깊은 내적 과정을 통해 일어난다고 본다. 겉으로 드러난 문제보다는 마음 깊숙한 곳의 원인을 파악하고 이해함으로써 변화가 가능하다는 것이다. 인지행동 치료가 생각과 행동을 바꾸는 실천적 치료라면 정신분석은 무의식을 이해하고 치유하는 깊은 내면 작업인 것이다. 기독교적 관점은 하나님 말씀을 통해 성령의 역사로 변화가 가능하다. 사람의 힘만으로는 근본적인 내적 변화를 이룰 수 없으며 하나님의 은혜와 말씀 안에서 회개와 성화의 과정을 통해 변화로 나아갈 수 있는 것이다. 하나님의 말씀은 살아 있고 그 어떤 검보다도 예리하며 우리 마음의 생각과 뜻을 감찰하신다. 말씀은 인간 내면을 꿰뚫고 변화시키는 능력이 있다. 새로운 자아의 출발은 혼자 이루는 것이 아니라 성령의 도움으로 가능하며 말씀이 내 안에 쌓여갈수록 생각과 행동은 달라진다. 이것이 그리스도 안에서 변화된 성품이다.

베드로는 충동적인 사람이었다. 그는 매우 감정적이고 즉흥적인 반응들을 자주 보였고 예수님이 고난받으실 것을 말씀하셨을 때도 강하게 반대하며 꾸짖기도 했다. "베드로가 예수를 붙들고 항변하여 이르되 주여 그리 마옵소서 이 일이 결코 주께 미치지 아니하리이다."(마태복음 16:22) 이 장면은 예수님이 처음으로 예루살렘에서 고난을 받고 죽임을 당할 것이라는 사실을 제자들에게 밝히신 후 벌어진 일로 베드로는 예수님께 반박을 한다. 베드로는 인간적인 관점에서 예수님의 죽음을 막으려 했던 것이며 감정적으로 아주 격렬히 반응했던 것을 볼 수 있다. 우리도 신앙생활 속에서 하나님의 뜻을 온전히 이해하고 못하고 인간적인 감정으로 반응할 수 있다는 것이다. 베드로는 후에 변화되어 하나님의 뜻을 이해하고 따르는 과정을 보면 하나님의 인도하심과 성령의 역할이 얼마나 중요한지를 깨닫게 된다. 변화 후의 베드로는 담대하게 복음을 전파하며 오순절 설교에서 수천 명을 회개시키는 역사가 일어나고 겸손하고 섬기는 리더자로 변화된다. 베드로 전후서의 말씀을 보면 그는 온유하고 겸손하며 인내의 성품이 드러난다.

바울은 유대교 바리새인으로 율법주의자로 예수 믿는 사람들을 박해했었다. 스데반의 순교 때에도 동의했던 인물로 지적이면서 완고한 성격의 소유자로 학문적 자부심이 강하고 유연성이 없는 사람이었으나 그는 예수님을 만난 후 자신의 삶을 복음 전파하며 살아가는 데 바쳤다는 것을 사도행전에서 볼 수 있다. 그러나 다메섹 도상에서 예수님을 만난 후 겸손한 리더로 자신의 약함을 자랑하며 사랑이 율법의 완성임을 강조한다. 복음을 위해 고난을 감수하며 채찍질, 감옥, 배고픔을 겪는 고난 속에서도 그는 끝까지 사명을 감당했던 것을 볼 수 있다. 완고했던 율법주의자요 박해자였던 그의 열정은 사랑으로 희생적인 사명자로 변화되었던 것이다. 베드로와 바울은 갈등도 있었다. 이유는 베드로가 이방인들과 함께 식사하다가 유대인들이 오자 그들과 멀어지며 위선적인 행동을 했기 때문으로 바울은 이것이 복음 진리를 해치는 일이라며 공개적으로 지적을 했었다(갈라디아서 2:11-14). 하지만 이들은 서로 존중하는 관계로 성숙해진다. 베드로는 바울을 사랑하는 형제라 부르며 베드로의 서신을 권위 있다고 인정하게 된다. 과거의 갈등을 넘어 서로 깊은 존중과 예수 그리스도 중심으로 연합이 있음을 보여준다. 때로는 충돌하기도 했지만 서로를 인정하고 존중하는 성숙한 신앙 공동체를 이루어 나갔다.

성품의 변화는 자신의 부족함과 죄성을 인식하는 데서 시작된다. 회개하고 하나님께 도움을 구하는 것에서부터 시작된다. 그것은 인간의 노력만으로는 어렵다는 것으로 성령은 우리 안에 내주하시어 성화의 길로 인도하시며 성령의 열매를 맺도록 빚어 가신다. 공격적인 사람은 온유해지고 조급한 사람은 인내하며 충동적인 자기절제를 잘 하며 살아가게 된다. 성품은 한순간에 바뀌지 않지만 반복적인 실패와 순종으로 차츰 다듬어져 간다. "망령되고 허탄한 신화를 버리고 경건에 이르도록 네 자신을 연단하라."(디모데전서 4:7) 하나님은 고난을 통하여 우리들을 빚어가며 교만을 꺾고 정화시키신다. "다만 이뿐 아니라 우리가 환난 중에도 즐거워하나니 이는 환난은 인내를, 인내는 연단을, 연단은 소망을 이루는 줄 앎이로다."(로마서 5:3-4) 성품은 혼자 있을 때가 아니라 대상들과의 관계 속에서 더 잘 드러나며 드러난다. 불편한 것들로 인하여 변화는 가능한 것으로, 고통스럽지만 그곳에서 하나님의 성품을 배우고 다듬어져 가는 것이다. "철이 철을 날카롭게 하는 것같이 사람이 그의 친구의 얼굴을 빛나게 하느니라."(잠언 27:17) 말씀을 통해 자기 자신을 돌아보는 것은 중요하다. 자기 문제를 보고 알고 인정하며 성령의 인도하심으로 변화되어져 가는 성화의 길 속에서 성령의 열매는 맺혀져 가기 때문이다. 반복적인 실패와 순종으로 성품은 다듬어져 간다. 어떠한 상황에서도 인내하며 나아가는 삶 속에서 하나님의 은혜로 성품은 변화되고 성장으로 나아가기 때문이다.

3) 죽고 다시 사는 복음의 길

"내가 진실로 진실로 너희에게 이르노니, 한 알의 밀이 땅에 떨어져 죽지 아니하면 한 알 그대로 있고, 죽으면 많은 열매를 맺느니라."(요한복음 12:24)는 예수님의 말씀은 복음의 핵심을 보여준다. 복음은 나의 옛 자아가 철저히 죽고 그리스도 안에서 새롭게 살아나는 죽음과 부활의 길이다. 죽음은 끝이 아닌 또 다른 시작이며 자아의 죽음을 통해 참된 부활의 생명은 열린다. 복음의 길은 죽음으로 시작되어 생명으로 완성되는 것으로 매일 자신을 부인하고 예수 그리스도의 십자가와 부활에 참여하는 삶이야말로 진정한 제제자의 길인 것이다. 우리의 욕심, 교만, 세상적 가치관들을 내려놓을 때 비로소 하나님은 우리 안에서 살아 역사하신다. 매일의 삶이 자기 자아를 부인하고 십자가를 지는 삶은 인간적으로 보면 부족한 것처럼 보이지만 그 길의 끝에는 참된 생명과 평안이 있다고 바울은 고백한다. "내가 그리스도와 함께 십자가에 못 박혔나니 그런즉 이제는 내가 사는 것이 아니요 오직 내 안에 그리스도께서 사시는 것이라 이제 내가 육체 가운데 사는 것은 나를 사랑하사 나를 위하여 자기 몸을 버리신 하나님의 아들을 믿는 믿음 안에서 사는 것이라."(갈라디아서 2:20) 복음은 우리가 원하는 삶을 살아가며 이루는 것이 아니라 그리스도 안에서 다시 사는 새로운 삶인 것이다.

세상은 자기를 높이고 더 많은 물질을 소유하며 살아가려 하지만, 복음의 길은 세상의 욕심을 내려놓고 그리스도 안에서 다시 사는 길이다. 세상을 바라보면 끊임없이 자기 욕심을 채우고 싶은 충동이 일어나지만, 복음은 그러한 자기를 부인하고 십자가를 지는 삶으로 우리를 부르신다. 이 길은 좁고 험한 길이지만, 참된 생명과 평안을 주는 길이며, 하나님과의 진정한 연합으로 인도하는 길이다. 예수님과 함께 죽고, 예수님과 함께 다시 살아나는 이 순환이 우리의 삶 속에서 실제가 될 때, 우리는 비로소 진정한 자유와 해방을 경험하게 된다. 불필요한 자존심, 스스로 잘났다고 여기는 교만, 이 모든 자기 의(義)는 철저히 무너져야 한다. 그 자리에 그리스도의 인격이 세워질 때, 비로소 우리의 존재는 새로워진다. 이러한 죽음은 결코 패배가 아니라 참된 자유다. 성령께서는 그 고통을 감당할 수 있는 힘을 우리에게 주시고, 그 고통을 통해 우리는 더욱 성숙해진다. 우리는 때로 무너지고, 밟히고, 손가락질을 당하지만, 그 모든 상황 속에서도 악에 의해 쓰러지는 것이 아니라, 하나님의 뜻 안에서 의도된 죽음을 맞이할 때, 다시 살아나는 은혜를 경험하게 된다. 그것이 그리스도와 함께 죽고 사는 성도의 길인 것이다.

예수님과 함께 죽고 예수님과 함께 다시 살아나는 이 순환이 나의 삶에서 실제가 될 때 진정한 자유와 해방은 찾아온다. 살려고 하면 죽고 자존심을 세우려 하면 밟힌다는 익히 알듯이 자유를 위해 죽어야 다시 사는 인생이 시작되는 것이다. 그것이 복음의 핵심으로 죽음과 부활은 예수님의 직접 삶으로 보여 주셨던 산교육으로 그 복음이 내

삶에서 실제가 되는 진정한 자아가 탄생한다는 것은 결단코 쉬운 것만
은 아니다. 내 자아는 방어하고 저항하며 항상성을 유지하고 싶어 하
는 악과 상처가 존재하고 있기 때문이다. 주의 일을 하면서도 우리의
무의식은 종종 자기 영광을 추구한다. 하나님의 뜻을 묻지 않고 앞서
가는 미성숙한 전능감은 스스로 하나님이 되려는 교만으로 나아가기
도 한다. 그러나 새롭게 태어난 자아는 하나님께 모든 것을 맡기며,
그분과 함께 일하고, 그분의 계획 속에 살아간다. 이 땅의 모든 일은
다 하나님이 주관하시는 하나님의 주권 아래 있다. 그렇다면 우리는
왜 그렇게 불안해하며 살아가는 것일까? 그것이 물질이든 명예든, 실
제로는 우리의 영혼이 원하는 것이 아닌데 말이다. 솔로몬은 세상 모
든 것이 헛되다고 고백했다.

진정한 채움은 오직 하나님께로부터 온다. 인간은 죄와 상처로 인
해 결핍을 메우려 하지만 왜곡된 방식으로는 채워지지 않는다. 솔로
몬의 고백처럼 세상의 모든 것은 헛되며, 주님의 뜻을 따라 사는 삶
만이 의미 있고 후회 없는 삶이다. 그리스도 안에서의 정체성이 회복
될 때, 더 이상 인정받기 위해 대상들에게 흔들리지 않고, 물질과 조
건에도 휘둘리지 않는다. 그러나 이런 유혹은 계속되며, 성령의 도우
심 없이는 그 싸움에서 승리할 수 없다. 죽음을 지나 부활로 나아가
는 길, 그 좁고 고통스러운 여정 속에서 우리는 진정한 자유와 생명
을 경험하게 된다. 복음의 능력은 나를 무너뜨리고 다시 세우는 힘이
다. 그리스도와 함께 죽고 다시 살아나, 진정한 자아로 회복되는 삶.
그것이 복음의 길이며, 참된 제자의 길이다. 우리는 그리스도와 함께

죽고 다시 사는 삶을 통해 하나님 자녀로서의 정체성을 회복하게 된다. 그 안에 있을 때 다른 사람의 인정이나 세상의 평가, 물질에 흔들리지 않는 담대한 삶이 가능하다. 그러나 이 유혹은 계속되며 날마다 싸워야 하는 현실 속에서 성령의 인도하심 없이는 승리할 수 없다. 복음의 길은 좁고 고통스럽지만, 그리스도의 생명으로 사는 이 여정은 진정한 자유와 부활의 삶으로 인도한다. 복음은 나를 무너뜨리고 다시 세우는 능력이며, 그리스도와 함께 죽고 다시 살아날 때 비로소 흔들림 없는 자아로 회복된다.

진정한 변화는 외적으로 보이는 행동의 수정이나 결단만은 아니다. 내면 깊은 곳에서 일어나는 자아의 죽음과 재구조화로 나아가는 것이다. 이는 자기를 미워하고 혐오하는 것에서 끝나지 않으며 자기 부인을 넘어 예수 그리스도의 길을 따르기 위한 의지의 선택으로 이 선택은 신앙생활 속의 헌신뿐만 아니라, 자기를 내려놓고 하나님 앞에 복종하는 실존의 확실한 전환인 것이다. 죄와의 싸움은 이 길이 얼마나 치열한지 끊임없이 우리의 삶 속에서 증명한다. 그 싸움을 싸우며 하루하루 승리의 삶으로 나아갈 때 자아는 죽고 그 자리에 복음에 순종하는 자아가 형성되어 가는 것이다. 자아의 죽음은 단순히 회개의 감정이나 형식에 머무르지 않는다. 그것은 존재 방식 자체가 새롭게 전환되는 사건이며, 이 죽음을 경험한 자만이 비로소 새로운 삶의 여정, 곧 그리스도 안에서의 부활의 길로 들어설 수 있다. 그리스도 안에서의 새 자아의 탄생은 자아의 죽음과 부활을 통과하는 깊은 내적 변화를 전제로 한다. 이 여정은 순간의 선택이 아니라, 매일의 삶 속에서 나는 죽고 그리스가 사는 삶의 결단이며, 자기를 부인하고 주님을 따르는 삶의 지속적인 훈련이다. 그 훈련은 오직 성령의 도우심 안에서 가능한 것이다.

4) 그리스도를 닮아 가는 길

그리스도를 닮아 가는 길은 자기 부인과 십자가를 통해, 말씀과 성령의 인도하심 속에서 고난을 감당하며, 사랑과 섬김으로 나타나는 거룩의 여정이다. 예수님을 닮아 가는 첫걸음은 자기를 부인하고, 자기 십자가를 지는 것이다. "이에 예수께서 제자들에게 이르시되 누구든지 나를 따라오려거든 자기를 부인하고 자기 십자가를 지고 나를 따를 것이니라."(마태복음 16:24) 자신의 세상적 모든 욕망을 내려놓고 그리스도의 마음을 품는 내적 싸움의 길로 말씀과 기도로 순종적인 거룩함의 훈련을 받아야만 한다. 그리스도를 닮는다는 것은 하루아침에 쉽게 이루어지는 것은 아니다. 지속적인 성령의 교제와 지속적인 훈련을 통하여 이루어져 간다. 성령은 우리 안에 내주하시어 우리가 성령의 인도하심에 민감하게 반응하도록 인도하신다. 우리의 교만을 깨뜨리시고 죄를 깨닫게 하시며 그리스도의 마음을 닮아가도록 도우신다. 성령의 열매는 그리스도를 닮아가는 실제적인 증거인 것이다. 고난을 통해 그리스도의 성품에 참여하는 길로 고난은 단순한 고통이 아니라 예수님의 겸손과 온유, 인내와 사랑을 배우는 훈련장이다. 그리스도를 닮는다는 것은 결국은 섬김과 사랑으로 삶으로 나타난다. 자신만을 위한 삶에서 대상을 생각하는 삶으로 방향이 바뀔 때 그리스도의 성품이 우리 안에 실현된다. "너희 안에 이 마음을 품으라 곧 그리스도 예수의 마음이니"(빌립보서 2:5)

　그리스도를 닮아 가는 것은 신앙생활에 있어서 매우 중요하다. 그리스도인들이 영적으로 성장하며 예수 그리스도를 본받기 위해 끊임없이 고민하는 부분으로 이는 단순한 종교적 행위나 의무를 넘어, 우리의 삶 전체를 통해 예수님의 성품과 삶의 방식을 따르는 것을 의미한다. 이 여정은 성경의 가르침과 성령의 도우심을 통해서만 가능하다. 날마다 말씀을 묵상하고, 예수님의 삶과 가르침을 깊이 이해하며 나아갈 때, 하나님의 말씀은 우리의 마음을 새롭게 하고, 세상의 가치관이 아닌 하늘의 가치관으로 전환시켜 준다. "너희는 이 세대를 본받지 말고 오직 마음을 새롭게 함으로 변화를 받아 하나님의 선하시고 기뻐하시고 온전하신 뜻이 무엇인지 분별하도록 하라."(로마서 12:2) 이 말씀은 세상과 구별된 거룩한 삶을 지향하라는 뜻으로 세상의 기준에 휩쓸리지 않고, 오직 마음의 변화와 갱신을 통해 하나님의 뜻을 분별하며 살아가야 한다는 것을 강조한다. 그리스도를 닮아 가는 삶은 한순간의 결단이 아니라 평생에 걸친 여정으로 우리는 이 여정 속에서 점차적으로 그분의 형상을 닮아 가며, 새 자아의 탄생은 끝이 아닌 시작임을 깨닫게 된다. 말씀을 통해 자신을 다시 인식하고, 공동체 안에서 다듬어지며, 기도 속에서 하나님의 뜻에 민감하게 반응하는 삶을 살아가야 한다. 이 길은 쉽지 않지만, 그 길에서만 그리스도의 형상이 빚어지며 더 이상 세상의 성공이나 평가가 삶의 기준이 아니라, 하나님의 시선 앞에서 진실하게 살아가는 것, 그것이 곧 예수님을 닮아 가는 삶인 것이다.

성령님께 민감하게 반응하는 태도는 필수로 성령은 우리의 삶을 변화시키며, 우리 안에 예수님의 성품을 형성해 가신다. 오늘도 우리는 말씀 앞에 머물고, 공동체 안에서 부딪히는 갈등을 견디며, 자아를 다듬는 여정을 걸어가야 한다. 이 모든 과정은 죽음을 지나 다시 태어나는 여정이며, 기도 안에서 우리는 하나님의 형상을 덧입게 되고 그렇게 하나님은 우리를 참된 그리스도의 사람으로 빚어 가고 계신다. 하나님과의 관계를 유지하는 핵심 도구는 기도와 교제로 날마다 하나님의 뜻을 구하고, 예수님처럼 겸손하게 순종하는 삶을 훈련해야 한다. 공동체 안에서 함께 성장하고 서로를 격려하며, 섬김과 나눔을 실천하는 가운데 예수님의 형상을 닮아가는 여정으로 이 여정에는 고난과 연단이 포함된다. "그가 아들이시면서도 받으신 고난으로 순종함을 배워서"(히브리서 5:8) 예수님은 하나님의 아들이심에도 불구하고, 인간으로서 고난을 통해 순종을 배우셨고, 이로써 완전한 대제사장이 되셨다. 그리스도를 닮아가는 길은 자신을 부인하고 예수님을 따르는 삶이며, 고난은 우리를 겸손하게 하고 믿음을 정금같이 연단하는 도구이다. 그리스도 안에서의 새 자아는 시작일 뿐이며, 신앙의 길은 평생 지속되는 성화의 여정이다. 말씀 안에서, 공동체 안에서, 기도를 통해 우리는 날마다 새롭게 빚어진다. 말씀에 대한 인식이 새로워지고, 사람들과의 관계 속에서 성품이 다듬어지며 하나님의 뜻을 따라 살아가게 된다.

달라스 윌라드는 「하나님 나라의 혁명」에서, 그리스도의 인격은 하나님 나라의 삶을 통해 형성되었고, 우리 역시 그 훈련 안에 들어가야 한다고 말한다. 그는 하나님 안에서 인간이 어떻게 변화되는가를 설명하며, 실제적인 영적 훈련과 삶의 방식을 제시하며 디트리히 본회퍼는 예수를 따르는 실제적 순종을 강조하며, 그리스도를 닮는 것은 단순한 이상이 아니라 현실 속에서 십자가를 지는 삶이라고 말한다. 그는 '그 인격은 고난과 순종 속에서 드러나며, 십자가를 지는 제자가 되어야 한다'고 강조한다. 결국, 그리스도의 형상을 닮아가는 과정의 핵심은 세상의 기준이 아닌, 하나님의 시선이 삶의 기준이 되는 것이다. 더 이상 세상의 평가가 중요한 것이 아니라, 주 안에서 진실하게 살아가려는 마음이 중심이 되는 것이다. 지금 나는 이 여정에서 어디쯤 와 있는가. 어떤 상황이 내 자아를 다듬고 있는가. 내가 마주한 현실 속에서, 나는 어떻게 빚어지고 있는가. 이 여정은 자아의 죽음을 지나 다시 태어나는 길이다. 오늘도 우리는 말씀 앞에 머물고, 견디고 기도하며 하나님의 형상을 덧입어야 한다. 이 길은 하나님께서 친히 우리를 그리스도의 사람으로 완성해 가는 여정이기 때문이다.

영적 고통과 시련은 우리를 무너뜨리는 것이 아니라, 더 깊은 인격과 성숙한 믿음으로 이끄는 통로가 된다. 칼 융은 진정한 자아에 도달하기 위해서는 우리가 사회생활 속에서 타인에게 보여 주기 위한 가면(Persona)과 무의식에 억눌려 의식에서 받아들여지지 않는 어두운 자아(Shadow)를 직면해야 한다고 말했다. 변화는 단순한 행동 교정이 아니라, 무의식 깊은 곳에 숨겨진 죄성, 자기중심성을 인식하고

통합하는 영적 작업이다. 그리스도 안에서의 변화는 단순한 개선이나 도덕적 향상이 아니다. 그것은 옛 자아는 해체되고, 십자가 앞에서 자신을 완전히 내려놓는 철저한 죽음을 통과하는 여정이다. 심리학적으로 그것은 페르소나와 그림자를 직면하며 무너지는 과정이고, 철학적으로는 죽음을 자각한 실존인간의 각성인 것이다. 그러나 신학은 여기서 더 깊은 차원을 말한다. 진정한 변화는 죽음을 넘는 부활의 생명이며, 그것은 오직 자기를 십자가에 못 박을 때 주어지는 하나님의 선물이다. 그리스도의 형상을 입는 삶이야말로 참된 변화의 열매다. 이러한 변화는 성화의 관점에서 이해될 수 있다. 성화는 일회적이며 순간적인 신비 체험이 아니라, 구원받은 자가 성령의 역사 속에서 점진적으로 거룩함을 닮아가는 평생의 여정이다. 이 여정은 죄로부터의 자유, 하나님과의 친밀한 관계 회복, 그리스도의 인격을 닮아가는 삶으로 나아간다.

그리스도를 닮아 가는 일은 혼자서는 이룰 수 없다. 자신을 건들고, 힘들게 하는 사람들과 관계를 맺으며, 왜 힘든지를 스스로에게 묻고, 기도하고 의식하며, 견디는 가운데 이루어지는 것이다. 자기를 죽이고, 살아가는 날마다의 훈련이 필요하다. 이 길은 힘들지만 결국 성령의 열매를 맺는 제자로 나아가게 한다. 우리가 겪는 고난은 우리를 깨뜨리고 정금같이 단련하며, 하나님의 뜻에 합당한 사람으로 변화시키는 과정으로 고난은 피할 것이 아니라 맞서야 한다. 본회퍼는 『제자도』에서 십자가를 지는 삶을 강조한다. 예수를 따른다는 것은 실제 삶에서 순종과 희생을 감당하는 구체적인 행위이다. 인격은 고난과 순종 속에서 드러나는데 이 여정에서 나는 지금 어디쯤 와 있는가. 어떤 상황이 나를 빚고 있는가. 나는 지금 자기를 내려놓고 하나님의 뜻에 순종하고 있는가를 돌아보자. 그리스도를 닮아가는 여정은 자아의 죽음을 지나 다시 태어나는 과정으로 말씀 앞에 자기를 내려놓고 연단 받으며 기도하는 가운데 하나님의 형상을 덧입어야 한다. 이 길은 내가 스스로 그리스도를 닮아가는 것이 아니라, 하나님이 친히 내 안에서 그리스도의 형상을 빚어 가시는 길이다. "너희 안에 착한 일을 시작하신 이가 그리스도 예수의 날까지 이루실 줄을 우리는 확신하노라."(빌립보서 1:6) 우리는 순종하며 동행하면 되고, 완성은 하나님의 손에 달려 있다.

제4장
성화(聖化): 구원의 회복

그리스도를 닮아 간다는 것은 신앙생활의 본질이며, 단순한 종교적 의무를 넘어 삶 전체에서 예수님의 성품과 방식을 따라가는 것이다. 이것이 바로 제자도이며, 예수를 믿는 고백을 넘어 그분의 삶을 따라가는 전인격적 변화의 여정이다.

예수님을 닮아 간다는 것은 완벽해지는 것이 아니라 점진적으로 하나님의 뜻에 합당한 인격과 삶의 방향을 갖추어 가는 것이다. 이는 성경과 성령의 도우심, 대상들과의 관계 경험을 통해 형성되어 가는 길이다. 그리스도를 닮기 위해서는 말씀 묵상과 순종이 기본이다. 말씀을 깊이 묵상하는 것은 하나님의 뜻을 분별하고 내 삶의 거울 앞에 자신을 비추는 과정이다. 그러나 묵상에 머무르지 않고, 들은 말씀에 순종하는 삶을 살아갈 때 비로소 우리의 인격과 성품이 그리스도를 닮아 가게 된다. 말씀과 순종은 지식과 삶, 믿음과 실천을 이어 주는 다리이며, 그리스도를 닮아 가는 성화의 필수 여정이다. 성경은 단지 지식을 위한 책이 아니라, 우리 내면을 새롭게 하는 영적 거울이며 영혼의 양식이다. "너희는 이 세대를 본받지 말고 오직 마음을 새롭게 함으로 변화를 받아 하나님의 선하시고 기뻐하시고 온전하신 뜻이 무엇인지 분별하도록 하라."(로마서 12:2) 바울은 세상의 가치와 문화를 그대로 받아들이지 말고, 하나님의 관점에서 삶을 바라보며 영적 분별력을 가지라고 권면했다.

1. 성령과의 동행

　성화는 인간의 노력만으로 이루어 낼 수 없는 하나님의 역사로, 오직 성령의 은혜와 동행하심을 통해서만 우리의 삶 전반에 참된 회복이 이루어진다. 성령은 우리의 생각을 새롭게 하시고, 상처 입은 감정을 치유하시며, 우리의 의지를 하나님의 뜻에 맞게 변화시키고 이끄시는 분으로 따라서 성화는 곧 하나님의 인도하심 가운데 성령의 뜻에 날마다 순종하며 걸어가는 은혜의 여정이다. 성령과 동행한다는 것은 성령의 인도하심에 귀 기울이고 작은 순종들을 반복하며 나아가는 삶으로 자기중심적 욕망을 내려놓고 대상과 하나님을 향한 열린 자아로 나아가는 것이다. 성령과 동행하는 삶은 세상과 단절된 고립된 삶이 아니라, 오히려 세상 속에서 하나님의 거룩하심을 드러내는 삶으로 우리는 일상의 모든 자리에서 성령의 세미한 음성에 귀 기울이며, 내 뜻을 꺾고 하나님의 뜻에 순종하는 습관이 구조화되어야 삶의 변화된 패턴이 새로운 자아의 정체성을 공고히 한다. 이 여정 속에서 날마다 말씀과 기도로 함께하며 대상들과의 관계 훈련은 성령과의 동행을 더욱 깊게 하는 중요한 은혜의 통로가 된다. 결국 성화는 내가 이루는 것이 아니라, 성령께서 내 안에서 이루어 가시는 하나님의 역사로, 우리는 날마다 '주님, 오늘도 저를 이끌어 주세요'라는 고백 속에서 살아가는 존재다. 이처럼 성령님과의 동행은 성화의 시작이자 완성이며, 하나님의 은혜가 우리 안에서 살아 역사하는 가장 실제적이고도 구체적인 방식이다.

성경은 하나님과 동행한 수많은 인물들의 삶을 통해 성화의 여정을 보여 준다. 그들의 인생은 결코 완벽하지 않았지만, 날마다 하나님의 인도하심을 따라 거룩함을 향해 나아갔다. 에녹은 300년 동안 하나님과 동행하며 철저히 하나님 중심의 삶을 살았고, 믿음의 조상 아브라함은 알지 못하는 땅으로 부르시는 하나님의 음성에 순종하여 믿음의 길을 걸었다. 다윗은 시편을 통해 주님과의 동행이 어떻게 기도와 회개의 고백으로 채워지는지를 보여 주며, 바울은 자신의 삶 전체를 주님께 드려 복음을 위해 헌신하였다. 모세는 광야에서 하나님의 인도하심을 좇아 지도자로 변화되었고, 요셉은 고난 속에서도 하나님을 신뢰하며 믿음으로 살아갔다. 마리아는 하나님의 말씀에 순종함으로 예수님의 어머니가 되었으며, 베드로와 요한도 연약함 가운데서 주님과의 동행을 통해 변화된 삶을 살았다. 이들의 공통점은 결코 완벽함이 아니라, 성령의 인도하심에 귀 기울이며 순종하려는 마음이었다. 주님과 동행한다는 것은 삶의 모든 자리에서 기쁨과 슬픔, 평안과 고난 속에서도 하나님의 뜻을 분별하고 그 뜻에 순종하려는 결단이다. 말씀과 기도로 날마다 자기를 부인하고, 성령의 인도하심에 민감하게 반응하는 삶이 바로 주님과 동행하는 성화의 여정이다.

고난 속에서도 우리는 주님과 동행하며 거룩함의 길을 걸어야 한다. 고난은 원하는 것은 아니지만 성화의 여정에 있어서 반드시 통과해야 하는 길로 고난은 단순한 불행이나 형벌이 아니라, 하나님의 형상을 닮아가게 하시는 연단의 과정이다. "너희가 여러 가지 시험을 당하거든 온전히 기쁘게 여기라. 이는 너희 믿음의 시련이 인내를 만들어 내는 줄 너희가 앎이라."(야고보서 1:2-3) 고난은 우리의 자아를 깨뜨리고 하나님만이 유일한 소망임을 깨닫게 한다. 해결할 수 없는 상황 앞에서 우리는 하나님 앞에 온전히 나아가게 되며, 그 속에서 성령님은 우리의 내면을 일깨우고 말씀을 통하여 하나님의 뜻을 알려 주신다. 욥은 고난 속에서 하나님과 씨름했지만, 그 과정 속에서 하나님을 새롭게 만났다. "내가 주께 대하여 귀로 듣기만 하였사오나 이제는 눈으로 주를 뵈옵나이다."(욥기 42:5) 이 고백은 고난이 끝난 뒤에 나온 통찰이며, 진정한 동행의 의미를 드러낸다. 요셉 또한 억울한 상황 속에서 "하나님이 나와 함께 하신다"는 믿음의 확신을 붙들었고, 결국 구원의 통로로 쓰임 받게 되었다. 하나님은 고난 중에도 우리를 혼자 두지 않으신다. 성령님은 그 속에서 말씀을 기억나게 하시고, 깨닫게 하시며, 그 단련을 통해 우리를 회복시키고 성장하게 하신다. "내가 가는 길을 그가 아시나니 그가 나를 단련하신 후에는 내가 정금같이 나오리라."(욥기 23:10)

우리는 어떤 상황 속에서도 성령님과 동행함으로 인생의 참된 승리와 부활을 이루어야 한다. 이 여정은 결코 우리의 힘과 노력만으로 가능한 일이 아니며, 오직 주님의 도우심과 은혜로 이루어져 간다. 주님과의 동행은 그분의 뜻을 따라 살아가는 삶이며, 그 길 위에서 우리는 참된 승리의 삶으로 인도받게 되는데 그 여정 속에서 우리는 예수님을 더 깊이 닮아가게 되고, 세상의 가치와는 다른 하늘의 영광을 바라보며 살아가게 된다. 특히 고난의 순간들은 하나님께서 우리 안에 그리스도의 형상을 빚어 가시는 자리이다. 우리가 그분의 손길에 순종하며 응답할 때, 그 고난은 성화의 열매로 맺히게 되며, 고난이 끝이 아니라, 하나님과 더욱 깊이 교제하며 새롭게 빚어지는 시작이 될 수 있다. 우리는 여전히 연약하지만, 성령은 우리를 진리 가운데로 인도하시며, 말씀을 기억나게 하시고, 우리의 죄를 깨닫게 하시며, 회개의 길로 이끄신다. 성령과의 동행은 단순한 감정적 체험이나 순간적인 감동이 아니라, 가정과 직장, 교회 공동체 등 삶의 모든 자리에서 말씀에 순종하며 하나님의 뜻을 따르려는 작은 결단들 속에 나타나는 지속적이고 실제적인 관계이다. 이러한 동행을 통해 우리는 날마다 그리스도의 성품을 닮아가며, 성령의 열매를 맺는 성화의 길을 걸어가게 된다. 우리의 인격과 삶의 방향을 새롭게 빚어 가며, 진정한 회복의 길로 이끌어 가시는 하나님의 은혜의 여정인 것이다.

우리는 말씀을 묵상하며 하나님의 사랑과 자비, 용서, 인내, 겸손을 배워가고, 어린아이가 어른으로 성장하듯 신앙의 여정을 통해 진정한 그리스도인으로 자라간다. 이 여정은 인간의 의지나 노력만으로 되는 것이 아니라, 성령의 도우심 없이는 불가능하다. 하나님과 끊임없이 대화하고 그 뜻을 수용해 나아갈 때, 성령은 죄를 깨닫게 하시고 결단하도록 이끄신다. 성령은 말씀을 기억나게 하시며, 우리가 잘못된 길을 갈 때 올바른 길로 나아가도록 도우시기 때문이다. "오직 성령의 열매는 사랑과 희락과 화평과 오래 참음과 자비와 양선과 충성과 온유와 절제니 이 같은 것을 금지할 법이 없느니라."(갈라디아서 5:22-23) 이러한 열매는 우리 안에 예수님의 성품이 형성될 때 자연스럽게 나타나는 것이다. 대상관계를 통해 서로를 섬기고, 부딪히고,

견디는 시간을 지나면서 인격은 다듬어진다. 나와 맞지 않거나 이해되지 않는 상황 속에서 오해와 갈등이 생기지만, 누군가가 나를 건드릴 때 내 안의 진짜 모습은 드러난다. 상처의 뿌리가 없다면 외부의 흔들림은 문제가 되지 않겠지만, 쉽게 흔들린다면 그 무의식의 문제가 아직 해결되지 않았기 때문이다.

1) 날마다 새롭게 되는 은혜

날마다 새롭게 되는 은혜는 어제의 나를 넘어서 오늘도 예수 그리스도 안에서 새로워지는 삶의 능력으로 끊임없는 내적 변화로 나아가며 죄와 실패에서 회복되고, 성화의 지속적인 여정으로, 하나님의 은혜로 마음과 생각이 새롭게 되는 것으로 성령은 우리의 삶을 날마다 새롭게 하시는 분이시다. 하나님의 은혜는 한 번에 모든 것을 주시는 방식이 아니라, 매일 새롭게 공급되는 생명의 양식처럼 어제의 믿음으로 오늘을 살아갈 수 없고, 어제의 은혜로 오늘을 감당할 수 없다. 어제의 믿음으로 오늘의 싸움을 이겨낼 수 없다. 그러므로 하나님의 은혜는 날마다 새롭게 공급되어져야 하며, 성령은 우리를 날마다 새롭게 하신다. 성령의 임재 가운데 거할 때, 우리는 내면의 침체에서 벗어나 영적 생기를 회복하게 된다. "그러므로 우리가 낙심하지 아니하노니 우리의 겉 사람은 낡아지나 우리의 속사람은 날로 새로워지도다."(고린도후서 4:16) 이 말씀은 외적인 환경과 육신은 시간이 지나며 쇠해지지만, 성령 안에 거할 때 우리의 내면은 날마다 새롭게 회복될 수 있음을 말한다. 성령의 새롭게 하심은 단지 기분의 회복이 아니다. 그것은 정신과 인격의 전환이며, 삶의 방향을 바꾸는 은혜다. 성령께서 임재하시는 순간, 우리는 자기중심적인 시선에서 벗어나 하나님 중심적인 시선으로 변화된다. 낙심과 피로에 짓눌려 있던 영혼은 다시 믿음의 생기를 얻고, 소망으로 새롭게 채워지는 이 은혜는 결코 일회적인 체험이 아니라 날마다 지속적으로 공급되어야 하는 은혜로 가능한 것이다. 그러므로 우리는 매일 아침 말씀을 통하여 하나님을 새롭게 찾고, 성령의 음성에 귀 기울이며 살아가야 한다. 기도와 말씀, 찬양과 묵상의 반복되는 일상 속에서 성령의 숨결을 느끼며, 메마른 영혼은 생명으로 충만해지고, 삶은 새로워진다.

성령은 날마다 우리를 새롭게 하시어, 오늘도 우리는 어제와는 다른 은혜의 사람으로 살아갈 수 있도록 이끌어 주신다. 이것이야말로 그리스도인의 특권이며, 성령 안에 거하는 자에게 주시는 하나님의 놀라운 선물이다. 그러나 이 변화는 거창한 결심이 아닌, 매일 자신을 돌아보며 '오늘 나는 주님과 어떻게 할까'라는 질문에서 시작된다. 의식적인 자기 성찰과 그 마음가짐은 삶의 방향을 바꾸는 작은 첫걸음이 되어, 결국 성령 안에서 새로운 삶의 여정을 열어 가는 출발점이 되기 때문이다. 하나님은 겸손히 마음을 여는 자에게 새로움으로 나아가도록 은혜를 내려 주신다. 오랫동안 신앙생활을 해 왔어도, 기도가 형식에 머물고 말씀은 귀에만 익숙해졌다면 삶은 점점 메말라 간다. 습관화된 형식적인 경건은 겉으로는 신앙의 틀을 유지하지만 실제로는 성령의 역사가 머무르지 않는다. "새 포도주를 낡은 가죽 부대에 넣지 아니하나니 그렇게 하면 부대가 터져 포도주도 쏟아지고 부대도 버리게 됨이라 새 포도주는 새 부대에 넣어야 둘 다 보전되느니라."(마태복음 9:17) 새롭게 되기 위해서는 낡은 틀을 깨고 마음을 새롭게 준비해야 한다. 자기의 힘과 자기 의에 의존하는 사람은 하나님의 은혜에 목마르지 않다. 세상의 가치와 성공에 매달리는 마음은 성령의 역사보다 자기 계획과 세상 방식을 따르게 만든다. 이런 상태에서는 성령의 말씀이 뿌리내릴 수 없다. 하지만 자기를 부인하고 하나님의 뜻 앞에 엎드릴 때, 비로소 새롭게 되는 길이 열린다. 하나님은 언제나 우리가 새롭게 변화되기를 원하시고, 성령은 지금도 역사하시며 기다리고 계신다. 문제는 하나님이 멀리 계신 것이 아니라, 우리의 마음이 닫혀 있다는 것이다. 그래서 우리는 날마다 기도해야 한다. '성령님 저를 날마다 새롭게 변화시켜 주세요'라고 기도하며 새롭게 되지 않는 이유를 하나님 앞에 아뢸 때, 우리 안에 참된 회복과 생명의 역사는 시작된다.

성령의 음성에 민감하여 지속적으로 기도와 말씀 묵상 속에서 하나님의 뜻에 귀 기울이며 시험 중에도 끝까지 견디며 하나님이 인도하심을 따르며 시험 중에도 견디게 하시는 능력의 영은 우리를 승리의 길로 인도하신다. 성령을 따라 살아가는 일상은 하나님 나라의 삶을 이 땅에서 미리 살아가는 것으로 성령과 동행하는 삶은 지속적인 의지의 순종을 요구하신다. 성령과 동행할 때 우리는 진정으로 그리스도의 인격을 닮아가는 성화의 길을 걸을 수 있다. 익숙함은 편안하지만, 새로움으로 가는 길을 막는다. 매일 똑같은 길이 아니라 다른 길도 걸어 보고, 처음 해 보는 일에 도전해 보자. 그것은 뇌를 깨우고 삶의 감각을 되살린다. 작은 변화를 수용할 때 우리는 늘 새로워진다. 누군가에게 따뜻한 말 한마디를 건네는 것, 사랑과 나눔의 실천은 단지 타인을 위한 행동이 아니라, 자기 자신을 새롭게 하는 행위이기도 하다. '나는 오늘 누구에게 친절해 볼까' 스스로에게 던지는 이 질문은 삶의 방향을 바꾼다. 친절을 싫어하는 사람은 없다. 다른 이의 마음을 움직이면 내 마음도 움직인다. 하루하루가 특별하게 느껴지지 않는다면, 삶이 무뎌진 것이 아니라 우리가 새로움을 느낄 마음을 잠시 잃은 것이다. 작고 사소해 보여도, 마음을 다한 실천이 우리를 날마다 새롭게 만든다.

성령께서 우리를 날마다 새롭게 하시는 것이 사실이라면, 새롭게 되지 않는 것은 무엇 때문일까? 그 물음의 이유를 알면 오히려 더 깊이 하나님의 은혜를 사모하게 되고, 우리 자신을 돌아볼 수 있게 된다. 하나님이 새롭게 하시려 해도, 스스로 마음을 굳게 닫고 고집을 부린다면 성령의 역사도 멈춘다. 완고하고 닫힌 심령은 인격적인 하나님 앞에서 성령이 억지로 역사하실 수 없게 만든다. "성경에 일렀으되 오늘 너희가 그의 음성을 듣거든 격노하시게 하던 것같이 너희 마음을 완고하게 하지 말라 하였으니"(히브리서 3:15)

신앙은 삶 속에서 죄와 자아를 포기하는 과정을 지나, 그리스도 안에서 새롭게 되는 과정을 거쳐 영·혼·육이 하나 되어 살아가는 구원의 회복으로 나아가는 여정이다. 우리는 자신의 욕망을 의식 진단하고, 하나님의 은혜로 깨어나 성령과 동행하는 삶을 배워간다. 이 변화의 여정을 걷는 삶이 곧 성화다. 성화는 구원의 개념이나 이론에 머물지 않고 삶을 통하여 인격이 다듬어지고, 실제 삶의 회복으로 드러나는 과정이다. 구원은 하나님과의 관계 회복을 통해 죄와 사망에서 해방되고 영생을 얻는 것이며, 인간 존재의 참된 의미와 자유를 회복하는 것이다. 실존주의는 절망과 불안을 넘어 진정한 자기로 존재하는 자유를 강조하며, 키르케고르는 하나님 안에서 참된 자기를 발견하는 것이 구원이라고 말한다. 심리학적 구원은 자아의 통합과 내면의 치유를 통해 상처와 갈등에서 벗어나 삶의 의미와 목적을 새롭게 발견하는 과정이다. 이처럼 신학, 철학, 심리학은 서로 다른 방식으로 인간의 구원을 말하지만, 공통적으로 변화, 회복, 성장, 자유라는 핵심 개념을 공유한다. 철학적 성찰과 심리학적 통찰은 그 여정을 깊이 이해하고 풍성하게 만들어 주지만, 구원의 회복은 우리의 의지만으로는 어렵다. 그것은 오직 주님의 은혜로만 가능하다는 것을 고백할 때, 비로소 우리에게 자유가 주어진다. 결국 구원은 하나님과의 관계 회복에서 시작되고 완성된다.

2) 성령의 음성에 민감한 삶

하나님의 말씀 안에 살아가고자 하는 사람들의 삶은 성령께서 주시는 깨달음과 인도하심에 민감하다. 그러나 자기가 중요하고 자아가 강할수록 성령의 음성은 들리지 않으므로 하나님의 뜻 앞에서 자기를 비우는 훈련이 필요하다. 성령의 세미한 음성은 매일의 삶 속에서 자아를 비우고 성령께 간구할 때 영적 민감성을 유지하고 깨어 있는 삶으로 나아가게 된다. 성령의 음성을 즉각 순종하며 나아가다 보면 작은 순종이 쌓여갈 때 성령과의 동행으로 교제가 이루어지고 점점 음성에 민감하게 반응하는 삶으로 나아가게 되는 것이다. 성령의 음성에 민감하다는 것은 하나님의 뜻을 잘 알아차리는 감각이 살아 있다는 것으로 하나님 앞에 깨어 있는 영혼인 것이다. 성령은 지금 이 순간도 말씀하시고, 인도 하시지만 문제는 우리가 그 음성에 귀를 기울이지 않고 자기 생각이 중요해서 들려오지 않는 것이다. "귀 있는 자는 성령이 교회들에게 하시는 말씀을 들을지어다 이기는 그에게는 내가 하나님의 낙원에 있는 생명나무의 열매를 주어 먹게 하리라."(요한계시록 2:7) 성령의 음성에 민감한 삶은 듣고자 하는 갈망에서부터 시작된다. 하나님의 뜻을 알고자 하며 하나님의 마음을 헤아리고자 하는 사람이 그 음성에 깨어 있게 되는 것이다.

성령은 고요한 마음 가운데 주님께 집중할 때 말씀하신다. 자기중심적인 삶으로 가득하다면 하나님의 말씀은 들려오지 않는다. 하나님의 음성은 말씀을 통해서 들려오기도, 생각을 통해서 감동을 주시기도 하고, 상황과 사건으로 인도하시기도 한다. 엘리야는 세미한 음성속에서 하나님의 임재를 깊이 경험했다. 그는 그 음성에 귀 기울임으로써 자신의 사명을 다시 온전히 감당할 수 있는 자로 새롭게 세움 받는다. 성령의 음성에 민감한 사람은 말씀을 가까이하고 그 말씀 속에서 하나님의 뜻을 분별한다. 말씀이 마음에 쌓일수록 성령의 음성은 더욱 명확하게 들려온다. 아브라함에게 하나님은 "여호와께서 아브람에게 이르시되 너는 너의 고향과 친척과 아버지의 집을 떠나 내가 네게 보여 줄 땅으로 가라."(창세기 12:1)고 말씀하셨다. 그 음성을 듣고 즉시 아브라함은 순종하여 믿음의 조상이 되었다. 모세에게 임한 하나님의 음성은 단순한 명령이 아니었다. 이는 그에게 사명을 부여함과 동시에, 자신의 부족함을 넘어설 수 있는 힘이 되었다. "하나님이 모세에게 이르시되 나는 스스로 있는 자이니라 또 이르시되 너는 이스라엘 자손에게 이같이 이르기를 스스로 있는 자가 나를 너희에게 보내셨다 하라."(출애굽기 3:14) 이 강력한 선포를 통해, 이스라엘을 애굽에서 해방시키는 위대한 역사가 시작될 수 있었다. 사무엘은 어린 시절 하나님이 "사무엘아 사무엘아" 부르시는 소리를 세 번 듣고 엘리의 도움을 받아 하나님의 음성임을 알았다. "여호와께서 임하여서서 전과 같이 사무엘아 사무엘아 부르시는지라 사무엘이 이르되 말씀하옵소서 주의 종이 듣겠나이다 하니"(사무엘상 3:10)

다윗은 선지자 나단을 통해 하나님의 책망과 뜻을 들었고 "나단이 다윗에게 이르되 당신이 그 사람이라 이스라엘의 하나님 여호와께서 이같이 말씀하시기를 내가 너를 이스라엘 왕으로 기름 붓고 너를 사울의 손에서 구원하고"(사무엘하 12:7) 기도와 묵상 가운데 하나님의 음성에 민감하게 반응했는데, 시편 23편에서는 "여호와는 나의 목자시니 내게 부족함이 없으리로다"라며 하나님과의 깊은 교제를 고백했다. 이사야는 하나님의 부르심을 듣고 "내가 또 주의 목소리를 들은즉 주께서 이르시되 내가 누구를 보내며 누가 우리를 위하여 갈꼬 하시니 그때 내가 이르되 내가 여기 있나이다 나를 보내소서"(이사야 6:8)라고 응답한다. 예수님의 어머니 마리아는 천사 가브리엘을 통해 하나님의 말씀을 듣는다. "그에게 들어가 이르되 은혜를 받은 자여 평안할지어다 주께서 너와 함께하시도다 하니 처녀가 그 말을 듣고 놀라 이런 인사가 어찌함인가 생각하매 천사가 이르되 마리아여 무서워하지 말라 네가 하나님께 은혜를 입었느니라 보라 네가 잉태하여 아들을 낳으리니 그 이름을 예수라 하라."(누가복음 1:28-31) 마리아는 하나님의 뜻 앞에 겸손히 "주의 여종이오니 말씀대로 내게 이루어지이다."(누가복음 1:38)라며 순종한다. 베드로는 환상과 성령의 말씀을 통해 하나님의 음성을 듣고, 이방인 고넬료의 집으로 가라는 음성을 듣고, 이를 통해 유대인을 넘어 복음의 지경을 넓히라는 하나님의 뜻을 깨닫게 된다(사도행전 10장). 사도 바울은 다메섹에서 부활하신 예수님의 음성을 듣는다. "사울아 사울아 네가 어찌하여 나를 박해하느냐"(사도행전 9:4) 이 부르심을 통해 바울은 회심하게 되고, 이방인을 향한 새로운 사명으로 이끌림을 받게 된다.

하나님의 음성을 듣는 사람들은 겸손한 마음으로 자신의 생각을 내려놓고 하나님의 뜻을 구하며 순종하려는 결단을 가진 사람들로 이들은 성령의 인도하심에 민감하게 반응하고 하나님과의 소통에 집중한다. 하나님은 말씀만 하시는 분이 아니라, 그 음성에 민감하게 반응하는 사람들을 찾으신다. 성령의 음성에 민감한 사람은 언제나 하나님께 묻고, 그 음성을 듣고, 기꺼이 따르려 한다. 이들은 자기중심적인 해석을 내려놓고, 영적인 분별력과 통찰로 하나님의 뜻에 순종하는 삶을 살아가려 하는데, 이러한 민감함은 하루아침에 이루어지지 않고, 말씀과 기도로 단련되며, 날마다 하나님과 동행하는 훈련 속에서 깊어진다. 성령의 음성에 민감한 삶은 특별한 사람만이 아니라 하나님과 친밀한 교제를 나누려는 모든 자에게 주어지는 복된 삶으로 결국 하나님의 뜻에 집중하며 살아갈 때 우리는 성령의 세미한 음성을 듣고, 그 뜻을 따라 인생을 살아가게 된다.

3) 시험 중에도 견디는 능력

모든 주권은 하나님께 있다는 것을 그리스도인들은 알고, 믿고, 맡기며 살아간다. 그러므로 시험은 하나님의 허락 안에 오는 것으로 모든 상황 속에서 하나님이 주관하고 계시다는 것을 신뢰하며 나아가야만 하는 것이다. "사람이 감당할 시험밖에는 너희가 당한 것이 없나니 오직 하나님은 미쁘사 너희가 감당하지 못할 시험당함을 허락하지 아니하시고 시험당할 즈음에 또한 피할 길을 내사 너희로 능히 감당하게 하시느니라."(고린도전서 10:13) 시험은 우리를 넘어뜨리기 위한 것이 아니라 하나님께 더욱 의지하도록 하는 훈련과정으로 하나님은 반드시 감당할 힘과 피할 길을 주신다는 믿음으로 견뎌야 한다. 말씀과 기도로 마음을 지키되, 자신의 힘으로 견디려 하지 말고 반드시 성령의 도우심을 의지해야 한다. 시험 앞에서 자기 힘으로 버티려 하면 결국 지치고 무너진다. 그러나 성령께 의지하는 자는 연약함 속에서도 견딜힘을 공급받아 끝까지 승리할 수 있다. "이와 같이 성령도 우리의 연약함을 도우시나니 우리는 마땅히 기도할 바를 알지 못하나 오직 성령이 말할 수 없는 탄식으로 우리를 위하여 친히 간구하시느니라."(로마서 8:26) 우리의 기도는 부족하고 왜곡되기 쉽지만 성령은 우리 내면 깊은 곳의 진실한 필요를 아시기 때문에 하나님의 뜻에 맞도록 인도하시고 도와주신다. 시험은 우리의 믿음을 연단하여 온전하게 하려는 하나님의 섭리이다.

고난과 시련 속에서 우리의 연약함과 교만이 깨뜨려지고, 믿음은 더욱 순결하게 다듬어진다. 시험을 통해 하나님은 우리를 성숙한 믿음의 사람으로 빚어 가신다. "이는 너희 믿음의 시련이 인내를 만들어 내는 줄 너희가 앎이라 인내를 온전히 이루라 이는 너희로 온전하고 구비하여 조금도 부족함이 없게 하려 함이라."(야고보서 1:3-4) 시험은 단순한 고난이 아니라 하나님의 뜻을 이루어가는 과정임을 깨달을 때 인내할 힘이 생긴다. 시험은 누구에게나 찾아온다. 믿음이 있다고 해서 고난이 없는 것은 아니다. 믿음이 있기 때문에 더 깊은 시험을 통과해야 하는 경우도 있다. 중요한 건 시험을 피하는 것이 아니라 시험을 어떻게 견디는가가 중요하다. 힘들고 어려운 그 과정 속에서 우리는 무엇을 바라보며 견디는가? 하나님의 계획 속에서 시험은 피할 수 없는 현실이다. 그러나 시험은 단순한 고난이 아니라, 하나님의 뜻을 이루어 가는 필연적 과정으로 우리의 시선을 환경이나 고통에 두지 말고, 그 너머에서 역사하시는 하나님의 뜻과 약속을 바라보아야 한다. 성경은 시험을 당할 때 그것을 이상한 일로 여기지 말라고 말씀하신다. "사랑하는 자들아 너희를 연단하려고 오는 불 시험을 이상한 일 당하는 것같이 이상히 여기지 말고"(베드로전서 4:12)라 하셨다. 믿음의 조상 아브라함도, 요셉도, 다윗도, 바울도 시험과 고난의 시간을 겪었다. 그들의 삶을 통해 우리는 시험이 결코 예외적인 사건이 아니라는 사실을 깨닫게 된다.

시험은 하나님의 뜻과 섭리 안에서 우리를 빚어 가시는 중요한 과정으로 하나님은 시험을 통해 우리의 믿음을 연단하시고, 우리의 내면을 정결하게 하시며, 그분의 뜻을 이루어 가신다. 그러므로 시험은 단순한 고통이 아니라, 하나님께서 주시는 축복의 통로가 될 수 있다. 중요한 것은 시험 자체보다 시험 앞에서 우리가 어떻게 반응하는가이다. 시험을 만날 때 우리는 환경과 상황을 보며 낙심한다거나 아니면 하나님을 바라보며 믿음으로 나아가는 것이다. 시험을 견디는 능력은 결코 우리의 내면에서 자연스럽게 나오지 않는다. 인간의 힘만으로 시험을 이겨내려 한다면 반드시 지치고 무너질 수밖에 없다. 시험을 견디는 힘과 능력은 성령으로부터 오는 힘, 하나님께서 순간순간 공급해 주시는 은혜로부터 시작된다. 하나님은 결코 우리를 대책 없이 시험에 빠뜨리시는 분이 아니시다. 시험을 허락하실 때는 반드시 감당할 만한 능력도 함께 주신다는 사실이다. 그러나 사탄은 시험 중에 우리로 하여금 말씀을 멀리하고, 기도를 포기하게 만든다. 사탄은 우리의 시선을 문제와 고난에 묶어 두고, 하나님과의 소통을 끊어버리려 하지만 바로 그 순간이야말로 말씀이 우리에게 생명이 되고, 기도가 영적 생존이 되는 시간이라는 것을 깨달아야만 한다.

시험을 견디는 능력은 바로 말씀과 기도에서 나온다. 말씀은 우리의 믿음을 세워주고, 기도는 하나님의 도우심을 공급받는 통로로 결국 시험을 이기는 길은 자기 안에서 능력을 찾으려는 것이 아니라, 말씀과 기도로 하나님과 함께함으로써 성령의 능력을 공급받는 것이다. 성령께 의지하는 사람은 환경을 넘어 하나님의 뜻을 바라보며 시험을 이기고, 더욱 순결한 믿음의 사람으로 다듬어져 간다. 예수님도 시험받으시며 말씀으로 대응하셨다(마태복음 4장). 다윗은 고난 중에 "주의 말씀은 내 발에 등이요 내 길에 빛이니이다."(시편 119:105)라고 고백했다. 말씀은 견디게 하는 힘이고, 기도는 위로부터 능력을 끌어올리는 통로다. 시험 중에는 하나님의 얼굴이 보이지 않을 수 있다. 기도 응답도 더디고 말씀이 메마르게 느껴질 수 있다. 그러나 시험 중에도 오로지 붙들어야 하는 것은 하나님의 성품이다. 주는 선하시고 인자하심이 영원하시며 그 뜻은 변하지 않으시기 때문이다. "여호와께 감사하라 그는 선하시며 그 인자하심이 영원함이로다."(시편 136:1) 시험은 우리를 무너뜨리기 위한 것이 아니라 정금처럼 단련시키기 위한 하나님의 연단으로 시험은 끝이 아니라 변화의 도구인 것이다. "내가 가는 길을 오직 그가 아시나니 그가 나를 단련하신 후에는 내가 정금같이 나오리라."(욥기 23:10) 하나님은 고난을 통해 우리를 다듬으시고 준비시키시며 더 깊은 영적 단계로 이끄신다.

4) 인도하심을 따르는 삶

하나님의 인도하심을 따르는 삶은 매일의 평범한 생활 속에서 하나님과 동행하며 살아가는 삶이다. 어떤 자리에서든 하나님을 의식하며 그분의 뜻을 따르려는 태도로, 하루의 시작을 말씀으로 시작하며 하나님의 인도하심을 의식해야만 한다. 하나님의 마음을 배우고 하나님의 시선으로 하루를 살아가야 하는 것은 말씀이 우리의 영적 나침판이기 때문이다. 말씀을 통하여 자신의 생각과 감정은 정돈되고 하나님의 뜻 앞에 내 삶의 방향은 맞추어져 간다. 일상 속에서 벌어지는 작은 선택들도 하나님께 묻고, 인도하심을 구하며 생활화하는 습관의 기도는 단지 큰일 닥쳤을 때만 드리는 것이 아니라, 매 순간 하나님께 귀 기울이며 동행하는 삶의 태도로 '지금 이 상황은 뭐지? 주님이 지금 원하시는 것은 무엇일까'라는 질문은 내 뜻이 아닌 하나님의 인도하심을 받는 길로 성령은 우리의 양심과 마음에 때로는 평안하게 때로는 불편하게 말씀하신다. 우리는 성령의 세밀한 음성에 민감하게 반응하며 순종해야만 한다. 가라 하면 가고 멈추라 하면 멈추는 지혜를 배워 가며 하나님의 뜻을 따라 살아가는 것이 인도하심을 따라가는 일상이 되어야 한다. 환경이 좋든 나쁘든 하나님의 섭리를 신뢰하며 자신의 감정과 욕망을 내려놓고 하나님의 뜻을 구하는 것이 인도하심을 따르려는 삶으로 상황을 넘어 더 큰 하나님의 뜻을 분별하는 삶으로 나아가야만 한다.

하나님의 인도하심은 특별한 순간만은 아닌 평범한 일상 속에서 하나님의 인도하심을 구하는 것이다. "너는 마음을 다하여 여호와를 신뢰하고 네 명철을 의지하지 말라. 너는 범사에 그를 인정하라. 그리하면 네 길을 지도하시리라."(잠언 3:5-6) 범사에 라는 말은 모든 일, 모든 순간에 라는 뜻으로 아침에 눈을 뜨는 순간부터, 하루의 작은 선택들, 말 한마디, 사람과의 만남, 까지 하나님은 우리의 모든 삶 전부를 인도하신다. 인도하심을 따르는 삶은 신뢰에서 시작된다. 하나님의 인도하심을 따르는 삶의 출발점은 내 지혜와 경험이 아니라, 하나님을 온전히 신뢰하는 믿음으로, 하나님께서 나의 삶을 가장 확실하게 이끄신다는 확신이 없으면 우리는 쉽게 자기 생각과 감정에 의존하고 말 것이다. 하지만 하나님의 선하심과 신실하심을 믿을 때 비로소 우리는 그분의 인도하심에 우리의 길을 맡기고 따라갈 수 있다. 신뢰는 순종을 낳고, 순종은 인도하심을 경험하게 한다. 하나님을 신뢰하는 사람은 자신의 이해가 미치지 않는 상황에서도 하나님의 말씀 앞에 순종한다. 하나님의 인도하심을 따르는 삶은 신뢰와 순종 경험의 순환 속에서 더 깊어져 간다. 하나님과의 신뢰 관계는 하루아침에 세워지지 않는다. 말씀을 통해 하나님의 성품을 알고, 기도를 통해 그분과 교제하는 시간 속에서 신뢰는 자라난다.

하나님의 인도하심을 따르고 싶다면 먼저 하나님을 깊이 신뢰하는 믿음을 세워야 한다. 하나님의 인도하심은 언제나 평안의 길로 그 인도하심은 말씀을 통하여 기도를 통하여 성령을 의지하며 주님의 마음으로 상황을 볼 때 조용히 감동을 통해 온다. 날마다 주님과 동행하는 사람은 하나님의 손길을 더 분명히 느낀다. 묵상하는 사람은 삶의 모든 순간에서 하나님의 흔적을 발견하게 된다. 조용한 감동, 마음의 찔림, 우연히 일어나는 상황, 말씀 한 구절이 곧 하나님의 인도하심이 될 수 있다. 그 인도하심은 순종을 통해 완성된다. 하나님의 인도하심은 느끼는 것에서 끝나지 않으며, 느낀 감동에 반응하며 걸어가는 것이 인도하심의 완성으로, 하나님이 어떤 감동을 주셨을 때 그것을 미루면 그 인도하심에 즉각 순종해야 다음 인도하심을 부른다. 순종은 경험이 아니라 결단이다. 반응하는 삶 속에서 우리는 살아계신 하나님의 인도하심을 경험하게 된다. 인도하심을 따르는 일상은 은혜의 길로 하나님은 오늘 이 순간도 우리를 인도하신다. 인도하심을 따르는 삶이란 매일의 반복되는 선택 속에서 하나님을 인정하고 순종하는 삶이다.

다윗은 평범한 목동에서 이스라엘 왕이 되기까지 끊임없이 하나님의 뜻을 묻고 따르려는 삶을 살았다. 사울왕에게 쫓기며 동굴과 광야를 전전할 때도 하나님께 기도하며 인도하심을 구했다. 왕이 된 후에도 전쟁이나 중요한 결정 앞에서 하나님 뜻을 묻고 따르려는 태도를 보였다. "사람들이 다윗에게 전하여 이르되 보소서 블레셋 사람이 그일라를 쳐서 그 타작마당을 탈취하더이다 하니 이에 다윗이 여호와께 묻자와 이르되 내가 가서 이 블레셋 사람들을 칠리이까 여호와께서 다윗에게 이르시되 가서 블레셋 사람을 치고 그일라를 구원하라 하시니 다윗의 사람들이 그에게 이르되 보소서 우리가 유다에 있기도 두렵거든 하물며 우리가 그일라에 가서 블레셋 사람들의 군대를 대하는 것이리이까 한지라 다윗이 다시 여호와께 물으니 여호와께서 대답하여 이르시되 일어나 그일라로 내려가라 내가 블레셋 사람들을 네 손에 넘기리라 하신지라."(사무엘상 23:1-4) 다윗은 상황보다는 하나님의 뜻을 신뢰하고 묻고 순종하며 하나님의 역사를 이루어 나아갔다.

다니엘은 바벨론 포로 시절에도 신앙을 지키며 정결한 삶을 살았고, 기도로 날마다 하나님의 인도하심을 구했다. 하루 세 번 정기적인 기도를 하며 바벨론 왕의 명령보다 하나님의 뜻을 따랐으며, "다니엘이 이 조서에 왕의 도장이 찍힌 것을 알고도 자기 집에 돌아가서는 윗방에 올라가 예루살렘으로 향한 창문을 열고 전에 하던 대로 하루 세 번씩 무릎을 꿇고 기도하며 그의 하나님께 감사하였더라."(다니엘 6:10) 아브라함은 하나님의 부르심에 순종하여 익숙하게 살았던 고향을 떠났고, 광야의 여정 속에서도 하나님을 신뢰하며 순종했다. 갈데아 우르에서 떠나는 것도 이삭을 번제로 바치는 시험도 하나님의 뜻을 따르며 하나님의 인도하심에 순종하는 신앙을 본다. 하나님의 인도하심에는 반드시 그 길을 지키시는 하나님의 보호가 따른다. 하나님의 인도하심을 따르는 길에는 반드시 하나님의 보호하심이 약속되어 있으며 하나님이 우리를 인도하실 때, 그 길은 비록 험하고 위험해 보일지라도 하나님의 손안에 있는 길이다. 하나님의 인도하심을 따라가는 자에게는 하나님의 보호하심이 동행한다. 그 길이 내 눈에 안전해 보이지 않아도, 하나님께서 허락하신 길이라면 그곳이 가장 안전한 자리이다.

2. 은혜 안에 사는 자유

그리스도인들이 은혜 안에서 자유롭게 산다는 것은 죄에서의 자유를 말할 수 있다. 우리는 원래 죄의 종이었으나 예수 그리스도의 십자가를 통해 죄의 권세에서 해방되었다. "죄로부터 해방되어 의에게 종이 되었느니라."(로마서 6:18) 이 자유는 더 이상 죄의 지배를 받지 않고, 하나님의 뜻대로 살아갈 수 있는 새로운 가능성이다. 또한 율법에서의 자유가 있다. 율법을 지켜야만 하나님께 인정받는다는 부담에서 해방된 것이다. 진정한 회복은 죄책감 없는 은혜 중심의 삶이다. 구원의 확신은 단지 미래의 보장이 아니라 현재의 자유와 기쁨을 누리는 삶의 동력이다. "또 하나님 앞에서 아무도 율법으로 말미암아 의롭게 되지 못할 것이 분명하니 이는 의인은 믿음으로 살리라 하였음이라."(갈라디아서 3:11) "그리스도께서 우리를 자유롭게 하려고 자유를 주셨으니 그러므로 굳건하게 서서 다시는 종의 멍에를 메지 말라."(갈라디아서 5:1) 구원은 오직 믿음으로 얻어지는 것으로 인간의 행위나 율법을 지켜 하나님 앞에서 의로워질 수 있는 것이 아니라 예수 그리스도를 믿는 믿음으로 의롭다 함을 얻는다. 이는 율법을 무시하거나 폐지하는 것이 아니라, 율법에서 이제는 성령의 인도하심으로 하나님 뜻을 따를 수 있게 된 자유다.

사람의 평가나 세상 기준에서의 자유가 아니라 하나님이 주시는 정체성과 가치를 붙들고 살아가는 자유인 것이다. "이제 내가 사람들에게 좋게 하랴 하나님께 좋게 하랴 사람들에게 기쁨을 구하랴 내가 지금까지 사람들의 기쁨을 구하였다면 그리스도의 종이 아니니라."(갈라디아서 1:10) "주는 영이시니 주의 영이 계신 곳에는 자유가 있느니라."(고린도후서 3:17) 하나님을 기쁘시게 하는 삶은 진정한 자유를 가져온다. 성령께서 역사하시는 삶 속에서 우리는 죄와 율법에서 해방된 참된 자유를 누리게 된다. 그러므로 믿음 위에 굳게 서서 말씀과 기도로 깨어, 성령의 도우심을 힘입어 날마다 자유를 지켜 나아가야만 한다. 자유는 자기중심적인 삶에서 하나님 중심의 삶으로 나아가는 것으로 자기 마음대로 사는 것이 아니라, 자신의 삶을 하나님께 맡기고 의지하는 상태인 것이다. 은혜 안에서의 자유는 죄와 율법, 사람들의 평가, 자기중심적 삶의 속박에서 벗어나, 오직 하나님의 사랑과 진리 안에서 기쁨과 담대함으로 살아가는 삶인 것이다. 복음은 인간을 죄인으로만 머무르게 하지 않으며 은혜로 우리 존재 자체를 의인으로 새롭게 정의한다. 우리는 이제 죄인의 자리가 아니라 하나님의 자녀, 의롭다 하심을 받은 자, 성령의 전이라는 새로운 신분의 정체성을 갖고 살아가게 된다. "그리스도 안에 있으면 새로운 피조물이라. 이전 것은 지나갔으니 보라 새것이 되었도다."(고린도후서 5:17) 은혜 중심의 존재방식은 끊임없는 자기 부정이 아니라, 하나님 안에서의 자기 수용과 자기 헌신으로 이어진다.

은혜 안에 사는 삶은 무거운 짐을 벗은 자의 자유와 기쁨이 있다. 복음은 단지 죽은 후 천국 가는 것이 아니라, 지금 여기서 하나님 나라의 삶을 누리는 것이다. "느헤미야가 또 그들에게 이르기를 너희는

     회복으로 가는 성화의 길

가서 살진 것을 먹고 단것을 마시되 준비하지 못한 자에게는 나누어 주라 이날은 우리 주의 성일이니 근심하지 말라 여호와로 인하여 기뻐하는 것이 너희의 힘이니라 하고"(느헤미야 8:10) 진정한 기쁨은 환경이 아니라 하나님 안에서 나오며 하나님으로 인한 기쁨은 낙심과 슬픔을 이기는 영적 힘이 되는 것으로 은혜를 경험한 자는 그 기쁨을 나누어야 한다. "그리스도께서 우리를 자유롭게 하려고 자유를 주셨으니 그러므로 굳건하게 서서 다시는 종의 멍에를 메지 말라."(갈라디아서 5:1) 자유는 방종이 아니라, 믿음 안에 굳건히 서서 살아가는 능력으로 종의 멍에를 벗고 은혜로 살아가야 한다. 구원은 전적인 하나님의 은혜요, 믿음을 통해 받는 하나님의 선물이다. 우리의 행위나 공로가 아닌 하나님의 은혜 앞에서 겸손히 감사하는 삶을 사는 것이다. "너희는 그 은혜에 의하여 믿음으로 말미암아 구원을 받았으니 이것은 너희에게서 난 것이 아니요 하나님의 선물이라 행위에서 난 것이 아니니 이는 누구든지 자랑하지 못하게 함이라."(에베소서 2:8-9) 자유는 율법이나 죄의 속박에서 벗어나 하나님과의 올바른 관계 안에서 살아가는 삶을 의미한다. "그리스도께서 우리를 자유롭게 하려고 자유를 주셨으니 그러므로 굳건하게 서서 다시는 종의 멍에를 메지 말라." 예수 그리스도께서 주신 자유는 우리를 죄와 율법에서 해방시키셨다.

이 자유는 하나님과의 올바른 관계로 회복시키기 위한 참된 자유로 그 자유는 그냥 유지되지 않는다. 그 자유를 지키기 위해 우리는 날마다 주님과 함께하는 은혜 안에 머물러야 한다. 자유는 존재에 대한 새로운 자기 인식으로 성령 안에서 누리는 구원의 풍성으로 우리는 날마다 은혜 안에 머물며 살아가는 삶으로 부르심을 받았다. 진정한 회복은 단지 죄로부터 벗어나는 것이 아니라 죄책감 없이 은혜 안에서 살아가는 자유로운 삶에 있다. 구원의 확신은 단지 죽음 이후의 보장만이 아니라 현재를 살아가는 기쁨과 능력의 원천이 된다. 은혜는 우리를 죄의 굴레에서 벗어나게 할 뿐 아니라 하나님의 자녀로서 기쁨과 담대함으로 살아가게 하는 삶의 방식이다. 복음은 우리를 율법 중심의 신앙에서 은혜 중심의 신앙으로 이끈다. 율법은 기준을 제시하지만 우리를 의롭게 하지는 못한다. 예수 그리스도는 율법을 완성하시고, 우리를 은혜 아래로 초대하셨다. "율법은 모세로 말미암아 주어진 것이요 은혜와 진리는 예수 그리스도로 말미암아 온 것이라."(요한복음 1:17) 율법 중심의 신앙은 두려움과 비교, 자기 정죄로 이어지지만, 은혜 중심의 신앙은 용납, 회복, 자유를 가져온다. 율법에서 은혜로 이행하며 행위에서 관계로 나아간다. 은혜 안에 사는 사람은 죄책감에서 해방되어 자유롭게 순종한다. 율법은 하지 말라는 금지의 언어로 다가오지만 은혜는 이제 네가 할 수 있다는 능력의 언어로 다가온다. 죄책감에 사로잡힌 신앙은 억압적이고 소극적이지만 은혜 안의 신앙은 기쁨과 감사로 순종하게 만든다. "죄가 너희를 주장하지 못하리니 이는 너희가 율법 아래 있지 아니하고 은혜 아래 있음이라."(로마서 6:14) 은혜는 죄를 무시하는 것이 아니라, 죄의 권세를 끊고 새로운 삶을 가능케 하는 능력이다.

1) 율법에서 은혜로의 이행

예수님이 이 땅에 오시기 전에는 하나님의 의를 얻기 위해 율법을 지켜야 했다. 하지만 인간은 자신의 힘으로 율법을 완벽하게 지킬 수 없었기 때문에 결국 죄책감과 정죄에 빠질 수밖에 없었다. 그런 우리를 위해 예수님이 오셔서 율법을 완성하시고, 그 속박에서 우리를 해방시키셨으며, 은혜의 시대로 이끄셨다. 바울은 "죄가 너희를 주장하지 못하리니 이는 너희가 법 아래에 있지 아니하고 은혜 아래에 있음이라."(로마서 6:14) "그리스도는 모든 믿는 자에게 의를 이루기 위하여 율법의 마침이 되시니라."(로마서 10:4) 우리는 이제 율법을 지켜서 하나님께 인정받으려는 신앙이 아니라, 은혜에 대한 감사와 사랑으로 살아가는 신앙인 이어야 한다. 우리 신앙의 동기가 해야 하니까 하는 것이 아니라 하고 싶어서 하는 것으로 신앙의 성장은 의무감을 넘어 성숙한 사랑의 자발적인 것으로의 전환인 것이다. 의무감으로 하는 신앙생활은 압박감에서 비롯되는 것으로 예배 참석이나 기도를 하지 않으면 안 될 것 같아 억지로 하는 경우가 많지만 스스로 하고자 하는 신앙생활은 하나님을 더 알아가고 싶은 마음 가운데서 시작되는 것이다. 하나님과 인격적인 관계를 맺게 되면, 자연스럽게 그분을 기쁘게 해드리고 싶은 마음이 생긴다.

심리학적으로 볼 때 억압적 초자아가 자기를 억압하고 통제하며 자기를 비난으로 억누른다면 순종은 자유로운 것이 아니라 두려움에 기반 한 것이다. 은혜를 체험한 신앙인은 연약한 자기를 그대로 인정하면서 자기 존재 가치나 하나님의 사랑을 무너뜨리지 않으며 그 사랑에 그저 감사하며 살아간다. 율법에서 은혜로의 이행은 타율적 도덕성에서 자율적 도덕성의 성장을 의미하는 것으로 율법은 억압이지만 은혜는 스스로 하고자 하는 내적동기인 것이다. 신앙은 억지로가 아니라 진심으로 살아내는 것이 본질이다. 억지로 해야 한다는 부담이 아니라 하고 싶고, 가고 싶고, 나누고 싶은 마음이 자연스럽게 생겨날 때, 그 신앙은 이미 성숙과 자유의 자리로 나아가고 있는 증거인 것이다. 하지만 여전히 많은 그리스도인들이 율법에 묶여 살아가는데 그것은 스스로를 증명하고 싶어 하는 인간 내면의 본능 때문이다. 스스로 해냈다는 자기 의로움으로 나아가 자신도 모르게 인정받으려는 신앙의 틀에 스스로를 가둔다. 율법적 신앙은 겉으로는 건강해 보이지만 내면 깊은 곳에서는 교만과 정죄라는 함정에 빠지기 쉽다. 율법을 지킴으로 자신의 의로움을 드러내고자 하는 마음은 결국 남을 판단하고 비교하게 만들어 율법을 지키지 못했을 때는 스스로를 정죄하고 절망하게 한다. 이것보다 더 큰 문제는 하나님과의 인격적 관계를 가로막는다는 점이다. 율법을 지키는 것에만 몰두하다 보면 하나님이 우리를 향해 베푸신 은혜와 사랑을 깊이 경험하지 못하는 외형적 신앙생활에만 머물 가능성이 크다. 그래서 결국은 신앙생활이 기쁨이 아닌 무거운 짐으로 변질되고 만다. 은혜를 아는 사람은 더 이상 자신의 의를 드러내려 하지 않는다. 오히려 자기 부족함을 깨달을수록 하나님의 은혜가 얼마나 크고 놀라운지 고백하게 된다. 은혜로 나아가는 신앙은 자기 연약함을 인정하고 하나님의 은혜와 사랑에 감사하며 살아가는 것이다.

진정한 신앙성숙은 율법적 신앙에서 벗어나 하나님과의 깊은 인격적 관계 안에서 신앙의 동기와 방향이 바뀔 때 우리는 진정한 자유와 기쁨을 누리게 된다. 우리의 회복은 하나님 자녀로서 확신을 회복하는 것으로 진정한 자유는 은혜를 받아들이고 그 은혜 안에서 자신을 내려놓을 때 주어진다. 그 은혜를 온전히 받아들이는 순간, 우리는 더 이상 스스로를 증명하고자 하는 율법적 억압에서 벗어나게 된다. 자신의 부족함을 인정하는 자리에서 하나님의 무조건적인 사랑과 용납을 경험하게 되고, 그 사랑은 우리를 억지 순종이 아닌 기쁨의 순종으로 이끌어 간다. 은혜를 받아들이는 것은 곧 자기중심적 삶을 내려놓고 하나님 중심의 삶으로 방향을 바꾸는 것이다. 그때 비로소 우리는 자유롭게 하나님을 사랑하고 이웃을 사랑할 수 있는 참된 자유를 누리게 된다. 내적 회복은 하나님의 자녀로서의 확신을 회복하는 길이다. 진정한 자유는 외적인 변화가 아니라 내면에서부터 시작된다. 겉으로는 자유를 말하면서 실제로는 완벽주의에 묶여 있다면 그것은 은혜를 받아들이지 못하고 있는 것이다. 하나님은 우리의 친구 되시며, 아빠(Abba), 아버지로 "너희는 다시 무서워하는 종의 영을 받지 아니하였고, 양자의 영을 받았으므로 우리가 아빠 아버지라 부르짖느니라."(로마서 8:15) 회복은 삶 전체에 복음이 스며들어 진정한 자유와 기쁨을 누리게 한다.

우리의 신앙생활에 있어서 하나님을 심판자로만 인식한다면 하나님과 인격적인 관계를 맺지 못하고, 신앙은 점점 피로하고 무거운 짐이 되어 버린다. 율법에 얽매이는 이유는 불안과 종교적 습관 때문이며,

왜곡된 하나님의 이미지에서 비롯되는 경우가 많다. 복음은 하나님의 성품을 깊이 경험하는 것이 필요하다. 복음은 우리의 정체성을 새롭게 하는 능력으로 내면의 치유가 필요하다. 회복되지 않은 마음의 상처를 직면하고 주님 앞에 내어놓을 때 우리는 율법적 신앙에서 은혜중심의 신앙으로 나아가게 된다. 바리새인들이 "또 자기를 의롭다고 믿고 다른 사람을 멸시하는 자들에게 이 비유로 말씀하시되"(누가복음 18:9) 여기서의 핵심은 자기를 의롭다고 믿고 다른 사람을 멸시하는 자들이 누구인가에 대한 지적으로 율법을 철저히 지킴으로 스스로를 의롭다고 여기는 태도를 의미하는 것으로 자기 의에 빠져 있는 신앙은 자연스럽게 타인을 판단하고 정죄하는 경향을 갖는다. 이는 하나님의 은혜를 왜곡하는 태도인 것이다. 이제 우리는 자기 의를 내려놓고 하나님의 무조건적 사랑을 믿고 받아들여야 한다. 은혜의 복음은 마음대로 살아도 되는 것은 아니다. 바울은 "그런즉 우리가 무슨 말을 하리요 은혜를 더하게 하려고 죄에 거하겠느냐? 그럴 수 없느니라 우리가 죄에 대하여 죽은 자인 줄 알지 못하느냐"(로마서 6:1-2)는 것이다.

2) 죄책감 대신 은혜의 순종

죄를 짓고 잘못했음을 느끼는 죄책감은 양심의 소리로, 은혜 안에 있는 그리스도인은 그 죄를 가지고 하나님께 나아가 용서와 회복을 구할 수 있는 자유가 있다. 죄책감에 묶여 있지 않고 회개한 후에는 새로운 삶으로, 순종으로 나아갈 수 있는 힘이 바로 은혜다. "그러므로 이제 그리스도 예수 안에 있는 자에게는 결코 정죄함이 없나니"(로마서 8:1) 하나님의 사람은 실수하고 죄를 지을 수 있지만, 그 자리에 주저앉지 않고 은혜로 다시 일어나 순종의 길을 걸어간다. 죄책감에 눌리는 대신, 그리스도의 용서와 사랑 안에서 담대하게 하나님께 나아가는 삶을 살아간다. 같은 죄를 반복했더라도, 하나님의 용서를 믿고 다시 순종하기로 결단하는 것, 그것이 참된 은혜의 순종이다. 죄책감은 자책으로 이어져 자기비난과 정죄로 빠지게 만든다.'난 역시 안 되는 사람이야'라는 생각은 하나님과 더 멀어지게 만든다. 그러나 은혜의 순종은 죄를 지었지만 여전히 자신을 사랑하시고 용서하시는 주님을 믿으며 다시 주님께 나아가는 것이다. 잘못을 했을 때 회개는 반드시 필요하다. 하지만 죄를 지었다고 해서 자신을 정죄하거나 미워해서는 안 된다. 죄책감에 의한 순종은 은혜에 의한 순종으로, 외적 통제는 내적 자율성으로, 자기비난과 수치심은 자기수용과 자기연민으로, 억눌림과 강제적 행동은 자발적 감사의 행동으로 변화되어야 한다. 또한 회피하거나 위선적으로 나타나는 행위는 진정성 있는 순종으로 나아가야 한다. 이처럼 죄책감에 기반한 억압된 순종을 은혜에 대한 감사의 순종으로 전환하는 과정은 심리치료적 회복의 과정으로 설명할 수 있다.

하나님은 이미 모든 걸 아시고 마음을 새롭게 하기를 기다리시며 긍휼을 베푸신다. 죄책감이 들 때마다 말씀으로 물리치자 그리스도 예수 안에 있는 자에게는 결코 정죄함이 없으며 성령은 우리를 새 생명의 삶으로 이끄신다. "이는 그리스도 예수 안에 있는 생명의 성령의 법이 죄와 사망의 법에서 너를 해방하였음이라."(로마서 8:2) 죄를 이기신 성령의 능력이 우리 안에 역사하고 계시다는 사실을 알고 있다. 하나님은 우리를 자녀로 삼으셨고, 우리는 죄책감이 아니라 친밀함으로 하나님께 나아갈 수 있다. 다윗은 밧세바 사건 이후 나단의 책망을 받고 시편 51편을 통해 진실한 회개를 드렸다. "하나님이여 주의 인자를 따라 내게 은혜를 베푸시며 주의 많은 긍휼을 따라 내 죄악을 지워 주소서 나의 죄악을 말끔히 씻으시며 나의 죄를 깨끗이 제하소서."(시편 51:1-2) 참된 회개는 자기 의로움을 주장하는 것이 아니라 하나님의 긍휼에 의지하여 죄를 고백하는 것이다. "하나님이여 내 속에 정한 마음을 창조하시고 내 안에 정직한 영을 새롭게 하소서."(시편 51:10) 회개의 목적은 형식적인 용서가 아니라, 마음의 변화다. 상한 심령으로 하나님께 나아갈 때, 은혜는 반드시 회복으로 이어진다.

반복되는 죄에 빠져 자신을 용서하지 못한다면, 우리는 점점 죄책감에 눌리고 스스로를 정죄하는 악순환으로 빠지게 된다. 내 힘으로 나를 용서할 수 없을 때, 하나님의 무조건적으로 용서와 은혜를 믿고 붙드는 것이 회복의 시작이다. 자신을 돌아보면 어떤 죄책감이 자기 영혼을 갉아먹고 있는지 알 수 있다. 자신을 정직하게 돌아보면, 어떤 죄책감에 머물러 있는지, 반복된 죄를 자책하고 있는 것은 아닌지, 누군가를 용서하지 못했거나, 자기 자신을 여전히 용서하지 못하고 미워하고 있는 것은 아닌지, 마음속 깊이 내려놓지 못한 죄책감이 있다면 그 죄책감을 주님 앞에 내려놓아야만 한다. 십자가의 보혈로 우리를 깨끗하게 씻어 주신 주님 품으로 돌아가야만 한다. 죄책감에 눌려 정죄하며 기도조차 미루고 있다면, 스스로를 판단하는 마음을 내려놓고 주님께 모든 것을 맡겨야 한다. 주님은 우리의 연약함을 아시고 돌아오는 자를 언제나 품어 주신다. 하나님은 우리가 넘어질 것을 아시고 그 자리에서 다시 시작할 은혜를 준비해 두셨다. 정죄의 속삭임이 들려올 때마다 "그리스도 예수 안에 있는 자에게는 결코 정죄함이 없나니!"(로마서 8:1)라고 선포하자. 죄책감은 사탄이 우리를 정죄와 낙심으로 끌어내리려는 역사이지만 성령은 우리를 회개와 회복으로 이끌어 가신다.

십자가 앞에 나아가 하나님의 용서를 믿고 다시 일어서는 것이 믿음의 길이다. 반복되는 죄는 우리를 정죄와 낙심에 빠뜨리지만 죄책감에 눌리지 말고 즉시 하나님께 나아가야만 한다. 넘어져도 은혜를 붙들고 다시 일어서야 한다. 반복되는 순종의 걸음 속에서 변화는 이루어져 간다. 자신의 연약함을 아는 사람은 다른 이의 연약함도 품을 수 있다. 죄를 깨닫지 못한 사람은 타인을 정죄하며 자신의 문제는 보지 못하는 어리석음에 빠지기 쉽다. 그러나 자기 자신을 알고 용서받은 사실을 안다면, 비로소 대상을 알고 이해하고 품을 수 있는 은혜로 흘러간다. 은혜 안에서 다시 순종의 발걸음을 내딛는 가운데 변화는 시작된다. 넘어져도 일어서서 다시 돌아오는 자를 하나님은 기뻐하시고 품어 주신다. 하나님의 자녀는 회개한 후에도 여전히 사랑받는 자녀로, 하나님은 죄를 미워하시지만 사랑하는 자녀를 미워하지 않으신다. "만일 우리가 우리 죄를 자백하면, 그는 미쁘시고 의로우사 우리 죄를 사하시며 우리를 모든 불의에서 깨끗하게 하실 것이요"(요한일서

1:9) 하나님은 죄를 자백하는 자에게 반드시 용서하신다는 확실한 약속으로, 죄를 숨기지 말고 드러낼 때 하나님은 정결케 하시는 은혜를 베풀어 주신다. 하나님은 우리의 반복되는 죄와 실수조차도 포기하지 않으시고 죄로 인해 더렵혀진 내면까지 모두 깨끗하게 씻어 주신다.

3) 은혜 중심적 존재방식

은혜 중심적 존재 방식은 내가 주체가 되는 인생성취의 강박에서 벗어나 하나님의 은혜를 생각하고 신뢰하며 자발적인 순종과 감사로 살아가는 존재방식이다. 하나님의 은혜로 살아가는 삶의 방식은 하나님 자녀로서의 자기 정체성을 자각하고 하나님의 뜻에 순종하려는 태도로 살아간다. 하나님은 나를 있는 그대로 받아 주시기 때문에, 자기 열등감이나 비난으로 가는 것이 아니라 은혜로 나아가 자신을 긍휼히 여기고 대상도 이해하며 나아가 타인을 정죄하지 않고 용서와 사랑이 흘러간다. 감사로 시작되는 자발적인 순종은 자연스럽게 이루어져 가며 은혜에 기반 한 성장인 것이다. 심리학적으로는 자기수용으로 자신의 결점과 약점, 실패를 있는 그대로 받아들이는 태도로 하나님이 있는 그대로 나를 사랑하시고 받아 주신다는 복음적 인식을 바탕으로 자기 자신을 수용하는 것과 같다. 자기비난과 수치심 죄책감으로부터 자유로워지는 과정은, 자신의 부족함을 비판하거나 억압하지 않고 하나님의 긍휼하심처럼 자기 자신을 끌어안아 주는 것을 말한다. 연약한 자아를 품는 것은 심리적 치유회복으로 이어진다.

　많은 사람들은 조건적 자기존중 즉 잘해야 인정받는다는 생각에 묶여 있다. 그러나 무조건적 긍정적 수용은 하나님이 사랑과 닮아 있다. 자기 존중감을 외적성취에서가 아닌 내면의 존재 가치에 찾게 해줘야 한다. 은혜 중심적 존재 방식은 자기비난과 외적 통제로 억눌린 자아를 무조건적 사랑의 경험을 통하여 자율적 자아로 회복시키는 심리적 변화의 길이다. 은혜 중심적 존재방식에 있어서 기독교 신학은 인간의 정체성을 하나님의 형상으로 보는데 인간은 창조 그 자체로 가치를 지닌 존재다. 그러나 타락 이후 인간은 하나님과의 단계가 단절되었고 예수 그리스도를 통해 율법 아래 있는 존재를 은혜로 구원시키셨다. 구원은 전적으로 은혜로 주어진 선물이기 때문에, 더 잘 하고, 더 잘 지켜야 인정받는 율법의 구조가 세워져서가 아니라 이미 사랑받는 존재로서의 정체성을 갖는 은혜에서 출발하게 된 것이다. "너희가 그 은혜에 의하여 믿음으로 말미암아 구원을 받았으니 이것은 너희에게서 난 것이 아니요 하나님의 선물이라."(에베소서 2:8) 실존주의 현대철학은 인간은 스스로 의미를 만들어 가는 존재라고 하지만 기독교 세계관은 자신이 누구인지가 자기 삶의 방향을 결정한다. 로저스는 조건 없는 수용이 자아를 건강하게 한다며 무조건적 긍정적 존중을 통해 참된 자아를 발견하고 회복할 수 있다고 본다.

　신앙의 방식에 있어서 두 가지 흐름을 보면 행위에서 존재인가 아니면 존재에서 행위인가이다. 율법적 신앙은 행위에서 존재의 구조를 따르지만 은혜 중심의 신앙은 존재에서 행위의 구조를 따른다. 내가 뭔가를 잘 해야 하나님께 인정받을 수 있다는 생각으로 예배, 기도,

봉사를 한다면 자기 의를 드러내며 부족한 자신을 바라보며 끝내는 좌절로 빠진다. 그러나 내가 하나님의 자녀로 이미 사랑받고 용서받은 존재이기 때문에 기쁨으로 순종하며 하나님의 뜻을 따르게 된다면 자유에서 오는 자발적 순종으로 나아간다. 타인과의 관계 속에서도 인정받으려 애쓰기보다는 받은 은혜에 감사하며 자녀로서의 정체성 안에서 자유롭게 행동한다. 경쟁대상이 아니라 동역자로 바라보고, 질투를 하는 것이 아니라 자신의 장점도 바라보게 된다. 예배하고 기도하고 봉사하는 습관은 하나님을 사랑하는 마음에서 시작한다. 무엇을 성취하고 성취하지 못하는 것에 있어서 우리의 가치는 달라지지 않는다. 하나님의 은혜로 구원받은 자의 정체성은 의무에서 자발성으로 나아간다. 자신이 누구인지를 알게 되면 상황과 평가에 흔들리지 않는다. 불안했던 마음은 안정되고 비교로부터 자유로워진다. 더 잘 나가는 사람을 보며 열등감에 빠지는 것이 아니라 각자 다른 은혜의 자리에서 살아가고 있다는 사실을 받아들이게 된다. 신앙의 본질은 내가 누구인가에 초점을 맞춘다. 예수 그리스도 안에서 우리는 이미 용서받고 사랑받고 있는 존재들이다. 이 정체성은 은혜로 주어진 것이며 모든 행동은 이 정체성에서 흘러나온다. "너희는 그 은혜에 의하여 믿음으로 말미암아 구원을 받았으니 이것은 너희에게서 난 것이 아니요 하나님의 선물이라."(에베소서 2:8)

하나님은 내가 잘나고 잘 했을 때만 사랑하시는 분이 아니라 죄 가운데 있을 때도 사랑하신 분이시다. "우리가 아직 죄인 되었을 때에 그리스도께서 우리를 위하여 죽으심으로 하나님께서 우리에 대한 자기의 사랑을 확증하셨느니라."(로마서 5:8) 이 말씀은 내가 자격이 있을 때가 아니라 자격이 없을 때 이미 하나님이 사랑하셨음을 기억하게 한다. 결국 건강한 자아 정체성, "나는 하나님의 자녀다"라는 생각이 확고하게 자리 잡을 때 삶의 방향이나 모든 선택이 안정되는 것이다. 은혜 중심적 존재 방식은 모든 삶의 방식을 바꾸는 거대한 전환으로 내가 누구인지를 제대로 이해할 때 비로소 무엇을 해야 할지도 분명해진다. 은혜 중심의 삶은 복음이 내 삶 전체에 영향을 주는 방식이다. 하나님 안에서 받은 정체성을 믿고 나아가는 믿음의 삶은 존재를 바꾸고 존재는 삶을 이끈다. 무언가를 성취하거나 인정받기 위해 애쓰는 삶이 아니라 이미 받은 은혜에 대한 감사로 살아가는 삶이다. 존재와 행위는 분리되지 않고 은혜에서 출발한 자아는 일상 속 순종과 사랑으로 이어진다. 은혜 중심의 존재 방식은 자신을 자유롭게 하며 다른 이와의 관계도 부드럽고 온유하게 만든다. 그것은 행동 중심이 아닌 정체성 중심의 삶을 의미한다. 이제 삶은 인정받기 위해 애쓰는 경쟁이 아니라, 이미 받은 은혜에 대한 반응으로서의 감사와 순종의 삶으로 전환된다.

4) 자유 가운데 누리는 기쁨

자유 가운데 누리는 기쁨은 해방감을 넘은 존재적 기쁨과 사람의 의미를 동반한다. 죄와 율법의 속박에서 벗어난 자유다. "그러므로 이제 그리스도 예수 안에 있는 자에게는 결코 정죄함이 없나니, 이는 생명의 성령의 법이 죄와 사망의 법에서 너를 해방하였음이라."(로마서

8:1-2) 하나님 앞에서 평안을 누리는 기쁨에는 죄책감과 두려움, 자기비난과 수치로부터 자유하다. 이제 더 이상 과거의 실패나 타인들의 평가에 휘둘리지 않으며 은혜 안에서 자기를 수용하고 살아가는 감사의 기쁨인 것이다. 그 누구와의 비교도 경쟁에서도 벗어난 자유로움 속에서 오는 기쁨으로 살아가며 하나님 앞에서 그 모습 그대로 살아간다. 내면의 자유로 얻은 기쁨의 삶은 억지로가 아닌 자발적으로 타인을 사랑하고 섬길 수 있다. "자유를 위하여 부르심을 받았으나, 그 자유로 육체의 기회를 삼지 말고 사랑으로 서로 종노릇 하라."(갈라디아서 5:13) 하나님의 뜻에 순종할 수 있는 내면은 자유가운데 누리는 가장 기쁜 상태인 것이다. 죄책감에서 해방되고, 자기 수용과 회복을 통하여 사랑을 실천하는 삶을 살며 하나님 앞에서의 존재적 안정감과 평안으로 나아가는 감사의 삶인 것이다. 매슬로우는 인간이 잠재력을 실현할 때 깊은 만족과 기쁨을 누린다는 것이다. 억눌림 없이 자신의 가치와 부름을 따라 살아갈 때 경험하는 그 기쁨은 자기실현의 기쁨인 것이다.

심리학적으로 자유로운 기쁨을 누리는 것은 자율적 존재로서 억압과 통제에서 벗어나 자기 삶을 선택하고 살아갈 때 경험하는 만족감인 것이다. 칙센트미하이(M. Csikszentmihalyi)의 플로우(flow) 경험은 자유롭게 몰입할 수 있는 창작 활동을 할 때 시간 가는 줄 모르고 몰입하는 데서 오는 기쁨과 만족으로, 외부로부터 강요받은 것이 아니라 스스로 우러나 자유로운 몰입으로 삶의 의미와 기쁨을 극대화한다는 것이다. 인간은 타인의 기대에 얽매인 자아에서 벗어날 때 심리적 해방감을 느낀다. 억압에서 해방되는 기쁨은 정서적 안정감을 주며 회복으로 나아간다. 외부의 시선에 의한 삶이 아니라 자기 내면에 충실한 삶을 살아갈 때 인간은 자유롭고 진정한 기쁨을 누리게 된다. 스스로 선택하고 자기 신념과 일치하는 삶을 살아갈 때 누리를 존재의 기쁨이 자유가운데 누리는 기쁨인 것이다. 하나님 자녀로서 누리는 자유는 단순한 해방이 아니라, 하나님과의 관계 안에서 깊은 기쁨을 누리는 상태다. "주는 영이시니 주의 영이 계신 곳에는 자유가 있느니라."(고린도후서 3:17) "그리스도께서 우리를 자유롭게 하려고 자유를 주셨으니 그러므로 굳건하게 서서 다시는 종의 멍에를 메지 말라."(갈라디아서 5:1)

하나님이 주시는 자유는 의무가 아닌 기쁨으로 하나님의 뜻을 따를 수 있도록 만든다. 은혜 안에서의 자유는 죄와 율법, 정죄와 비교의 굴레를 벗고, 하나님이 주신 새로운 존재로서 기쁨과 사랑 가운데 살아가는 복음적 삶의 방식인 것이다. 그리스도 안에서의 자유는 죄의 사슬에서 풀려난 것, 곧 죄로부터의 해방이다. 과거의 잘못이나 죄책감, 자기 정죄에서 벗어나 하나님의 은혜로 완전히 용서받았다는 확신은 말로 표현할 수 없는 해방감을 준다. "그러므로 아들이 너희를 자유롭게 하면 너희가 참으로 자유로우리라."(요한복음 8:36) 이러한 자유는 더 이상 율법의 무거운 짐이나 사람들의 시선을 두려워하지 않아도 되는 평안과 안식을 가져다준다. 예수님이 주시는 자유는 세상살이 속에서의 외적 속박에서의 해방이 아닌, 죄와 사망의 권세로부터 벗어나는 영적 자유다. "예수께서 대답하시되 진실로 진실로 너희에게 이르노니 죄를 범하는 자마다 죄의 종이라."(요한복음 8:34) 모든 사람이 죄를 범하였고 죄의 종이지만 오직 참된 자유는 예수 그리스도를 통해서만 가능하다. 신앙생활을 하는 많은 이들이 겉으로는 자유로워 보이지만, 마음속에는 여전히 죄책감, 두려움, 비교, 인정 욕구와 같은 보이지 않는 사슬에 묶여 있는 것을 볼 수 있다. 하지만 하나님을 신뢰하며 그분께 인생을 맡기고 나아갈 때, 세상의 기준에 얽매이지 않고 하나님 뜻 안에서 평안과 기쁨을 누릴 수 있다. 참된 자유는 오직 예수 안에 있다. 이 진리를 믿고 살아갈 때, 비로소 우리는 참 자유를 누리는 삶을 살아갈 수 있다.

하나님의 자녀라는 정체성이 회복되면, 세상의 평가나 조건에 휘둘리지 않으며 자신의 삶의 목적과 가치를 발견하게 된다. 우리 인생의 목적은 하나님을 알고 사랑하며, 그분의 뜻에 순종하고 하나님이 주신 은사를 통해 세상에 선한 영향을 끼치는 데 있다. "너는 마음을 다하고 뜻을 다하고 힘을 다하여 주 너의 하나님을 사랑하라."(신명기 6:5) "그런즉 너희가 먹든지 마시든지 무엇을 하든지 다 하나님의 영광을 위하여 하라."(고린도전서 10:31) 오늘날 많은 사람들이 외적인 성취나 타인의 인정을 통해 자신을 평가하지만, 기독교 신앙은 그와는 전혀 다른 기준을 제시한다. 하나님은 우리를 자신의 형상대로 창조하셨고, 그 아들 예수 그리스도를 아낌없이 내어 주실 만큼 소중하게 여기셨다. "우리가 아직 죄인 되었을 때에 그리스도께서 우리를 위하여 죽으심으로 하나님께서 우리에 대한 자기의 사랑을 확증하셨느니라."(로마서 5:8) 이 진리는 우리가 세상의 기준에 미치지 못한다 하더라도, 이미 귀하고 의미 있는 존재임을 보여준다. 우리의 목적은 하나님을 영화롭게 하고, 그분과 영원히 즐거워하는 것이다. 이 사랑의 진리를 알고 믿을 때, 우리는 흔들리지 않는 정체성과 삶의 의미를 발견하게 된다. 내가 받은 은사와 환경을 통해 작은 섬김과 친절을 실천하며 하나님을 섬기고, 내 직업과 재능을 통해 하나님께 영광을 돌리는 삶은 가장 큰 기쁨으로 이어진다. 하나님과의 인격적인 관계 안에서 억지나 강요가 아닌 사랑과 자발성으로 순종하는 삶은 참된 자유를 낳는다. 그 안에서의 순종은 기쁨이 되며, 그 뜻을 따르는 것이 부담이 아닌 사랑에서 나오는 자연스러운 반응이 된다.

주 안에서의 자유는 무엇이든 마음대로 하는 자유가 아니라, 하나님 안에서 진정한 나 자신으로 살아가는 자유다. 이러한 삶은 외부의 기대나 규범에 휘둘리지 않고, 자신의 내면의 가치와 신념에 따라 살아가는 방식이다. 이는 단순한 자율이 아니라, 자기 인식(Self awareness)과 자기 수용(Self acceptance)을 통해 자기 자신을 깊이 이해하고, 그 본질에 충실하게 살아가는 자유다. 자신의 단점을 있는 그대로 받아들이며, 완벽하지 않아도 자신을 사랑할 수 있을 때 진정한 자유가 시작된다. 이러한 삶에는 용기와 책임감이 필요하다. 자신의 선택에 책임지는 태도가 따를 때, 그 자유는 진정한 의미를 갖게 된다. 자유는 방종이 아니라, 선택에 대한 성숙한 태도다. 진정한 나 자신으로 살아가기 위해서는 타인의 시선이나 비난에도 맞설 수 있는 용기가 필요하다. 세상엔 누구나 자기 기준이 있으므로, 아무리 진심을 다해도 모두를 만족시킬 수 없다. 비난은 때로는 그 사람의 불안이나 편견일 뿐이다. 브레네 브라운은 "당신을 비판하는 사람들은 당신의 삶을 살아본 적 없는 사람들이다."라는 것이다. 자신의 가치와 주체의 선택에 대한 믿음이 있다면 외부의 소리에 쉽게 흔들리지 않는다. 그 길 끝에는 진정한 평안이 있다.

3. 함께여서 가능한 회복

회복은 혼자만의 내면에서 끝나는 일이 아니라, 사람들과의 관계 속에서 부딪히고 이해하며 자라갈 때 비로소 검증되는 여정으로 회복으로 가는 성화의 길은 관계 속에서 이루어진다. 조지 허버트 미드(George Herbert Mead)의 상호작용론에 따르면, 자아는 타인과의 상호작용 속에서 형성된다. 그는 자아 발달 과정을 놀이단계(play stage)와 게임단계(game stage)로 설명하는데, 놀이단계에서는 타인의 역할을 단편적으로 모방하는 반면, 게임단계에서는 사회적 규칙과 다양한 역할을 동시에 이해하며 자아가 사회화되어 간다. 이런 과정을 통해 인간은 타인의 시선을 내면화하고 자기 객관화 능력을 갖추며, 자율적이고 책임 있는 존재로 성숙해 간다. 자아는 고립된 개인 안에서 형성되는 것이 아니라, 관계 안에서 성장하고 성숙하는 것이다. 볼비의 애착이론에서도 인간은 본능적으로 안전을 필요로 하는 존재로 설명된다. 건강한 가정은 안전기지로 불안정 애착에서 비롯된 상처를 회복할 기회를 제공한다. 부모의 긍정적인 피드백을 통해 왜곡된 자기개념을 회복하고, 따뜻한 정서적 교류를 통해 자존감을 회복하며, 정서 조절 능력을 키워가게 되는 것이다. 테드 에쉬턴(Tedeschi & Calhoun)의 연구에 따르면, 이런 과정은 관계의 질 향상, 삶에 대한 감사가 있으며 자신의 강점을 인식으로 이어진다.

프랑스 정신분석가 디디에 앙지외(Didier Anzieu)는 「피부자아

(Le Moi Peau)」에서 싸개 기능을 통해 심리적 자아의 안정에 대해 설명한다. 포근하게 안아 주는 가정은 자아를 감싸고 보호하는 심리적 환경이 되며, 그 안에서 자아는 건강하게 성장하고 회복된다. 결국, 자아의 회복은 안전하고 수용적인 관계 안에서 가능하다. 아이는 태어나면서 가장 먼저 엄마와의 관계를 통해 세상을 인식하기 시작한다. 엄마는 아이가 만나는 첫 번째 세상의 얼굴이며, 그 초기 관계는 이후 모든 인간관계의 밑그림이 된다. 엄마가 아이에게 신뢰할 수 있는 존재가 될 때, 아이는 세상을 향해 자신감 있게 나아갈 수 있는 내적 힘을 얻게 된다. 이처럼 건강한 가정은 결과나 성취가 아닌 존재 자체로 존중받는 공간이어야 하며, 비난이나 판단이 아닌 수용과 공감으로 아이를 품어 주는 곳이어야 한다. 이러한 경험을 통해 아이는 자신이 사랑받고 환영받는 존재임을 인식하고, 자존감을 형성한다. 또한, 가정은 서로의 다름을 받아들이고 함께 성장해 가는 관계의 장이다. 차이를 인정하고 이해하려는 태도는 갈등을 피하지 않되, 갈등을 통해 더 깊은 이해로 나아가게 한다. 솔직한 감정 표현과 진심 어린 대화는 신뢰를 형성하는 기반이 된다. 완벽하지 않은 가정일지라도, 갈등과 실패를 회복할 수 있는 안전한 울타리가 되어야 한다. 다시 일어설 수 있도록 도우며, 상처를 치유받을 수 있는 관계, 그것이 회복의 공동체로서의 가정이다.

회복은 하나님과의 깊은 교제 속에서 먼저 시작될 수도 있다. 그러나 공동체는 그 회복을 더 풍성하고 지속적으로 만들어준다. 서로 부딪히는 가운데 자기 상처를 더 명확하게 인식하게 하며, 동시에 수용과 사랑을 통해 그것을 넘어설 수 있도록 돕는다. 스트레스 이론에 의하면, 사회적 지지는 스트레스 반응을 완화시키고 심리적 회복력을 강화한다. 우리가 혼자서는 감당하기 어려운 용서와 화해, 치유의 과정은 공동체 안에서 더욱 실제적으로 일어난다. "너희가 서로 죄를 고백하며 병 낫기를 위해 기도하라. 의인의 간구는 역사하는 힘이 크니라."(야고보서 5:16)라는 말씀처럼, 기도는 치유의 강력한 도구이다. 개인의 회복 역시 성령의 역사하심 없이는 불가능하다. 혼자 기도하고 묵상하는 시간 가운데 치유를 경험할 수 있는 것도, 내면 깊은 곳을 만지시는 성령의 역사 때문이다. 성령은 "그러하나 진리의 성령이 오시면 그가 너희를 모든 진리 가운데로 인도하시리니 그가 스스로 말하지 않고 오직 듣는 것을 말하며 장래 일을 너희에게 알리시리라."(요한복음 16:13) 왜곡된 감정과 생각을 바로잡아 우리를 회복으로 이끄신다. 성령의 도우심은 혼자 있는 시간에도 하나님의 교제가 끊어지지 않게 하며, 우리의 회복을 가능하게 한다. 그리고 함께 더불어 살아가는 사회적 환경 안에서 구체화된다.

공동체는 감정을 나눌 수 있는 공간이며, 공감과 경청을 통해 외로움, 불안, 우울을 완화시키는 정서적 회복의 장소가 된다. 그 안에서 자신의 감정이 존중받고 이해받는 경험은 회복의 출발점이 되는 것이다. 가정에서, 교회에서, 또는 각종 모임들 속에서 소통의 장이 되어 상처받았던 일들을 풀고 나누고 경청 공감하며 관계회복으로 나아갈 수 있는 만남들이 되어야 한다. 하인즈 코헛이 말하는 회복의 특징은 유머, 지혜, 창조성, 공감, 통합으로 이는 자기 기능이 건강하게 발달되고 회복되었을 나타나는 기능의 징표로 성숙했을 때 나타나는 기능들인 것이다. 공동체 안에서 존경대상들과 함께하며 총애를 받고, 일체 경험을 통하여 성도들 간 삶의 의미와 소속감, 목적을 회복하게 한다. 진솔한 사람들과의 건강한 경험을 통해 얻게 되는 통찰은 정체성을 회복하게 하고, 기본적인 신뢰의 회복으로 나아가게 한다. 그런 의미에서 교회는 단순한 모임이 아니라 회복의 공간이며, 함께 있기 때문에 가능한 강력한 치유의 장이 되는 것이다. 하나님께 받은 은혜는 서로를 통하여 나누고 섬기며 흘러가야만 한다. 회복된 자는 회복의 통로가 되어 주고, 성숙한 자는 다른 사람의 성숙을 돕는 자가 되는 것이다. 성화는 개인의 문제를 넘어 서로의 관계 속에서 검증되고 자라간다. 서로를 품어 주고 용서하고 화해하는 관계 안에서 회복된 자아는 서로의 회복을 돕는 자가 되어 사랑은 흘러간다. 교회 공동체는 그리스도의 몸으로 사명을 실천하여 개인의 회복은 물론 교회 공동체 또한 회복되어 가는 것이다. 우리는 서로 다른 이들을 회복시키는 존재로 부름받았다. 회복의 열매가 되어 다른 사람들을 돌아볼 수 있어야 한다. 기도나 묵상, 심리상담을 통하여 개인적인 회복을 경험하기도 하지만, 근본적인 회복은 하나님과의 관계 속에서 서로를 돌아보며 온전한 열매를 맺어가는 것이다.

1) 회복과 성장을 돕는 공동체

건강한 공동체라고 해서 완벽한 사람들만이 모여 있는 곳은 아니다. 교회는 상처 입은 사람들이 모여 함께 치유와 회복을 경험하는 공간이다. 예수님도 제자들을 세우셨듯이 공동체 속에서 성장하고 변화되어져 간다. "너희가 서로 사랑하면 이로써 모든 사람이 너희가 내 제자인 줄 알리라."(요한복음 13:35) 서로의 약함을 덮고, 실패를 정죄하기보다 치유와 회복의 통로가 되는 공동체는 성령의 역사로 인도 되어져 가는 곳이다. 공동체의 구성원들은 자신의 아픔을 공유하며, 수용 공감 받는 경험을 통하여 회복은 일어난다. 상처를 말할 수 있는 용기는, 신뢰에서 비롯되는 것으로 대상들과의 믿음과 신뢰가 필요하다. 서로의 가슴에 품고 있던 힘든 마음들을 풀어낼 때, 그 용기를 존중하고 지켜 주는 관계 속에서 치유가 일어나는 공간이 되는 것이다. '너무 힘들고 가슴이 아프다'고 말할 때, 그 말을 경청, 공감하며 수용해 주는 경험을 통하여 개인은 건강해지고 안정 애착을 재형성하는 역할을 하게 된다. 상처를 치유하기 위해서는 관계의 회복 신뢰의 재구조화가 필수적이다.

용기 내어 말하고 있는 이들에게 우리는 비판 없는 수용을 해 주어야 한다. 어떤 말을 해 주려는 것보다 중요한 것은 귀 기울여 주는 태도로 치유의 공간은 만들어진다. 서로의 상처를 판단하지 않고 있는 그대로 받아줄 때 회복은 거기서부터 일어난다. 욥의 세 친구처럼 하는 조언을 한다면 그는 차츰 입을 다물고 점점 공동체와 멀어져 갈 것이나. 수용해 주고 공감해 주는 공동체 안에서는 더 함께 하고 싶은 마음이 생겨나며 존재의 행복을 느끼게 될 것이다. 관계의 지속성은 단기적으로 무엇을 해결하려는 것이 아니라, 오랜 시간 편안하고 안정된 동행과 공감을 통하여 일어나며, 강요 없는 심리적 거리를 유지하는 것도 한 방법이다. 너무 멀게 느껴져서도, 너무 가까워 간섭을 하는 행위로 느껴져서도 안 된다. 회복으로 가는 공동체라고 해서 완벽한 것은 아니다. 부족한 존재들이 함께 모였으니 서로 이해하고 품어 주는 공간이 될 때 사람들은 떠나지 않고 관계를 통하여 자기 자신을 들여다보고, 자기 자신을 다시 만나는 회복이 일어나는 것이다.

브레네 브라운(Brene Brown)은 공동체에서 상처를 말하는 것은 자기의 불완전함을 드러내는 용기로 그 취약함을 드러내는 것은 부끄러움이 아니라 용기라는 것이다. 공동체는 그 용기를 존중하고 치유가 일어나는 공간이 되도록 해야만 한다. 그러기 위해서는 서로가 서로를 신뢰하며 성숙한 마음으로 나아가는 그리스도인이 되어야만 가능하다. 하나님이 원하시는 것은 바로 사랑으로 하나 되는 것이기 때문에 하나님 사랑과 이웃사랑을 실천하는 서로의 공간이 될 때 스스럼없이 자기 치부를 드러내는 회개와 자기분석은 시작된다. 상처를 말하는 용기는 심리적인 안전감이 있을 때 가능하다. 말을 해도 거절당하지 않을 것이라는 믿음과 신뢰가 있어야 하는데, 서로를 판단하며 시기 질투가 있는 관계 속에서는 자기를 드러내지 않으려 한다. 그러므로 그리스도인은 항상 너와 나 모두가 부족한 존재라는 사실과 하나님은 우리 모두를 사랑하신다는 전제하에 서로를 이해하며 나아가야만 한다. 남의 눈의 티를 보며 탓하지 말자. 내 안의 들보를 보면 할 말이 없어지는 것이 인간이다. 서로 이해하고 서로 사랑하는 마음 가운데 있으면, 기본적인 신뢰를 바탕으로 자기 부족함을 드러내며 성장의 길로 들어서게 된다.

　매슬로우의 욕구 이론에 따르면, 인간은 생존을 위한 생리적 욕구가 충족되면, 안전의 욕구로 나아간다. 안전의 욕구는 질병, 사고, 경제적 불안 등으로부터 보호받고자 하는 심리적 안정의 욕구를 포함하는데, 이 두 가지 기본적인 욕구가 어느 정도 충족되면, 인간은 사랑과 소속감 욕구로 공동체 안에서 관계를 맺고 소속감을 얻고자 하는 단계로 발전하게 된다. 그러나 교회는 이처럼 모든 욕구가 충족된 사람들만 오는 곳이 아니다. 다양한 결핍과 상처를 가진 사람들이 함께 모이는 곳이기 때문에, 모든 성도들을 품을 수 있는 성숙한 마음의 준비가 필요하다. 이를 위해 중간 지도자들은 자기관리를 잘하며, 그리스도인으로서 사랑과 섬김을 실천할 수 있어야 한다. 건강한 관계를 형성하며, 외로움이나 소외감을 해소할 수 있도록 돕는 것이 중요하다. 이러한 소속감을 바탕으로 사람들은 존중의 욕구로 나아간다. 이는 타인으로부터 인정받고 존중받고자 하는 마음이며, 동시에 자신을 가치 있는 존재로 인식하고 싶은 자존감과 성취감의 표현이다. 그리스도인에게 있어서 이는 예수님을 닮아가고자 하는 마음과 연결되며, 신앙 안에서의 성숙함으로 드러난다. 스스로를 존중하고 다른 사람들로부터도 존중받는 욕구는 이제 세상에 대해 더 알고 싶은 인지적 욕구를 넘어 질서와 조화를 느끼며 아름다움을 추구하는 심미적 욕구를 지나 자신의 잠재력을 발휘하며 자기다운 삶을 살아가고자 하는 자기실현의 욕구로 나아간다. 이는 자신의 달란트를 발견하고 그 잠재력을 실현하는 성숙한 욕구단계를 지나 자기를 넘어서 더 큰 대의를 생각하며 인류를 위해 헌신하고자 하는 자아 초월 욕구로 자기실현을 넘어 의미 있는 존재가 되고 싶어 한다. 그리스도인은 자기실현을 넘어 타인들을 생각하며 돌아보는 성장으로 나아가야 한다.

2) 용서와 화해의 실제

　진정한 성화는 갈등이 없는 삶이 아니라 갈등 속에서도 그리스도의 십자가를 붙들고 용서와 화해를 선택하는 삶에서 드러난다. 우리 모두가 인간의 연약함을 지닌 채 공동체 안에서 살아가기 때문에 오해와 상처는 불가피하다. 그러나 그 상처가 은혜의 자리 회복의 자리로 변화될 수 있는 이유는 십자가의 능력 때문이다. 공동체에서의 상처는 피할 수 없지만 그 상처를 예수님의 십자가 아래 내려놓고 다시 손을 내미는 용기가 필요하다. "서로 용납하고 피차 용서하되 주께서 너희를 용서하신 것같이 하라."(골로새서 3:13) 이 말씀은 용서가 믿음의 결단임을 보여 주는 말씀으로 나를 아프게 한 사람에게 먼저 다가가 손을 내민다는 것은 인간적인 힘으로는 불가능하지만 성령의 역사와 은혜 안에서는 가능한 일이다. 용서는 상처를 지우는 것이 아니라 그 상처를 예수님의 손에 맡기고 심판을 맡기는 행위인 것이다. 그 안에 남아 있는 분노와 억울함을 억지로 억누르는 것이 아니라 하나님께 맡기고 나아가 자유함을 얻는 길인 것이다. 그러한 용서는 자신을 위해서도 필요하며 그 결정은 치유와 회복의 시작이 되는 것으로 용서와 화해의 실제는 십자가의 능력이 드러나는 자리다.

　화해는 단순한 관계 회복이 아니라 성령께서 역사하셔서 이루어지는 성령의 열매인 것이다. 모든 관계에서 완전한 회복이 가능하지 않을 수 있지만 적어도 내 마음에서 원망과 증오가 떠나가고 없다면 그래서 사랑과 평안으로 채워져 있다면 그것은 반드시 십자가의 능력인 것이다. 용서가 그렇게 쉬운 것만은 아니다 사기를 당해서 전 재산을 잃고 삶의 기반이 흔들리는 사람에게 우리는 무어라 말할 수 있겠는가? 차라리 아무 말도 하지 않는 것이 그를 공감하는 것일 수도 있다. 또한 용서를 못 하고 있는 자기 자신을 정죄하지도 말라. 하나님은 우리 마음을 아시고 우리가 지금 어떤 자리에서 힘들어하시는지도 충분히 이해하신다. 믿음의 자세로 나아가는 길은 "내 사랑하는 자들아 너희가 친히 원수를 갚지 말고 하나님의 진노하심에 맡기라 기록되었으되 원수 갚는 것이 내게 있으니 내가 갚으리라고 주께서 말씀하시니라."(로마서 12:19)는 말씀으로 나아가며 모든 것을 주님께 맡기는 삶으로 나아갈 때 자유가 있다. 용서는 정의를 포기하는 것이 아니라 상처를 인정하고 그 사람의 죄를 하나님께 맡기는 행위인 것이다. 상대를 미워하며 마음속에 계속 붙들어 놓는 것은 결국 자신도 함께 감옥에 갇히는 것이다.

용서는 하루아침에 되는 일이 아니다. 주님과 함께 은혜의 길을 걸으며 내려놓을 수 있는 것이다. 하루하루의 기도 속에서 고백하는 작은 순종은 반드시 회복의 열매를 맺게 될 것이다. 우리는 서로의 거친 면을 통해 연단 받고 서로의 연약함을 통해 그리스도의 사랑을 배우는 기회를 얻게 된다. 처음에는 어색하고 힘들 수 있지만 반복적인 실천을 통해 진짜 사랑과 공감으로 나아간다. 너나 할 것 없이 우리는 다 부족한 사람들로 나를 바라보며 너를 이해할 수 있어야 한다. 내가 완벽하지 않듯이 너도 완벽하지 않으므로 서로를 이해하고 안아 주며 살아가야만 한다. 안 되는 것을 억지로 하려 들지는 말자. 안 되는 것은 주님께 기도하며 나아가다 보면 때가 온다. 손양원 목사님은 어떻게 두 아들을 죽인 그를 아들로 삼았을까? 예수님은 십자가 위에서 "이에 예수께서 이르시되 아버지 저들을 사하여 주옵소서 자기들이 하는 것을 알지 못함이니이다 하시더라 그들이 그의 옷을 나눠 제비 뽑을 새"(누가복음 23:34)라고 기도하시는 모습을 본다. 손양원 목사님은 인간적인 생각으로는 불가능한 결정으로 십자가 하나님의 용서를 깊이 체험하고, 성령 안에서 원망이 아닌 하나님의 뜻을 묻는 믿음의 길을 걸어가셨다. 인간의 의지를 넘어선 은혜의 능력, 성령의 역사 없이는 설명할 수 없는 일이다. 피해자로서 그 고통을 끌어안고 새로운 의미를 만들어 내었던 초월적 자아의 영적 성숙은 치유와 회복의 가장 높은 형태로 볼 수 있다.

"내가 그리스도와 함께 십자가에 못 박혔나니 그런즉 이제는 내가 사는 것이 아니요 오직 내 안에 그리스도께서 사시는 것이라 이제 내가 육체 가운데 사는 것은 나를 사랑하사 나를 위하여 자기 자신을 버리신 하나님의 아들을 믿는 믿음 안에서 사는 것이라."(갈라디아서 2:20)는 고백처럼 그는 살았던 것이다. 복음은 교리나 말씀으로만 존재하는 것은 아니다. 현실의 고통 속에서도 하나님의 선하심을 선택할 수 있는 힘이 되는 것을 증거한 삶이었다. 그리스도를 따르는 삶은 무엇인가? 십자가를 지는 삶, 자기 부인의 길로 자기중심적인 삶을 내려놓고 하나님의 뜻에 자신을 맞추는 죽음과 부활의 여정을 말한다. 그 길에는 손해와 아픔도 있지만 진정한 자유와 생명이 그 안에 있다. 그 삶은 성령의 도우심으로 가능하며 내 감정, 사고, 선택의 중심이 예수님으로 변화되는 삶인 것이다. 그리스도를 따른다는 것은 관계 속에서 서로를 섬기고 용서하며 상처 입은 자를 안아 주고 자신의 권리를 내려놓는 십자가의 사랑을 사는 것이다. 그리스도를 따르는 길은 날마다 새로워지는 여정으로 끊임없이 회개하며 새로워지는 길이다. 실수하고 넘어져도 다시 그리스도를 바라보고 나아갈 수 있는 이유는 그분이 우리를 먼저 사랑하시고 결코 버리지 않으시는 분이시기 때문이다. 그리스도를 따르는 삶이란 자기를 부인하고 성령 안에서 말씀에 순종하고 사랑과 용서로 관계를 이해하고 살아가며 끝없이 자기를 돌아보는 회개로 새로워지는 삶이다. 이 길은 고단하지만 생명과 자유가 있는 기쁨의 길이다. 우리는 그 길에서 그리스도의 형상을 닮아가며 하나님 나라의 증인이 되어가는 것이다.

3) 서로를 살리는 은혜

우리는 하나님의 축복의 통로다. 하나님의 은혜는 우리 안에 머무는 것이 아니라, 우리를 통해 흘러가야만 진정한 의미를 갖는다. 은혜는 섬김과 나눔을 통하여 다른 이들의 삶으로 흘러가며, 그 은혜가 서로를 회복시키고 세워줄 때 비로소 참된 능력을 발휘하게 된다. 물질을 나누고, 시간을 나누며, 우리의 재능과 마음을 나눌 때, 대상이 살아나는 것을 경험하게 된다면 그 과정 속에서 우리 자신도 하나님의 은혜로 더욱 풍성해지는 삶을 누리게 되는 것이다. 내가 가진 것을 흘려보낼 때, 내 삶이 더욱 풍요로워지는 것으로, 풍요는 물질을 쌓아두는 데서 오는 것이 아니라, 기꺼이 함께 나눌 수 있을 때 찾아오는 것이다. 그러므로 관계 속에서 우리는 비록 작은 것일지라도 기꺼이 나누고 섬기는 마음으로 다가가야 한다. 힘들어하는 사람을 보면, 함께 기도하고, 위로하고, 나누고, 섬길 때, 우리는 하나님께 받은 은혜를 다른 이들에게 흘려보내는 것이 된다. 성경은 이렇게 말씀한다. "우리의 모든 환난 중에서 우리를 위로하사, 우리로 하여금 하나님께 받는 위로로서 모든 환난 중에 있는 자들을 능히 위로하게 하시는 이시로다."(고린도후서 1:4) 이 말씀은 하나님께서 환난 중에 우리를 위로하시는 이유가, 그 위로를 통해 우리 또한 다른 사람을 위로할 수 있도록 하시려는 데 있다는 깊은 뜻을 전하고 있다. 그러므로 우리가 어떤 어려움 가운데 있다 하더라도, 하나님께서 주시는 위로를 기억하며, 그 은혜를 나누고, 서로를 격려하며 위로하는 삶을 함께 살아가야 한다.

이웃의 짐을 함께 지며 동행하는 삶 자체가 곧 은혜다. "너희가 짐을 서로 지라 그리하여 그리스도의 법을 성취하라."(갈라디아서 6:2)는 말씀처럼, 그리스도의 법은 곧 사랑의 법이며, 이는 서로를 배려하고 도우며 살아갈 때 완성된다. 혼자 감당하기 어려운 짐을 함께 나누고 짊어지며 실천하는 사랑은, 신앙이 결코 개인적인 차원에 머물 수 없음을 보여준다. 참된 신앙은 함께 걸어가는 것으로, 내가 받은 은혜를 흘려보낼 때, 우리 모두가 함께 자라고, 가정과 공동체도 더욱 건강해진다. 그러므로 서로를 살리는 은혜의 나눔은 그리스도의 사랑을 구체적으로 드러내는 통로가 된다. 은혜를 나누는 방법은 다양하다. 먼저, 하나님의 은혜에 대한 솔직한 간증을 통해 자연스럽게 이웃과 나눌 수 있으며 연약함 가운데 역사하시는 하나님의 손길을 전할 때, 그것은 누군가에게 위로와 도전이 된다. 또한, 은혜를 받은 마음으로 어려운 이들을 위해 중보기도를 해 보자. 기도는 마음을 함께 나누는 통로이며, 상대가 하나님께 더 가까이 나아가도록 돕는 실천이다. 그리스도인은 각자의 재능을 통해 섬기고 나누며 살아가야 한다. 나아가, 내게 상처를 준 사람을 용서하고 화해하는 것도 하나님이 기뻐하시는 은혜의 나눔이다. 이처럼 받은 은혜를 흘려보낼 때, 그 은혜는 더 풍성해지고, 그리스도의 사랑은 우리의 삶 속에서 실제가 된다.

"주라 그리하면 너희에게 줄 것이니, 곧 후히 되어 누르고 흔들어 넘치도록 하여 너희에게 안겨 주리라."(누가복음 6:38) 하나님께서 주신 은혜는 흘려보낼 때 오히려 더 커지고 깊어진다. 내가 남에게 베푸는 만큼, 하나님도 우리에게 넘치도록 채워주신다는 약속의 말씀이다. '흔들어 넘치도록'이라는 표현은 하늘의 보상이 얼마나 크고 풍성한지를 강조한다. 인색함이 아닌 넉넉한 마음으로 나누고 베풀 때, 하나님께서 우리의 삶도 그분의 은혜로 충만하게 하신다는 깊은 메시지가 담겨 있다. 지금 우리가 은혜를 흘려보낼 수 있는 대상은 멀리 있지 않다. 바로 우리 곁, 가장 가까운 사람들 가족 안에 있다. 혹시 주변에 지치고 힘들어하는 가족은 없는지 돌아보자. 그에게 따뜻한 말 한마디, 작은 관심과 격려를 건네는 것만으로도 큰 위로가 될 수 있다. 매일 함께 살아가면서도 위로 한마디 건네지 못한다면, 그 마음이 얼마나 서운하고 외로울까? 서로의 마음을 물으며, 서운했던 감정을 솔직히 나누고 이해할 때, 우리는 더 풍성한 사랑을 나누는 관계로 나아갈 수 있다. 친구들과의 관계에서도 마찬가지다. 자칫 나 중심으로만 생각하다 보면, 누군가는 상처를 입기 마련이다. 말하지 않으면 모른다 하지만 말을 꺼내면 관계가 어색해질까 두려워 그냥 넘기는 경우도 많다. 그럴수록 오해는 깊어진다. 오히려 불편함을 감수하고 마음을 열어 대화할 때, 이해와 회복, 새로운 관계의 전환점이 마련된다. 지금, 우리가 가진 은혜를 나눌 수 있는 시간과 대상은 우리 삶 가까이에 있다. 은혜는 나눌수록 커지며, 베풂은 우리를 하나님의 풍성한 은혜로 이끄는 통로가 된다.

가족이나 동료 중에 마음이 지쳐 말없이 살아가는 사람은 없는지 돌아보아야 한다. 나의 작은 관심이 그들의 삶을 다시 일으킬 수 있다. 진심 어린 사랑으로 그저 함께 있어 주는 것만으로도 큰 위로와 힘이 되는 것이 인간관계다. 때때로 우리는 기도하는 가운데, 내가 의도치 않게 상처를 주었던 사람이 생각날 때가 있다. 은혜를 흘려보낸다는 것은 결코 거창한 일이 아니다. 따뜻한 말 한마디, 사랑이 담긴 진심 어린 기도 한 줄이 누군가에겐 위로가 되고, 삶을 다시 일으키는 선물이 될 수 있다. 기도하며 마음에 떠오르는 사람에게 다가가 보자. 작은 행동이 사랑을 낳고, 그 사랑이 또 다른 사랑으로 이어지는 놀라운 은혜를 경험하게 될 것이다. 예수님, 성령님, 하나님의 사랑이 우리 안에서 흘러넘쳐 가정과 사회, 공동체를 살아 있는 하나님 나라로 변화시켜 간다면, 사랑의 근원이신 하나님께서 얼마나 기뻐하시겠는가. 성화를 향해 나아가는 개인과 공동체는 작은 섬김을 실천하며 누군가에게 생기를 불어넣고 함께 살아간다. 안부를 묻고, 격려의 메시지를 전하며, 사랑을 표현해 보자. "새 계명을 너희에게 주노니 서로 사랑하라. 내가 너희를 사랑한 것같이 너희도 서로 사랑하라."(요한복음 13:34) 우리를 위해 목숨까지 내어 주신 그 사랑이 있기에, 우리는 오늘도 행복할 수 있다.

4) 하나 됨을 향한 동행

신앙의 여정은 개인적인 길이면서 동시에 함께 걸어가는 여정이다. 그리스도 안에서 우리는 한 몸으로 부름받았고 하나 됨을 향한 동행은 단순히 좋은 관계를 유지하는 것을 넘어 서로를 위해 기꺼이 자신을 낮추고 섬기는 삶으로 하나 됨으로 나아가는 여정은 십자가 앞에서 시작된다. 십자가 그 사랑을 본받고 겸손과 용서로 이루어져 가는 동행으로 함께 갈 수 있는 것이다. 자기주장, 자기 의를 내려놓고 자기 자존심을 내려놓고 주님 앞에서 함께 낮아질 때 우리는 비로소 같은 눈높이로 서로를 바라볼 수 있게 된다. 하나 됨을 향한 동행은 서로의 아픔과 연약함을 함께 지는 것에서 시작된다. "너희가 짐을 서로 지라 그리하여 그리스도의 법을 성취하라."(갈라디아서 6:2) 동행은 서로의 짐을 나누는 삶이다. 여기서 짐은 물질적 부담만이 아니라, 마음의 짐, 죄의 유혹, 연약함, 아픔 등 삶의 모든 무거운 부분을 의미하며 서로의 짐을 함께 져야 하는 이유는 인생의 짐을 혼자 감당할 수 없기 때문이다. 주님과 함께 이웃과 함께 서로의 짐을 나누며 그 안에서 우리는 서로의 신뢰와 연합을 경험하게 된다. 동행의 길은 혼자가 아닌 함께 짐을 지는 길이다. 나는 지금 누구의 짐을 함께 져 주고 있는가? 내 곁에 힘겨운 짐을 지고 있는 사람은 누구인가 돌아보자. 공동체 안에서 우리가 지고 있는 짐을 서로 나눌 때, 우리는 하나가 되어 간다.

그리스도의 법은 곧 사랑이다. "온 율법은 네 이웃 사랑하기를 네 자신같이 하라 하신 한 말씀에서 이루어졌나니"(갈라디아서 5:14) 바울은 율법을 완전하게 지켜서 의를 얻는 것이 아니라, 그리스도의 사랑을 받은 자가 성령 안에서 자연스럽게 이웃을 사랑하며 율법을 완성한다는 것이다. 예수님은 "새 계명을 너희에게 주노니 서로 사랑하라. 내가 너희를 사랑한 것같이 너희도 서로 사랑하라."(요 13:34)고 하셨다. 구약에서는 "네 이웃을 네 자신과 같이 사랑하라고 하셨다."(레위기 19:18) 그러나 신약의 새 계명은 자신을 사랑하는 정도로 사랑하는 것이 아닌, 예수님이 우리를 위해 목숨을 내어준 것같이 사랑하라는 것이다. 사랑은 감정이 아니라 의지적 선택이며, 자기희생과 손해를 포함한다. 구체적인 행동과 책임, 공감과 상호의존성으로 나타난다. 사랑으로 서로의 짐을 나눌 때, 정서적 고립은 줄어들고 불안은 완화된다. 아픔을 함께 나누고 돌보는 관계 안에서 오히려 나 자신의 내면도 치유되고, 공허했던 마음도 채워진다. 도움을 주는 자 역시 건강한 관계의 선순환 안에서 살아가게 되며, 서로의 짐을 지는 신뢰와 친밀함 속에서 자기 존중감 또한 회복된다. 결국 그리스도의 법은 십자가 사랑을 따라 이웃을 사랑하며 서로의 짐을 나누는 삶이다. 이는 신학적으로 은혜와 복음 중심의 회복을 이루는 길이며, 심리학적으로는 관계적이고 정서적으로 건강한 치유의 방식을 지향하는 것이라 할 수 있다.

우리는 지금 그리스도의 법을 율법처럼 의무감으로 짐을 지고 있지는 않은가? 율법주의는 본능적으로 잘해야 사랑받는다는 사랑의 틀 속에 익숙하여, 서로 사랑하라는 말씀조차 사랑하지 않으면 죄인이라는 생각으로 죄책감과 부담으로 받아들인다. 사랑은 성령의 열매로 인간의 의지대로 되는 것이 아니다. 사랑하라는 명령이 무거운 짐이 된다면 겉으로만 섬기고 사랑하는 그 마음은 율법을 지키기 못한다는 죄책감으로 가득할 것이다. 그것은 사랑을 왜곡시킨 것으로 사랑 자체가 목적이 아니라 인정받고자 하는 욕구로 변질되어 가게 되는데, 결국 사랑은 의무감이 되고 그리스도의 법조차 율법처럼 짐이 되어간다. 과잉 책임감을 갖는다거나, 강박적인 돌봄은 내가 돕지 않으면 안 된다는 생각으로 내가 책임져야 한다는 부담감에 자신도 모르게 갇히는 것이다. 이러한 생각이 지속되는 삶은 번 아웃(Burnout)과 자기혐오(Self criticism)로 가기 쉽다. 내 힘으로 하려는 생각을 내려놓고 성령의 능력으로 사랑의 주체를 바꾸고 성령님께 사랑의 능력을 구해야만 한다. 사랑은 내 안에서 그냥 나오는 것이 아니라 성령의 인도하심으로 맺어지는 열매이기 때문이다.

구원자 콤플렉스(Rescuer Complex)는 사랑을 실천하면서도 상대방의 문제를 내 책임으로 떠안는다. 그것은 내 역할과 하나님 역할을 구분하지 못하고 심리적 경계를 허무는 것이다. 사랑을 은혜로 누리지 못하고 의무로 짊어지고 있다면 그 사랑의 동기에는 죄책감과 인정욕구가 숨어 있으며 두려움이 있기 때문인 것이다. 우리의 회복은 내 사랑의 한계를 내려놓고 성령하나님께 새 힘을 간구하는 것에서부터 시작된다. "주님 저에게 사랑할 수 있는 마음을 주옵소서." 간구할 때, 율법적 짐을 내려놓고 그리스도의 법을 은혜로 살아가는 첫걸음이 되는 것이다. 성령의 인도하심 가운데 서로의 짐을 나누는 일은 겉으론 손해 같지만 그 안에서 우리는 깊은 신뢰와 연합을 경험하게 된다. 주님과의 동행은 혼자 짐을 지는 것이 아니라 함께 짐을 지는 길이다. 서로 하나가 된다는 것은 주님의 마음에 합한 자로서의 삶을 살아갈 때 하늘나라가 이루어지듯 주님과의 동행은 우리가 하나 됨으로 나아가는 것이다. 동행의 길은 혼자 짐을 지는 것이 아니라 함께 짐을 지는 길이다. 서로의 짐을 나누고 들어줄 때 우리는 하나가 될 것이다. 상처는 관계 안에서 생기지만 회복 역시 관계 안에서 일어난다. 나만의 힘으로 살아가려는 것은 외로움, 우울, 무력감으로 가고자 하는 것이다. 우리는 함께하며 서로의 치유자 동행자로 기능하며 나아가야만 한다. 누군가의 고통을 외면하지 말고 함께 지고 나가며, 성령 안에서의 깊은 연합으로 나아갈 때 성령 안에서 회복의 확신을 얻게 된다. 인간적인 노력만으로는 어려우나 성령께서 역사하실 때 우리는 사랑으로 하나 될 수 있다.

4. 영광을 향한 여정

　우리가 거룩해지는 성화의 여정은 온전한 구원인 영화를 향해 나아가는 아름다운 여정으로 그 길 자체가 하나님의 영광을 향한 소중한 발걸음이다. 성화는 성령의 인도하심 속에서 죄를 벗고 그리스도의 형상을 닮아가는 과정이다. 영화는 그 성화가 종말에 완성된 상태로, 죄와 모든 결핍에서 해방되어 부활의 몸을 입고 하나님의 임재 안에 거하는 것을 의미한다. 영광은 이 모든 여정의 궁극적인 목표로, 하나님과 온전한 연합 속에서 누리는 완전한 존재 상태다. 성화가 현재의 삶 속에서 시작된 영광의 과정이라면, 영화는 그 영광이 종말에 온전히 드러나는 최종 완성이다. 따라서 성화와 영화, 영광은 하나의 구속사적 흐름 안에서 긴밀히 연결된 여정이라 할 수 있다. 우리는 영화를 향해 나아가는 길 위에서, 이 땅에서 회복된 자로 살아가며 동시에 더 완전한 회복을 기다리는 자로 부르심을 받았으며, 이 땅에서는 이미 회복된 삶을 누리면서도, 여전히 오지 않은 완전한 회복을 소망하며 사는 존재다. 우리는 이 긴장(tension) 속에서, 이미 임한 하나님 나라와, 아직 오지 않은 완성 사이를 걸어가는 믿음의 발걸음을 내딛는다. 현재에 임한 하나님 나라의 회복은 지금도 진행 중이다.

　예수님은 하나님 나라를 단지 미래의 사건이 아니라, 지금 여기에서 경험되는 현실로 선포하셨다. "바리새인들이 하나님의 나라가 어느 때에 임하나이까 묻거늘 예수께서 대답하여 이르시되 하나님의 나라는 볼 수 있게 임하는 것이 아니요 또 여기 있다 저기 있다고도 못하리니 하나님의 나라는 너희 안에 있느니라."(누가복음 17:20-21) 하나님 나라는 종말에 완성될 미래적 사건이면서 성령 안에서 믿는 자의 삶 가운데 이미 경험되는 현실로 개인의 마음과 삶에서 나타나게 되는 것이다. 성화의 삶은 율법의 의무를 넘어 성령의 인도하심 속에서 그리스도의 형상을 닮아가는 삶으로 자기중심적인 삶을 내려놓고 거룩함을 실천해 나가는 과정인 것이다. 성화는 죄를 피하는 것이 아니라 하나님 나라를 삶으로 드러내는 것이다. 아직 오지 않은 완성을 향해 사는 일상은, 비록 우리가 지금 완전하지 않지만 소망 가운데 살아가게 한다. 그 소망은 막연한 기대가 아니라, 하나님의 약속에 대한 확신에 뿌리내린 미래 지향적 믿음이다. 그 믿음이야말로 성화를 가능하게 하는 힘이며, 회복을 완성으로 이끄는 발걸음이다. 하나님 나라는 종말에 완성될 사건이지만, 동시에 현재의 삶 속에서도 체험되는 회복과 치유의 자리다. 그러므로 우리는 이 땅에서 하나님 나라의 가치를 실현하며 살아가야만 한다. 이것이 곧 성화의 삶이요 영광을 향한 여정이다.

우리는 지금 하나님께서 이미 내게 허락하시고 주신 영광을 얼마나 충분히 누리고 있는지 돌아볼 필요가 있다. 하나님께서 베푸신 은혜는 단순한 지나가는 순간이 아니라, 우리 삶의 매 순간마다 임하는 살아 있는 선물이다. 이 은혜를 깊이 경험하며 감사함으로 받아들일 때, 우리는 그 은혜 안에서 이미 영광의 일부를 맛보는 것이다. 그러므로 영광은 단지 먼 훗날, 종말의 완성에서만 기대하는 미래의 약속이 아니다. 오늘, 지금 이 자리에서 내 삶 속에 임한 하나님의 은혜와 임재 가운데 우리는 영광을 누릴 수 있어야 한다. 영광을 오직 먼 미래에만 머무는 꿈으로 바라보는 것은 우리의 영적 삶을 축소시키는 위험이 있다. 오히려 하나님과의 친밀한 교제와 회복된 관계 속에서, 우리의 일상과 내면이 새롭게 변화되고 치유되는 그 순간순간이 바로 영광의 현재적 실현이다. 하나님과 동행하며 성령의 인도하심을 따라 살 때, 우리는 은혜의 빛 가운데 살아가는 자로서 삶의 무게를 기쁨으로 감당할 수 있다. 이처럼 지금 주어진 은혜 안에서 누리는 영광은 우리의 믿음을 굳건하게 세우고, 감사와 찬양의 마음을 더욱 풍성하게 자라게 한다. 하지만 여기서 멈추지 말아야 한다. 오늘 누리는 기쁨과 평안에 머무르기보다, 더 크고 완전한 영광을 향해 한 걸음씩 꾸준히 나아가야 한다. 이 길은 믿음으로 걸어가는 길이며, 인내와 소망으로 견고히 세워지는 길이다. 특히 소망은 눈에 보이지 않는 미래의 약속을 굳게 붙드는 힘이다. 보이지 않는 소망을 품을 때, 우리는 현재 겪는 시련과 고난의 무게 앞에서도 무너지지 않고 담대하게 일어설 수 있다. 절망의 어두운 터널 속에서 소망의 빛을 붙들 때, 우리 마음은 하나님의 크신 뜻과 계획을 바라보며 흔들리지 않는다.

오늘도 말씀을 묵상하며 선하신 하나님께 모든 것을 맡기고 신뢰하며 나아가자. 우리의 신앙은 이 땅에 뿌리를 내려 안주하는 삶이 아니라, 하늘에 견고히 뿌리를 내리고 영광의 나라를 향해 뻗어나가는 삶이어야 한다. 우리는 성령 안에서 이미 하나님 나라를 맛보고 누릴 수 있다. 하나님 나라는 미래의 사건이 아니라 현재 우리 내면과 공동체 안에서 하나님의 주권과 통치가 현실화된 상태를 의미하는 것으로 믿음의 사람들의 삶 속에 현재 진행 중인 것이다. 이미 임한 하나님 나라의 회복과 완성을 믿으며, 완전하지 않은 구원의 과정 속에서도 소망 가운데 인내하며 걸어가는 것이다. 그렇게 믿음의 걸음을 멈추지 않고 계속 걸을 때, 하나님은 우리를 영광의 최종 목적지로 인도하신다. 말씀과 기도를 통하여 하나님의 임재 가운데 사랑과 회복 자유 평안을 누릴 수 있어야 한다. 대상들과 함께하며 서로 용납하고 사랑하며 성령의 열매인 사랑, 희락, 화평, 오래 참음, 자비, 양선, 충성, 온유, 절제로 영광의 일부를 누리는 것이다. 일상에서 이루어지는 소소한 은혜는 많다. 관계가 회복되고 서로 용서하고 치유와 성장, 감사로 나아가는 삶은 이미 영광을 미리 맛보는 현장인 것이다. 그러나 동시에 기억할 것은 지금 누리는 영광은 부분적으로 아직도 이 땅의 삶 속에서는 고난과 눈물 연약함은 계속된다. 그래서 우리는 현재의 은혜를 깊이 누리되 완전한 영광을 소망하며 기다리는 삶으로 부름받은 것이다. 하나님은 지금 우리들의 삶 속에서도 얼마든지 영광의 기쁨을 누리게 하신다. 그러나 이 땅의 기쁨이 전부는 아니고 더 깊고 온전한 영광이 오고 있다. 지금 내 삶에 임한 작은 은혜와 평안조차도 하나님 나라의 실제임을 믿으며 감사하자.

1) 현재에 임한 하나님 나라

사람들은 하나님 나라를 죽음 이후에나 가게 되는 천국으로 생각한다. 하지만 하나님 나라는 이미 예수 그리스도 안에서 시작되었고,

지금 우리 가운데 임했다. 예수님은 공생애 첫 말씀에서 이렇게 선포하셨다. "이르시되 때가 찼고 하나님 나라가 가까이 왔으니 회개하고 복음을 믿으라 하시더라."(마가복음 1:15) 때가 찼으니 이제는 삶을 돌이키라는 것으로 하나님의 구원 계획이 정해진 때에 이르렀다는 것으로 예수님의 오심으로 하나님 나라는 시작된 것이다. 하나님 나라가 가까이 왔다는 것은 단순한 경고가 아니라 이미 하나님 나라의 문이 열렸다는 선언이며 하나님 나라는 계속 확장되고 있다. 하나님 나라는 내 삶의 주인이 바뀐 삶으로 내가 중심이 아니라 하나님이 다스리시는 삶으로 이미와 아직(Already and Not Yet)의 긴장인 것이다. 이미 예수님을 통해 하나님 나라는 시작되었고, 성령 안에서 우리는 하나님 나라의 기쁨을 누릴 수 있다. 그러나 아직 여전히 이 땅은 죄와 고난으로 가득하며 하나님 나라의 완전한 통치는 아직 오지 않았다. 그래서 우리는 여전히 그 나라의 완성을 소망하며 기다린다. 성화의 삶은 영광을 향한 훈련준비로 그날의 영광을 기대하며 지금 이 땅에서 거룩을 닮아 가고자 하나님의 뜻을 살아내는 삶인 것이다.

진정한 소망은 아직 보이지 않는 가능성을 붙드는 힘으로 현재의 고통은 언젠가는 회복될 것을 믿고 붙들 때 치유는 시작된다. 그 성취를 소망하며 고난 속에서도 흔들리지 않고 견뎌 내는 것이 우리가 보지 못하는 것을 바라는 소망인 것이다. "우리가 소망으로 구원을 얻었으매 보이는 소망이 소망이 아니니 보는 것을 누가 바라리요"(로마서 8:24) 아직은 보이지 않지만 그 성취를 소망하며, 고난 속에서도 흔들리지 않고 견뎌 내는 것이 우리가 보지 못하는 것을 바라는 소망인 것이다. 이미 눈에 보이는 것, 이미 손에 쥔 것은 소망이 될 수 없다. 지금은 보이지 않지만 반드시 이루어질 것을 믿고 기다리는 것으로 소망은 바로 아직 보지 못한 것에 대한 기대인 것이다. "믿음은 바라는 것들의 실상이요 보이지 않는 것들의 증거니."(히브리서 11:1) 믿음은 현재의 신뢰라고 본다면 소망은 미래를 향한 믿음의 연장선으로 믿음과 소망은 연결되어져 간다. 하나님 나라는 지금 우리 마음 안에서 시작된다. 하나님 나라가 임한 사람은 자기 삶의 주권을 하나님께 맡긴다. 내 삶을 내가 통제하는 것이 아니라 하나님의 인도하심을 받는 삶으로 자기중심적인 삶을 내려놓는다. 더 이상 모든 것을 내 힘으로 해결하려 하지 않고 통제할 수 없는 현실을 받아들이며 자신의 한계를 인정하고 신뢰를 회복하는 삶으로 이러한 심리적 전환은 하나님 나라의 평안을 가져온다.

하나님 나라는 지금 이 순간에도 누릴 수 있다. 하나님 나라의 시작은 새 삶의 주인이 바뀌는 것에서부터 시작되며 내 생각과 욕망이 아니라 하나님의 뜻이 기준이 되는 삶으로 그것이 바로 하나님 나라의 삶인 것이다. 성령이 내 안에 계시고 나를 이끌어 가시는 삶 역시 하나님 나라의 현실로 성령의 열매는 하나님 나라 백성들의 삶의 열매인 것이다. 서로 사랑하고 용납하고 섬기며 품어 주는 모든 순간 우리는 하나님 나라를 체험하는 것으로 그곳이 하나님 나라인 것이다. 내 삶의 주인이 바뀐다는 것은 통제나 집착에서 벗어나 신뢰를 기반으로 삶을 전환하는 것으로 성령의 열매를 맺는 삶은 자신의 감정이나 욕망을 절제하며 조절능력을 키우는 과정이기도 하다. 하나님 나라는 먼 미래의 보상이 아니라 오늘 내 안에서 시작되어야 할 현재적 현실로 하나님 나라를 지금 누리는 사람은 심리적으로 안정되고 건강한 삶을 살게 된다. 하나님께서 내 삶의 주인이 되시고 성령님이 내 삶을 이끄시며 대상들과의 관계 속에서 사랑을 나누는 지금 이 순간, 이미 하나님 나라를 누리고 있는 것이다. 완전한 하나님 나라는 아직 오지 않았지만 우리는 현재의 은혜 속에서 감사하며 더 큰 영광을 소망하며 걸어가야만 한다. 하나님 나라는 매우 깊은 정서적, 인격적 성숙과 맞닿아 있다. 하나님 나라가 지금 내 안에 임했다는 증거는 내적 평안을 동반한다. 하나님 나라는 개인의 심리적 내면뿐 아니라 함께하는 대상관계 안에서 더욱더 선명하게 드러난다. 서로 용서하고 사랑하며 회복을 이루어 간다면 그곳이 바로 하나님 나라의 현장인 것이다.

하나님 나라의 삶은 신앙과 심리의 통합된 현실로 신앙과 심리적 건강이 결코 분리되지 않는다. 내가 내 삶을 통제하겠다는 고집을 내려놓고 하나님을 믿고 맡길 때 자유와 평안을 누리게 된다. 성령의 인도하심을 따라가는 삶은 내면의 치유로 이어지며 서로의 짐을 지고 회복을 나눌 때 하나님 나라의 현재적 기쁨을 더욱 깊이 경험하게 되는 것이다. 현재 임한 하나님 나라는 오늘 이 땅에서도 충분히 회복의 기쁨을 누릴 수 있다. 과거와 현재 미래의 고통과 불안을 주님께 맡기고 나아가자. 내가 짊어지려 할 때 현실은 지옥이지만 수고하고 무거운 짐을 주님께 맡길 때 자유와 평안의 삶을 살아갈 수 있다. 지금 우리는 하나님 나라의 평안을 자신의 삶 속에서 누리고 있는가. 대상들과의 관계 속에서 하나님 나라의 모습을 드러내며 축복의 통로로 흘러가게 살아가고 있는가 생각해 보자. 최종의 하나님 나라는 아직 기다리는 중이지만, 내 삶의 주인이신 예수 그리스도와 함께 우리는 이미 하나님 나라를 살아가고 있다. 그것은 성령의 임재 속에 사는 삶으로 성령이 내 안에 거하시고 인도하시는 삶은 이미 하나님 나라가 임한 삶으로 진리 안에서 누리는 자유가 있다. 그 진리 안에서 자유함을 누릴 때 우리는 이미 하나님 나라의 백성으로 살아가고 있는 것이다. 우리는 지금 이 자리에서 하나님 나라의 영광을 부분적으로 누릴 수 있으며 동시에 완전한 영광을 소망하며 기다려야 한다.

2) 소망 안에 사는 일상

소망 안에서 사는 일상은 보이지 않는 미래를 오늘의 믿음으로 살아내는 삶이다. 미래의 약속을 현재에 끌어오는 삶으로, 언젠가 될 수도 있는 가능성이 아니라 반드시 하나님께서 이루실 확실한 약속인 것이다. 그래서 소망 안에서 사는 사람은 장차 누릴 영광과 회복을 미리 맛보듯, 오늘의 삶 속에서 그 빛을 드러낸다. 고난 속에서도 흔들리지 않으며, 현실이 어렵더라도, 이미 승리의 삶을 알기에 절망에 빠지지 않으며 인내와 감사로 살아간다. 그것은 씨앗을 심은 농부처럼 보이지 않아도 가을에는 곡식을 거둘 것을 믿고 신뢰하며 현재를 감사하며 살아가는 것이다. 미래의 영광을 바라보며 오늘의 고난과 현실을 이겨내는 삶은 현실의 무게 속에서도 낙심하거나 포기하지 않고, 하나님의 약속을 붙들며 살아가는 믿음의 태도이다. 그래서 평범한 일상 속에서도 감사와 인내, 기쁨을 품게 만든다. 소망은 단지 먼 미래를 향한 막연한 꿈이 아니라, 오늘을 견디게 하는 힘이며, 고단한 일상 속에서도 숨 쉴 수 있게 하는 하나님의 은혜다. 성령이 주시는 소망은 불확실한 기대가 아니라, 하나님께서 이미 약속하신 것을 반드시 이루실 것이라는 확신이다. 그러므로 소망을 품는 삶은 허공을 붙잡는 삶이 아니라, 말씀의 약속을 붙들고 오늘을 충실히 살아가는 삶이다. 소망은 지금 이 순간을 더욱 깊이 바라보게 한다. 현재의 고통을 부인하거나 외면하지 않으면서도, 그 안에서 하나님의 손길과 섭리를 발견하게 한다.

소망은 오늘 내게 주어진 시간을 귀히 여기게 하고, 작은 기쁨과 감사 속에서 하나님 나라의 기쁨을 미리 누리게 한다. 때로는 고난과 기다림이 길고 답답할 수 있다. 그러나 소망은 그 모든 시간이 결코 헛되지 않음을 믿게 한다. 소망은 인내를 가르치고, 참을 수 없는 순간에도 다시 한걸음 내딛게 하여 의미 중심의 삶을 살게 한다. 현재의 고통을 미래의 의미와 연결하는 힘, 그러나 그리스도인은 단순한 가능성이 아닌 하나님 안에서 이미 보장된 미래를 붙든다. 아직 다 이루지는 못했지만 하나님께서 반드시 이루어 주실 것을 알기에 오늘을 포기하지 않는다. 우리가 가는 길은 좁고 험하지만, 그 길 끝에는 반드시 하나님의 영광이 기다리고 있다. 그래서 오늘도 우리는 감사하며 소망으로 살아간다. 매 순간 소망이 우리의 삶을 이끌고 있기 때문에 구원과 회복의 약속을 믿고 오늘을 살아가는 것이다. 그것은 확실한 약속에 대한 신뢰다. "우리가 소망으로 구원을 얻었으매 보이는 소망이 소망이 아니니 보는 것을 누가 바라리요 만일 우리가 보지 못하는 것을 바라면 참음으로 기다릴지니라.”(로마서 8:24-25) 우리의 구원은 이미 시작되었지만 아직 완전히 완성된 것은 아니다. 믿음의 삶은 아직 보지 못한 하나님 나라의 완성과 구원의 완성을 인내하고 소망하며 기다리는 삶이다.

우리는 구원을 완전히 소유한 것이 아니라 소망 속에서 인내하며 기다리는 존재다. 구원은 현재적이며 동시에 미래적으로 이미와 아직으로 예수를 믿는 순간 죄 사함과 의롭다 하심을 얻는 하나님 자녀가 되어 살아가지만, 그러나 최종적인 영화의 완전한 구원은 재림 때 완성된다. 보이지 않은 하나님 나라와 구원의 완성을 얼마나 인내하며 기다리고 있는지 돌아보자. 지금 우리 삶의 인내는 단순한 참음인 것인지 아니면 하나님 나라를 향한 소망의 인내인 것인지, 하나님은 우리에게 약속하셨다. 죄와 사망에서 구원하셨고, 예수 그리스도 안에서 새로운 생명을 시작하게 하셨다. 그러나 우리는 여전히 연약함 속에서 살아가고 있다. 질병과 고난을 겪고, 관계가 깨어지고, 세상의 불의 앞에서 신음한다. 그럼에도 소망은 우리의 현실을 외면하게 하지 않고, 오히려 그 현실을 더 깊이 마주하게 만든다. 그리스도인은 현실의 아픔을 부정하거나 회피하지 않는다. 바울은 “피조물이 다 이제까지 함께 탄식하며 함께 고통을 겪고 있는 것을 우리가 아느니라.”(로마서 8:22) 이 세상의 창조된 모든 것들이 죄와 타락으로 인해, 피조물 전체가 고통 가운데 있으나, 절망으로 끝나는 고통이 아니라 새로운 생명을 기다리는 고통을 겪고 있다. 세상은 현재 자연재해, 질병, 전쟁, 불의로 인하여 고통하며 신음하고 있으나, 그 고통

은 소망을 안은 고통인 것으로, 신음 가운데서도 우리는 소망하며 더
욱더 하나님을 의지하게 된다.

　　하나님은 분명히 구원의 완성을 이루시겠다고 약속하셨다. 우리는
조급하여 당장의 해결을 원하지만, 소망은 하나님의 약속을 붙잡고
하나님의 때를 기다리는 인내인 것이다. "우리가 잠시 받는 환난의 경
한 것이 지극히 크고 영원한 영광의 중한 것을 우리에게 이루게 함이
니"(고린도후서 4:17) 고난 속에 있는 그리스도인에게 소망의 힘은,
고난의 끝에는 반드시 영광이 있다는 사실에서 나온다. 물론, 우리
의 힘만으로는 이 소망을 끝까지 붙들기 어렵다. 그러나 성령께서 우
리 안에 계시며, 우리를 홀로 두지 않으시고 도우신다. 그러므로 불
안하거나 낙심하며 절망할 이유가 없다. "이와 같이 성령도 우리의 연
약함을 도우시나니 우리는 마땅히 빌 바를 알지 못하나 오직 성령이
말할 수 없는 탄식으로 우리를 위하여 친히 간구하시느니라."(로마서
8:26) 성령은 말할 수 없는 탄식으로 우리를 위하여 기도하시며, 우
리 마음에 하나님 나라의 소망을 부어 주신다. 믿음이 흔들리고 기도
조차 할 수 없을 때에도 하나님은 우리를 위해 중보하시며 길을 인도
해 가신다. 그러므로 오늘도 우리는 그 은혜로 감사하며 살아간다.
여기까지 인도하신 주님을 찬양한다. 설령 지금 당신의 삶이 고난으
로 고통스럽더라도, 하나님은 반드시 영광스러운 날을 이루실 것이
며, 모든 눈물을 닦아 주실 그날이 올 것이다. 그 소망으로 오늘도 우
리는 인내하며 믿음의 걸음을 걸어간다.

3) 깨어 기다리는 믿음

그리스도인은 세상의 마지막 날이 언제일지 모르지만, 다시 오실 주님을 기다리며 준비하는 마음가짐으로, 하나님의 약속을 믿고 깨어 기다려야만 한다. 깨어 있는 사람은 육신의 생각에 휘둘리며 무의식적 본능으로 살지 않는다. 주님과의 만남을 의식하고 준비하며 살아간다. 말씀을 붙잡고 기도하며 맡겨진 사명에 최선을 다하며 자신에게 맡겨진 일들을 감당하고 실천하며 나가는 것, 그것이 깨어 기다리는 믿음의 삶인 것이다. 하나님은 우리의 삶을 통해 우리를 회복시키시고 성화시켜 나아가게 하신다. 지나간 상처에 묶이거나 불확실한 미래에 매달리지 않고, 지금 이 순간을 충실히 살아내는 작은 걸음이 깨어 기다리는 믿음의 삶이요 회복의 길인 것이다. 우리의 본능은 당장 행복을 원하지만, 그래서 즉각적인 만족을 얻기 위해 실수들을 하지만 복음은 "생각하건대 현재의 고난은 장차 우리에게 나타날 영광과 비교할 수 없도다."(로마서 8:18)고 말한다. 현재의 겪는 어려움과 고통은 미래에 주어질 영광에 비하면 아무것도 아니라는 이 말씀은, 눈앞의 현실은 어둡고 삶의 고난은 깊지만 오늘도 우리는 눈을 들어 주님을 바라보며 소망으로 살며, 장차 임할 하나님의 나라를 향해 나아가야만 한다. 오늘 내게 주어진 삶을 성실히 살아내며 작은 순종을 지속하는 것은 중요하다. 한 발 한 발 내딛는 걸음은 주체의 중심을 잡고 능력으로 나아가기 때문이다. 고난 속에서도 소망으로 숨 쉬며 장차 올 영광을 바라보며 살아갈 때 그리스도인으로서 흔들리지 않는 정체성의 확신을 갖고 살아갈 수 있게 된다.

죄로 물든 모든 피조물이 함께 탄식하며 신음하는 이 세상 속에서 고통하며 기다리는 믿음은 결코 헛되지 않는다. 반드시 회복의 날이 올 것을 믿고 깨어 기다리고 나아가야만 한다. 잠든 영혼을 깨우고 인내하며 충실하게 소망으로 살아가는 성화의 길은 영광으로 나아가는 복된 길인 것이다. 현재의 고난과 어둠을 마주하며 살아가는 믿음은 장차 이룰 영광을 소망하는 믿음이요, 순종하며 나아가는 믿음인 것이다. 성령은 우리와 함께하시며 깨어 있는 믿음의 자녀로 나아가도록 인도하신다. 삶의 어려움 속에서도 절망에 빠지지 않게 하시고, 하나님의 뜻을 분별하며 새 하늘과 새 땅, 하나님의 나라가 임할 것을 믿고 기다린다. 현재를 살면서 손 놓고 기다리는 것이 아니라, 오늘을 충실하게 살아가며, 오늘 맡겨진 일들을 성실히 감당하며 충만한 믿음으로 살아가는 것이다. 종말론적 긴장감 속에서도 오늘을 최선을 다해 살아가는 삶은 영육이 건강한 믿음의 자녀들의 태도인 것이다. "이러므로 너희도 준비하고 있으라 생각하지 않은 때에 인자가 오리라."(마태복음 24:44) 이 말씀은 주님이 언제 오실지 모르니 항상 깨어서 준비하고 있어야 함을 말씀하고 있는 것이다.

마태복음(25장 1-13) 열 처녀의 비유는 주님의 오심을 대비하는 자세로 믿음의 자녀들은 항상 주님의 말씀을 붙잡고 삶을 점검하며 하나님 뜻에 민감하게 반응하는 자세로 나아가야만 한다는 것이다. 슬기로운 다섯 처녀와 미련한 다섯 처녀의 비유는 기름을 준비한 다섯 처녀만 혼인잔치에 들어갔다. 뒤늦게 온 미련한 처녀들은 문이 이미 닫힌 상태에서 문을 열어 달라 하였지만 "그때에 내가 그들에게 밝히 말하되 내가 너희를 도무지 알지 못하니 불법을 행하는 자들아 내게서 떠나가라 하리라."(마태복음 7:23) 어두운 현실을 살아가며 우리가 늘 깨어 있을 수 있는가를 생각하면 암울하게 느껴지지만, 성령께서는 언제나 우리의 연약함을 도우시고 우리를 인도하신다는 사실을 믿어야 한다. 성령은 무지한 자녀를 위해 탄식하며 기도하신다. "너희 안에서 착한 일을 시작하신 이가 그리스도 예수의 날까지 이루실 줄을 우리는 확신하노라."(빌립보서 1:6)는 말씀처럼, 우리의 힘이 아니라 하나님께서 우리를 붙드심으로 그 약속이 성취되는 것이다. 내 의지가 아니라 주님의 인도하심으로 가능한 것이다. 지금 여기까지 인도하신 에벤에셀의 하나님을 신뢰하며 앞으로도 이끄실 하나님을 믿고 나아가자. 은혜 안에 있는 우리는 넘어지고 쓰러져도 다시 일어설 수 있다. 주님과 함께 걷는 길은 승리와 부활의 길이며, 그 길 위에서 그리스도인들은 반드시 하나님의 약속이 이루어진다는 확신을 품게 된다.

어두운 현실 너머에는 하나님 나라의 완성이 있다는 소망이 있고, 우리는 이루실 구속의 약속을 붙잡고 살아가는 것이다. 기다림은 고통스럽지만, 그 기다림 속에서 하나님은 우리의 영혼을 다듬으신다. 고통을 참고 인내하는 믿음은 깨어 기다리며 신앙을 지키는 믿음으로, 기도의 응답이 더디고 영적 침체가 찾아와 힘들지라도, 진정한 영광은 기다림의 고통을 통과한 뒤에 주어진다. 사람은 본능적으로 즉각적인 만족을 원하고 자기 뜻대로 되기를 바라지만, 하나님은 우리에게 참고 기다리라 하신다. 지금 겪는 고통은 장차 올 영광을 위한 산고이며, 현재의 고통은 끝이 아니라 새로운 시작을 품은 고통으로 깨어 있다는 것은 이 현실을 외면하지 않고 온몸으로 받아들이며 살아가는 것이다. 심리학적으로 사람은 고통을 피하려 억압하거나 부정하고 회피하기 쉽다. 그러나 억압된 고통은 반드시 다른 형태로 돌아온다. 회복은 고통을 직면하고 의식하며 나아갈 때 가능하며, 억압된 무의식적 문제는 또 다른 부정적 증상으로 나타나기 마련이다. 그러므로 깨어 있는 믿음은 나의 연약함과 상처를 인정하고 그것을 하나님 앞에 내어놓을 때 변화로 나아간다. 솔직한 마음을 고백하는 데서 회복은 시작되고, 그곳에 하나님의 은혜가 충만히 임한다. 믿음은 완벽함이 아니라 연약함 속에서도 주님께 계속 나아가는 것이며, 인내는 내 안에서가 아니라 주님 안에서 자라는 것이다.

4) 믿음으로 기다리는 영광

영광은 성화의 과정을 거쳐 주어지는 구원의 완성이다. 이는 죄와 고통, 죽음이 완전히 소멸된 하나님의 나라가 실현되는 것이며, 예수 그리스도와 더불어 영광에 동참하는 온전한 상태를 의미한다. 성화는 이러한 영광의 성취를 위한 준비 단계로, 믿음으로 나아가는 우리의 모든 여정은 결국 하나님의 영광 안에서 완성될 것이다. 우리의 신앙은 비록 현세에 기반을 두지만, 본질적으로는 하늘의 영광을 지향하는 삶이어야 한다. 우리는 이미 임한 하나님의 나라가 회복되었음을 경험함과 동시에, 아직 완성되지 않은 하나님의 구원 계획을 소망 가운데 기다린다. 현재 우리 안에 임한 하나님의 나라를 삶 속에서 실천하고, 소망을 품고 깨어 하루하루를 살아내며 믿음으로 그 영광을 향해 전진하는 것이 바로 성화 여정의 최종적인 모습이다. 우리가 아직 목적지에 다다르지 못했음에도 불구하고, 하나님께서는 우리를 반드시 영화롭게 하실 것이다. 이 여정의 모든 과정이 은혜이며, 우리 안에 선한 일을 시작하신 예수 그리스도께서 다시 오시는 날까지 이를 온전히 이루실 것이다. 마지막 날에 있을 완전한 회복, 곧 우리가 믿음으로 기다리는 영광은 지금은 육안으로 보이지는 않지만, 오직 믿음으로만 바라볼 수 있는 장차 주어질 완전한 구원의 상태이다. 이 영광은 인간의 모든 죄와 고통, 불완전함과 한계가 완전히 소멸되고 하나님과 온전한 연합을 이루는 상태를 뜻한다. 성경은 이를 새 하늘과 새 땅, 부활의 몸, 영원한 영광으로 표현하고 있다.

지금 세상살이는 고난의 현실에 갇혀 숨 막힐 때가 많다. 하지만 하나님은 현재의 고난은 장차 우리에게 나타날 영광과 비교할 수 없다고 말씀하신다. 보이지 않는다고 없는 것은 아니다 믿음으로 바라볼 때 고난의 무게보다 더 큰 영광의 빛은 다가온다. 인내하며 기다리며 묵묵히 말씀을 붙잡고 나아가자. 그날 모든 고난이 눈 녹듯 사라지고 영광의 날이 임할 것이기 때문이다. 그러나 이 말이 잘 믿어지지 않을 때가 있다. 현실의 고난은 너무 생생하고 미래의 영광은 너무 멀고 막막하기 때문이다. 그럴 때 우리는 고난의 무게에 눌리는 마음을 솔직한 마음으로 나아가야만 한다. 사도 바울도 "형제들아 우리가 아시아에서 당한 환난을 너희가 모르기를 원하지 아니하노니 힘에 겹도록 심한 고난을 당하여 살 소망까지 끊어지고"(고린도후서 1:8) 바울이 아시아에서 겪었던 극심한 고난에 대한 이야기로, 죽을 지경에 이르러 삶의 소망마저 끊어졌던 상황을 고백하는 내용이다. 이는 믿음이 없어서가 아니라 우리는 연약하기 때문에 고난이 때로는 너무 무겁고, 때로는 영광이 믿어지지 않는 것이다. 시편 42편 11절에 "내 영혼아 네가 어찌하여 낙심하며 어찌하여 내 속에서 불안해 하는가 너는 하나님께 소망을 두라 나는 그가 나타나 도우심으로 말미암아 내 하나님을 여전히 찬송하리로다." 시편기자도 이렇게 외쳤다.

하나님은 우리의 연약함을 이미 알고 계시기 때문에 솔직한 마음으로 주님께 나아가야만 한다. 믿음 없음을 인정하고 정직하게 나아가는 것이 믿음의 길이다. "생각하건대 현재의 고난은 장차 우리에게 나타날 영광과 비교할 수 없도다."(로마서 8:18) 지금 겪는 고난은 우리가 받을 하나님의 영광과는 비교할 수 없다는 것으로 미래의 영광을 바라보며 용기를 얻을 수 있는 말씀이다. 지금 겪고 있는 고통은 하나님의 사람들이 이 땅에서 피할 수 없는 고통의 현실이지만, 예수 그리스도께서 다시 오실 때 우리는 완전한 회복의 영광을 경험하게 될 것이다. 이는 죄 없는 부활의 몸을 입고 새 하늘과 새 땅에서 누리게 될 삶을 의미하는데, 이 삶은 하나님과의 온전한 연합과 깊은 교제 속에서 영원한 기쁨을 누리는 상태로, 현재의 모든 고난은 완전히 소멸되고 오직 영원한 평화와 기쁨만이 충만한, 장차 드러날 영광인 것이다. 현재의 고난이 아무리 크고 무거워도 그날의 영광 앞에서는 아무것도 아닌 것으로 바울은 비교할 수 없다고 단언한 것이다. "우리가 잠시 받는 환난의 경한 것들이 지극히 크고 영원한 영광의 중한 것을 우리에게 이루게 함이라."(고린도후서 4:17) 우리가 지금 겪는 고난에 비교할 수 없을 정도로 영원한 영광을 가져다 줄 것이라는 메시지다. 이 말씀은 단순한 위로가 아니라 믿음으로 인내할 힘을 준다.

막막한 고난의 무게에 눌릴 때, 보이지 않는 소망을 붙잡는 것이 어려울 때, 우리는 작은 은혜를 기억하며 끝까지 주님을 믿고 걸어가야만 한다. 지금 내게 주어진 은혜를 바라보자. 하나님은 지금도 여전히 은혜를 허락하시기 때문이다. 오늘 숨 쉬고 별일 없이 살아가는 것이 얼마나 감사한 것인가, 기도하며 말씀 듣고 누군가의 위로를 받으며 살아가는 은혜는 장차 올 영광과는 비교할 수 없지만, 믿음으로 기다리는 영광은 완벽한 믿음은 아니어도 계속해서 주님을 바라보는 반복 속에서, 조금씩 깊어져 가는 것이다. 그러한 삶이 주님과의 동행인 것이다. 언제나 하나님의 은혜를 기억하며, 완전한 영광을 소망하는 걸어가는 이 길 속에서 영광의 기쁨을 맛보며 살아간다. 우리가 연약할수록 더욱 바라보아야 하는 분은 바로 십자가에서 죽으시고 부활하신 주님이시다. "너희 안에서 착한 일을 시작하신 이가 그리스도 예수의 날까지 이루실 줄 우리는 확신하노라."(빌립보서 1:6) 믿음의 본질은 나의 확신에서가 아니라 끝까지 붙들어 주시는 주님께 있다. 이미 십자가에서 승리하신 예수 그리스도의 진리가 기준인 것으로 우리가 연약할수록 더욱 바라보아야 하는 분은 바로 십자가에서 죽으시고 부활하신 주님이시다. 그날의 영광을 바라보며 성령의 인도하심으로 나아가자.

나가는 말

안개 같은 인생길에서 우리는 종종 영원한 것을 잃어버린 채 사라질 것들에 생명을 소진한다. 오늘을 어떻게 사느냐가 내일의 미래를 결정한다. 삶은 습관과 반복으로 이어지기 때문이다. 오늘을 충실히 사는 사람은 자기 자신에게 건네는 말도 달라진다. 세상 욕망을 좇아 몸부림치던 작은 몸짓들을 내려놓고, 주님의 자녀로서 흔들리지 않는 정체성을 붙들며 그의 나라와 의를 구하게 된다. 이는 빅터 프랭클이 고통 속에서 의미를 발견하고 자기 초월을 통해 삶을 새롭게 재구성했다고 고백한 것과도 닮아 있다. 욕망으로 가득했던 삶이 성화를 향해, 회복을 향해 나아가는 과정은 결코 쉽지 않다. 그것은 자신의 욕심을 채우려는 길이었기 때문이다. 그러나 성령은 깨닫게 하신다. 주님이 원하시는 그 길이 바로 「회복으로 가는 성화의 길」이라는 것을. 30여 년을 내담자들과 함께하며 나는 자주 물었다. 변하지 않는 너와 나에게 답은 없는 것일까? 오랜 신앙생활 속에서 말씀을 듣고 깨달았다고 여겼으나, 때로는 율법에 묶여 자유하지 못했고, 때로는 자기 의에 사로잡혀 자기중심적 신앙을 고집했다. 그 고집만큼 고통도 컸다는 것을 깨닫는다. 결국 모든 것은 하나님의 은혜다. 복음은 우리를 자유케 한다. 고통과 연단 속에서도 견딜힘을 주시며, 성령은 늘 소망 가운데 살도록 인도하신다. 욕망을 좇아 달려온 끝에 알게 되는 가장 복된 삶은 주님을 만나고 주님과 동행하는 삶이다. 이제는 더 이상 무너질 바벨탑을 세우며 세상 것들에 기웃거리지 말자. 욕망은 내면 깊은 자리에서 우리를 흔들지만, 그것을 무시하거나 억누르는 것이 아니라 말씀 앞에서 직면할 때 자신을 알게 된다. 그 깨달음 속에서 욕망은 더 이상 파괴의 힘이 아니라 성령의 손에 붙들린 변화의 도구가 된다.

성화의 길은 욕망을 제거하는 길이 아니라, 욕망을 새롭게 하시는 하나님의 은혜를 받아들이는 길이다. 자기중심적 욕망을 십자가 앞에 내려놓을 때 우리는 주님의 뜻에 순종하는 참된 자유를 경험한다. 성화는 욕망의 혼돈 속에서 은혜의 질서를 발견하며 그리스도를 닮아 가는 여정으로 그 길 위에서 우리는 점점 주님을 향한 사랑과 순종으로 변화된다. 하이데거는 회복을 '존재의 근원과 다시 연결되는 것'이라 했고, 사르트르는 '자기기만을 깨고 자유와 책임을 인식하는 순간 인간은 회복된다'고 말했다. 통합은 파편화된 삶 속에서 전체적 의미와 진정성을 되찾는 것이다. "나는 왜 사는가"라는 근원적 질문에 답을 찾고, 하나님과 화해함으로 죄와 분열에서 벗어나 사랑으로 살아가는 것이 곧 회복의 삶이다. 성령의 인도하심을 따른다는 것은 심리학적으로도 내면의 깊은 소리에 귀 기울이는 것이다. 융은 무의식 속에 자아를 넘어서는 중심, 곧 '자기(Self)'가 있다고 보았다. 그러나 우리를 참된 온전성으로 이끄시는 분은 성령님이시다. 우리의 정체성은 곧 삶의 기준점으로 하나님의 자녀라는 신분이 흔들리지 않는 기준이 되어 내일의 삶을 열어 간다.

회복은 단순히 고통을 제거하는 것이 아니다. 상처와 결핍조차 의미화되어 자기 정체성 안에 통합될 때 인간은 성숙과 치유를 경험한다. 융의 개성화 과정처럼 자아가 그림자와 상처까지 포용할 때 온전한 자기로 나아간다. 그러나 인간의 근본적 분열은 죄에서 비롯된다. 하나님과의 단절, 이웃과의 갈등, 자기 자신과의 불화가 모두 거기서 시작된다. 억압된 욕망과 무의식의 갈등은 불안을 낳지만, 회복의 길은 상처와 욕망을 있는 그대로 인정하고 수용하는 과정이다. 성화의 길은 욕망을 없애는 길이 아니라, 그것을 새롭게 하시는 성령께 맡기는 길이다. 자기중심적 욕망을 십자가 앞에 내려놓을 때 우리는 참된 자유와 사랑을 누린다. 따라서 성화는 고통스러운 자기부인의 여정이면서 동시에 은혜의 풍성함을 맛보는 길이다. 책을 덮는 이 순간에도 성화의 길은 계속된다. 욕망 속에서 드러나는 연약함을 통해 날마다 더 깊은 은혜를 경험하자. 성령께서 욕망의 혼돈을 은혜의 질서로 바꾸어 주시는 역사를 누리자. 회복은 곧 하나님과의 화해이다. 십자가와 부활을 통해 깨어진 관계는 회복되고, 인간은 하나님 안에서 통합된 정체성을 되찾는다. "모든 것이 하나님께로서 났으며 그가 그리스도로 말미암아 우리를 자기와 화목하게 하시고 또 우리에게 화목하게 하는 직분을 주셨으니"(고린도후서 5:18) 하나님은 예수 그리스도를 통해 우리를 화목하게 하셨고, 우리도 이제 화목하게 하는 사명을 받았다. 통합은 영과 혼과 몸이 하나 되어 조화를 이루는 삶이다. 예수께서 이르시되 네 마음을 다하고 목숨을 다하고 뜻을 다하여 주 너의 하나님을 사랑하라(마태복음 22:37) 하신 말씀처럼, 성화의 여정은 결국 하나님 사랑으로 귀결된다.

회복으로 가는
성화의 길

ⓒ 김여환, 2026

초판 1쇄 발행 2026년 3월 10일

지은이	김여환
펴낸이	이기봉
편집	좋은땅 편집팀
펴낸곳	도서출판 좋은땅
주소	서울특별시 마포구 양화로12길 26 지월드빌딩 (서교동 395-7)
전화	02)374-8616~7
팩스	02)374-8614
이메일	gworldbook@naver.com
홈페이지	www.g-world.co.kr

ISBN 979-11-388-5627-0 (03230)